Joachim Garfs
Das Weserbergland
zwischen Münden und Minden

Die Deutsche Bibliothek –
CIP-Einheitsaufnahme
Garfs, Joachim:
Das Weserbergland zwischen Münden und Minden/Joachim Garfs. – 4., vollst. überarb. und stark erw. Aufl. – Hameln: Niemeyer, 1997
ISBN 3-8271-9022-3

Umschlagbilder:
Vorderseite Blick vom Weinberg auf Rühle und Pegestorf
Rückseite Schloß Hämelschenburg

4. vollständig überarbeitete und stark erweiterte Auflage 1997
Druck: Druckhaus Flöttmann, Gütersloh
Printed in Germany
ISBN 3-8271-9022-3

Joachim Garfs

Das Weserbergland zwischen Münden und Minden

CW Niemeyer Buchverlage

Wiedensahl
Minden
Sachsenhagen
Bückeburg
Obernkirchen
Porta Westfalica
Rodenberg
Bielefeld
Bad Oeynhausen
Wennigsen
Bad Eilsen
Auetal
Vlotho
Bad Münder
Springe
Löhne
Rinteln
Hess. Oldendorf
Hameln
Lemgo
Aerzen
Coppenbrügge
Duingen
Emmerthal
Bad Pyrmont
Alfeld
Lügde
Grünenplan
Bodenwerder
Freden
Eschershausen
Polle
Stadtoldendorf
Bevern
Kreiensen

Boffzen
Einbeck
Dassel
Fürstenberg
Neuhaus/Silberborn
Beverungen
Moringen
Uslar
Bad Karlshafen
Northeim
Bodenfelde
Hardegsen
Oberweser
Nörten-Hardenberg
Reinhardhagen
Göttingen
Hofgeismar
Dransfeld
Friedland
Hann. Münden

Inhalt

Der Köterberg, der aussichtsreichste Berg von Norddeutschland

Zuvor ein Überblick

Es ist nicht leicht, den Raum des Weserberglandes eindeutig zu bestimmen. Ein Blick auf die Landkarte zeigt wohl, daß Weser- und Wiehengebirge, getrennt durch die Porta Westfalica, die nördliche Grenze bilden. Im Süden jedoch wird eine entsprechende Festlegung schwierig. Bei Hann. Münden entsteht zwar die Weser durch den Zusammenfluß von Werra und Fulda, aber den Kaufunger Wald, dessen Bergstock das Mündungsdreieck der beiden Schwesterflüsse einnimmt, rechnet man noch zum Hessischen Bergland.

Ähnliche Verlegenheiten treten auch an anderen Stellen des Weserberglandes auf. Gewiß, Reinhardswald und Bramwald, Solling und Vogler, Ith und Hils, Süntel und Wesergebirge und weitere Berge, Bergstöcke, Bergrücken und Hochflächen erheben sich unmittelbar am Fluß selbst oder doch so nahe, daß ihre Einordnung keine Schwierigkeiten bereitet. Aber wie steht es mit dem Deister, dessen Steinkohlevorkommen die erste Energiegrundlage für die Maschinenindustrie des nahen Hannover boten? – Soll man noch das Eggegebirge zum Weserbergland rechnen, weil es der Weser die Nebenflüßchen Nethe und Emmer zusendet? – Und wie ist es mit demjenigen Teil des Teutoburger Waldes, den man zum Lippischen Berg- und Hügelland rechnet und der es gegen die Weite des flachen Münsterlandes abschirmt? Gerade Egge und Teutoburger Wald unterscheiden sich deutlich durch ihre landschaftliche Eigenständigkeit von dem niedrigeren, eher unruhigen Landschaftsmosaik, das von ihrem Ostabfall bis zur Oberweser reicht, auch wenn die abstrahierende Landkarte darüber hinwegtäuschen sollte.

Im Osten bietet sich das Leinetal als Begrenzung an. Aber obgleich dieser Grabenbruch eine hervorragende geologische Leitlinie darstellt, ist der Landschaftscharakter hüben wie drüben der gleiche, und zu allem verwirrenden Überfluß hat man sich auch noch in den letzten Jahren angewöhnt, analog zum Weserbergland vom Leinebergland zu sprechen. So hat niemand bisher entscheiden mögen, wo das Weserbergland nach Osten hin aufhört, und es nimmt nicht wunder, daß selbst Geographen, nach den Grenzen des Weserberglandes gefragt, auffallend schweigsam werden und mit merkwürdigem Eifer versuchen, das Gespräch auf ein anderes Thema zu lenken. Deshalb wurde für die folgende Darstellung der Lauf der Oberweser als natürlich gegebene geographische Leitlinie gewählt, jedoch mit der Freiheit, vom Flußtal abzuschweifen, wenn wichtige, kulturhistorisch bedingte Anlässe das geboten erscheinen ließen, so z.B. auch ins Lipperland.

Was dabei aber schon jetzt deutlich wird: dem Weserbergland fehlt es durchaus nicht an der Fülle landschaftlicher Einzelelemente und an deren reizvoller Verknüpfung und Verdichtung, zumal es sich geologisch aus den verschiedenen Gesteinsformationen des Erdmittelalters, des Mesozoikums, zusammensetzt, aus dessen zerbrochenen Kalk- und Sandsteinschollen die Abtragung über Jahrmillionen hinweg ein vielgestaltiges Relief herausgearbeitet hat.

Was aber diesem Raum fehlt, ist die verkehrshemmende Geschlossenheit, wie sie etwa dem Harz eigen ist, so daß das Weserbergland von jeher ein offenes Durchgangsland gewesen ist für Kaufleute, Soldaten und Missionare, für Handel, Politik und Kultur.

Das Weserbergland trennt nicht, sondern es verbindet die Räume ringsum. Die natürlichen Verkehrswege zwischen Nord und Süd sind hauptsächlich das Leine- und das Wesertal. Beide werden von Straßen gequert, die in Ostwestrichtung verlaufen. Wo heute z.B. Hameln und Höxter liegen, überschritten schon im Zuge des alten germanischen Hellweges zwei Fernstraßen den Fluß. Auch eine Reihe anderer Oberweserstädte sind an derartigen Kreuzungspunkten von Fluß und Straße entstanden.

Geographische Offenheit fördert den Handel, der so erworbene Wohlstand trägt die Kultur. Davon zeugen, um aus der Fülle vorerst nur weniges anzudeuten, das Rathaus von Hann. Münden inmitten der spitzen Giebel seiner Kaufmannshäuser, die Porzellanmanufaktur Fürstenberg, Schloß und Kloster Corvey, die Bürgerhäuser von Lemgo, die Schaumburg und die Trendelburg und die Burgen von Polle, Blomberg und Sternberg, die Altstadt von Hameln, die Residenzen Detmold und Bückeburg, die ehemalige Universität Rinteln, der Dom zu Minden und vor allem die prächtigen Bauten der Weserrenaissance, deren italienische Grundformen sich mit mancherlei Einflüssen aus Süddeutschland, Frankreich und den Niederlanden zu wahren Kleinodien deutscher Baukunst harmonisch zusammenfügen.

Früher herrschten im Weserbergland Kurhessen, Hannover und Preußen. Dementsprechend teilen es sich heute die Bundesländer Hessen, Niedersachsen und Nordrhein-Westfalen; bei Herstelle laufen ihre Grenzen unmittelbar am Fluß zum Dreiländereck zusammen.

Diese politische Zerrissenheit ist der Oberweser oft zum Nachteil ausgeschlagen und hat auch bisher die Absicht vereitelt, sie durch eine Kanalisierung mit Staustufen und Schleusen zu einem bedeutenden Verkehrsträger auszubauen. Vielleicht wurde aber auch durch diese Unterlassung verhindert, daß eine rücksichtslose Industrieansiedlung die romantische Landschaft des Weserberglandes zerstört hätte. Noch heute gehört das Tal der Oberweser zu den rar gewordenen stillen Flußtälern Deutschlands.

Zwei Burgen über der Werra

Aus einem bestimmten Grunde, der noch zu erläutern sein wird, soll die Fahrt durch das Weserbergland nicht an dessen Südgrenze bei Hann. Münden beginnen, sondern einige Flußkilometer werraaufwärts – dort, wo oberhalb von Witzenhausen eine malerische Flußschleife zwei hochgelegene Burgen voneinander trennt: den zweitürmigen thüringischen Hanstein (408 m ü.NN) auf der östlichen, den eintürmigen hessischen Ludwigstein (236 m ü.NN) auf der westlichen Seite des Tales.

Der „Alte Hanstein", auf massivem Fels erbaut, ist die größte Burgruine Mitteldeutschlands und wird urkundlich zum erstenmal 1070 erwähnt. In jenem Jahr läßt der Vormund des späteren Kaisers Heinrichs IV. die damals wohl noch kleine, aus Holz errichtete Burg zerstören. Aber 1075 hat sie Graf Otto v. Northeim schon wieder aufgebaut. Sie gehört später zeitweise Heinrich dem Löwen und kommt 1209 in den Besitz des Erzbistums Mainz. Um 1160 leben die Nachkommen eines Heithenricus aus Apolda auf dem Hanstein und nennen sich auch danach. Zwei Angehörige dieses Geschlechtes, Lippold und Heinrich, werden am 4. Oktober 1308 vom Erzbischof Peter v. Mainz mit der Burg und den dazugehörigen Ländereien belehnt, weil sie sich verpflichten, die inzwischen schadhafte Anlage aus eigenen Mitteln, diesmal aber in Stein, neu zu erbauen, wobei der Mainzer Erzbischof sogar „jährlich 10 Mark feines Silber" beisteuern will. Vielleicht war dieser noble Baukostenzuschuß der Grund dafür, daß sich der Neubau mit einigen Unterbrechungen schier endlos hinzog. Die heutigen Ruinen sind der Rest jener Burg, die 1414 endlich vollendet wurde. Sie beherbergte zeitweise bis zu sieben hansteinische Familien. Der Brunnen in der Küche soll damals eine Tiefe von 117 m gehabt haben; heute sind 20 m davon wieder aufgegraben.

Wohlhabend geworden durch ausgedehnten Landbesitz auf dem Eichsfeld, standen die Hansteiner bis 1476 unter dem Schutz wechselnder Lehnsherren, denen sie bei den damals häufigen Fehden zur Waffenhilfe verpflichtet waren. Vor allem zwischen dem Erzbischof v. Mainz und dem Landgrafen v. Hessen kam es immer wieder zu blutigen Auseinandersetzungen, da beider Besitz an vielen Stellen aneinandergrenzte, hier und da sogar miteinander verzahnt war. Deshalb ließ auch 1415 der hessische Landgraf Ludwig I. auf seiner Werraseite als Gegenburg den Ludwigstein errichten.

Im Dreißigjährigen Krieg (1618–1648) wurde sie 1632 von schwedischer Soldateska völlig ausgeplündert und – obgleich längst ohne strategische Bedeu-

Die Burgruine Hanstein

tung – vom Winterberg aus mit Kanonen beschossen. Nach diesem Krieg wurden Schäden abermals behoben, Mauern und Zugbrücke, Pförtnerhaus und Wachtstube wieder instand gesetzt.

Als die Zeit waffenklirrender Fehden allmählich ausklang, zogen die hansteinischen Familien nach und nach aus der unwirtlichen Burg in die umliegenden Dörfer und errichteten dort ihre Herrensitze – insgesamt elf. Ab 1683 lebte kein Hansteiner mehr auf der Burg.

Mehr als ein Jahrhundert später ist die Burg endgültig eine Ruine, wird aber 1813 im Büchlein „Der Göttinger Student" als „das wohlerhaltenste Bergschloß" in der Nähe von Göttingen beschrieben und ist damals bereits seit Jahrzehnten ein beliebter Wallfahrtsort für Göttinger Studenten, besonders am Himmelfahrtstag und zu Pfingsten. Bis zu 40 Verbindungen kommen mit Pferdewagen, später auch mit der Eisenbahn auf den Hanstein – säuberlich voneinander getrennt und immer in der gleichen Reihenfolge, und der Burggastwirt versorgt sie alle. Sie verewigen sich schon im ersten Band des Gästebuches von 1798 mit munteren Versen, so auch der romantische Dichter Achim v. Arnim, der Philosoph Arthur Schopenhauer und der spätere Kanzler Otto v. Bismarck. Für die Bevölkerung ringsum war der Hanstein ebenfalls ein beliebtes Ausflugsziel. Geschlossene Vereine marschierten mit Musik hinauf und kehrten abends von Werleshausen aus per Schiff wieder nach Hause zurück.

In den Jahren 1838 und 1893 bekommt der Rittersaal seine heutige Form. Zur 600-Jahr-Feier am 12. Juni 1908 wird u.a. auch die sog. Restaurationshalle renoviert. Nach dem 2. Weltkrieg verläuft die trennende Grenze der Deutschen Demokratischen Republik (DDR) gegen die Bundesrepublik Deutschland (BRD) zwischen dem Dorf Werleshausen an der Werra und dem dahinter steil aufragenden Hanstein, der anfangs mitsamt seiner Gastwirtschaft vom 14. Juni 1947 ab wieder für Besucher zugänglich gewesen war.

Aber am 13. August 1961 beginnt der Bau der Berliner Mauer, beginnt die hermetische Abriegelung der DDR gegen den Westen. Der Hanstein liegt hart an der Zonengrenze und damit im unzugänglichen Sperrgebiet. Selbst den Bewohnern der unmittelbar benachbarten Dörfer Rimbach und Bornhagen wird der Zutritt verwehrt.

Der Nordturm der Burg wird jahrelang von den DDR-Grenztruppen als Beobachtungsposten benutzt. Bornhagen erklärt man zum „Junkernest", die Burg zum „Symbol feudalistischer Herrschaft". Zeitweise besteht die Gefahr, daß die gesamte Anlage geschleift, also dem Erdboden gleichgemacht wird. Das geschieht zwar nicht, aber der Verfall schreitet fort.

Der Ludwigstein über dem Werratal

Dann vereinbaren 1983 der Werratalverein Witzenhausen, der Heimatverein Bornhagen/Hanstein und das Amt für Kultur in Heiligenstadt unter Überwindung erheblicher politischer und bürokratischer Schwierigkeiten, sich der Ruine anzunehmen mit dem Ziel, das noch Vorhandene zu erhalten, zu konservieren. Sowohl die BRD als auch die DDR stellen erhebliche Geldmittel zur Verfügung.

Schließlich beseitigt die Wiedervereinigung vom November 1989 den trennenden Gitterzaun mit den Selbstschußanlagen, den verminten Todesstreifen und die verbotene Sperrzone. Der Hanstein öffnet sich wieder den Besuchern.

Der besteigbare Nordturm ist 25 m hoch, seine Mauern sind 1,40 m dick. Der Blick von dort oben reicht bis nach Göttingen und bis zum Brocken im Harz, bis zum Hohen Meißner und bis zum Kaufunger Wald und auch hinunter zum benachbarten, etwas tiefer liegenden Ludwigstein jenseits der Werra.

Diese kleinere Gegenburg wurde, wie bereits erwähnt, 1415 vom hessischen Landgrafen Ludwig I. erbaut und gehört zu den letzten Anlagen ihrer Art, weil wenig später schwere Feuerwaffen derartige Befestigungen zweck- und sinnlos werden ließen. Die Burg sollte nicht nur hessische Untertanen vor beutelüsternen Raubrittern des thüringischen Hansteines, sondern vor allem die Post- und Salzstraße schützen, die zwar östlich der Werra, aber noch, wie heute, auf hessischem Gebiet lag und von den knarrenden Planwagen mitteldeutscher Kaufleute viel benutzt wurde, wenn sie nach Hann. Münden zogen oder von dort kamen. Daß die psychologische Kriegführung nicht erst eine Errungenschaft des 20. Jahrhunderts ist, erkennt man, wenn man die Außenmauer des Ludwigsteins betrachtet, die dem Hanstein zugekehrt ist: dort hat der Bauherr eine große, steinerne Fratze einfügen lassen, die den Hansteinern breit die Zunge herausstreckt; diese despektierliche Geste mag damals den so lange pressierten hessischen Bauern ungemein den Rücken gestärkt haben.

Die derart verhöhnten Hansteiner aber reagierten auf die unerhörte Beleidigung in entsprechend angemessen grober Weise: sie ließen ihrerseits an einer Außenwand, die über das Tal hinweg auf den Ludwigstein schaut, einen ebensolchen „Neidkopf" anbringen, der nun den Ludwigsteinern die Zunge noch länger herausstreckt und sogar 1908 erneuert wurde. Als die Zonengrenze beide Burgen trennte, wurden die beiden Neidköpfe ein tragisches Symbol deutsch-deutschen Schicksals. Heute glaubt man sie manchmal verständnisinnig lächeln zu sehen.

In der Folgezeit befindet sich auf dem Ludwigstein der Sitz des Amtes Witzenhausen; die sog. Ämter waren früher als kleinste überörtliche Verwaltungseinheit zuständig für mehrere Ortschaften.

Dann dient die Burg zeitweise dem Landgrafen von Hessen als Jagdschloß und als Außenstelle einer Domäne, später auch als Brauerei und sogar als Schule.

Da die Burg keinen Brunnen besaß und das Wasser in Ledersäcken auf einem heute noch erkennbaren Pfad von Eseln heraufgeschleppt werden mußte, verließen sie die letzten Bewohner schließlich 1835. Nur ein Ackervogt, also ein niederer Verwaltungsbeamter für Ländereien, blieb noch bis 1870. Danach setzte der endgültige Verfall ein.

Bis zum Ende des Ersten Weltkrieges lag der Ludwigstein als Ruine. Aber da am 13. und 14. Oktober 1913 auf dem unweit gelegenen „König der Hessischen Berge", dem Hohen Meißner, das erste Treffen der deutschen Wandervogelbewegung, der Freideutsche Jugendtag, stattgefunden hatte, nahmen sich die aus dem Krieg heimgekehrten Wandervögel der Ruine an und bauten sie in mühevoller, zumeist eigenhändiger Arbeit zu einer Jugendburg aus als Ehrenmal für ihre gefallenen Kameraden.

Diese Jugendherberge ist wahrscheinlich nicht nur die am schönsten gelegene Deutschlands, sondern auch diejenige mit dem weitesten Blick ins Land ringsum.

Sie gewährt jährlich mehr als 36000 Übernachtungen und veranstaltet regelmäßig europäische Jugendtreffen. In der Burg befindet sich ferner das einzigartige Archiv der deutschen Jugendbewegung.

Im Jahre 1963 erhielt sie einen Anbau, den „Meißnerflügel". In dessen Außenwand verkündet eine Bronzetafel mit der berühmten Meißnerformel die Ideale, die die deutsche Jugend am Vorabend des Ersten Weltkrieges angestrebt hat:

„Die Freideutsche Jugend will ihr Leben aus eigener Bestimmung vor eigener Verantwortung in innerer Freiheit gestalten. Für diese innere Freiheit tritt sie unter allen Umständen geschlossen ein. Alle gemeinschaftlichen Veranstaltungen der Freideutschen Jugend sind alkohol- und nikotinfrei."

Im Tal zwischen den beiden Burgen, beim Dorf Werleshausen, das auch Bahnstation ist, soll die Fahrt flußab beginnen. Natürlich kann man das mit dem Auto tun, aber die Schnelligkeit dieses Verkehrsmittels würde nur zu rasch an all jenen Kleinigkeiten vorbeiführen, die eine Landschaft liebenswert erscheinen lassen. Deswegen sei besonders darauf hingewiesen, daß das Weserbergland beispielhaft für Radwanderer erschlossen worden ist. Viele Straßen werden von gut ausgebauten Radwegen begleitet, und vor allem ehemalige Leinpfade längs der Weserufer sind, fern jeder Autostraße, ebenfalls in idyllische Radwege umgewandelt worden. Es gibt sogar besondere Radwanderkarten.

Es sei aber auch dasjenige Fahrzeug empfohlen, das dem Zweck unserer Fahrt am ehesten angemessen erscheint, nämlich das Falt- oder Paddelboot. Wer einmal in wochenlanger Behaglichkeit Fulda, Werra und Weser hinuntergetrieben ist, kaum von Schleusen oder Wehren gehindert, wer vom jeweiligen Zeltplatz aus Dörfer und Städte, Schlösser und Burgen besucht und die weiten, einsamen Wälder durchstreift hat, der wird sich ein Leben lang gern an dieses Stückchen Deutschland erinnern, das er da im wahrsten Sinne des Wortes erfahren hat.

Vor dem Fachwerkstädtchen Witzenhausen wird die Werra von einem Felshang abgelenkt, der alte Terrassen erkennen läßt, wenn sie auch von Bäumen und Gestrüpp fast verhüllt werden. An diesem Hang, den man noch jetzt den Weinberg nennt, und an anderen um Witzenhausen wuchs einst Wein. Aus alten Chroniken geht hervor, daß Witzenhausen schon vor 1226 alljährlich zwei Fuder Weinzehnten an den Erzbischof von Mainz liefern mußte. Vor etwa 170 Jahren soll eine Rebkrankheit dem Witzenhäuser Wein den Garaus gemacht haben. Wenn man bedenkt, daß die Nordgrenze des geschlossenen deutschen Weinbaues heute über den Drachenfels im Siebengebirge läuft, so kann man den Optimismus der Witzenhäuser Weinbauern nur bewundern, und es ist verständlich, wenn böse Zungen über dieses Werragewächs erschröckliche Geschichten verbreiten. So soll es sich um einen „Drei-Männer-Wein" gehandelt haben; das heißt, wenn einer ihn trank, mußten zwei andere den Durstigen stützen, damit er dem sauren Genuß überhaupt gewachsen war. Noch bösere Zungen wollen wissen, daß der saure Wein mittelgroße Löcher in Wollstrümpfen mühelos zugezogen hat.

Der Weinberg von Witzenhausen ist längst nicht das letzte Anzeichen von ehemaligem Weinbau an Werra und Weser. Und weil der Wein um so saurer wurde, je weiter man nach Norden kommt, werden die Geschichten über diese Weine um so schrecklicher, je weiter man flußabwärts fährt.

Heute blühen um Witzenhausen im Frühjahr 150000 Kirschbäume, und in der Stadt hat sich aus der früheren Deutschen Kolonialschule der Fachbereich „Nationale und internationale Landwirtschaft“ der Gesamthochschule Kassel entwickelt.

In Hedemünden, dem ersten niedersächsischen Ort, den die aus Hessen kommende Werra berührt, weisen Schilder unübersehbar auf das kuriose „Europäische Brotmuseum“ im nahen Dörfchen Mollenfelde hin. Dort kann man die Geschichte des Brotes von der Pharaonenzeit bis in unsere Tage verfolgen, und von März bis Oktober wird für die Besucher während ihres Aufenthaltes frisches Brot gebacken – natürlich in einem historischen Steinbackofen, wenn auch nicht mehr nach den Rezepten der alten Ägypter.

Unterhalb von Hedemünden stieß der Wasserwanderer noch vor einigen Jahren auf ein ungewöhnliches Hindernis: Von den Ufern liefen zwei Wälle aus steinbeschwerten Faschinenbündeln spitzwinklig auf einen größeren Lattenkasten in der Mitte des Flusses zu. Es war einer jener Aalfänge, von denen es früher viele in Werra und Weser gegeben hat. Aber auch dieser letzte Aalfang fiel einem ordnungsliebenden Wasserbauamt zum Opfer; es scheint, daß die Zivilisation charakteristische Einzelheiten einer Landschaft verdrängt. Heute beschränkt sich die geschilderte Art des Aalfanges auf die Nebenbäche der Weser, von denen die meisten nicht mit Industrieabwässern belastet sind.

Von Hedemünden aus noch ein Blick auf die Werralandschaft: Da windet sich der Fluß zwischen Feldern und Wiesen, alleeähnliche Feldwege, Baum- und Buschgruppen verleihen dem Tal hier und dort den Charakter einer Parklandschaft, die Äcker reichen bis an die waldgekrönten Hügel und Berge und, sofern es die Hangneigung erlaubt, auch wohl noch ein wenig hinauf; und dort, wo Ebenheiten und Hang sich treffen, sind Dörfer hingetupft aus weißleuchtenden Fachwerkhäusern. Noch einmal offenbart sich aller Reiz, der mitteldeutschen Landschaften innewohnen kann.

Dann wird die Werra breiter, und die Strömung schläft ein: am „Letzten Heller“ vor Hann. Münden staut ein Walzenwehr den Fluß. Unterhalb von Laubach hat sich der Mündener Wasserskiklub auf dieser ruhigen Wasserfläche einen Flußkilometer als Slalomfeld abgesteckt und betreibt hier Wasserski, seit 1966 olympische Disziplin, als Leistungssport. An sommerlichen Wochenenden haben Hunderte von Zuschauern ihre Freude an Slalom, Sprung- und Figurenlauf.

Jenseits der 50 Meter hohen Autobahnbrücke, die Hannover mit Kassel verbindet, ändert sich die Landschaft in auffälliger Weise. Das Tal verengt sich, Waldstücke stoßen bis ans Ufer vor und verdunkeln mit ihren Schatten das eben noch so helle Band des Flusses. Es ist, als vollziehe hier schon die Landschaft den Übergang vom heiteren Mitteldeutschland zum ernsteren Norden. Ganz so unmittelbar geschieht es allerdings nicht. An der vor uns liegenden Oberweser wechseln beide Charakterzüge immer wieder miteinander ab und bestätigen damit jetzt auch in landschaftlicher Hinsicht, was schon an anderen Anzeichen zu sehen war: daß dieser Raum ein Durchgangsland ist, ein Übergang und ein Mittler zwischen allen vier Himmelsrichtungen. Und um dieser Erkenntnis willen begann die Fahrt am Ludwigstein und nicht in Hann. Münden, dem wir uns nun zuwenden wollen.

Die Drei-Flüsse-Stadt Hann. Münden

Gesprochen heißt der Name der Stadt „Hannoversch Münden", geschrieben wird der Name offiziell „Hann. Münden". Der Name sollte und soll ausdrücklich darauf hinweisen, daß man sich früher im Kurfürstentum, später im Königreich Hannover befand, daß man sich heute im Bundesland Niedersachsen befindet und daß man hier, an der Südgrenze des Weserberglandes, Wert darauf legt, nicht mit dem ehemaligen Preußisch-Minden, dem jetzigen nordrhein-westfälischen Minden an der Porta Westfalica, also an der Nordgrenze des Weserberglandes, verwechselt zu werden.

Den Wasserwanderer auf der Werra grüßt zuerst das Schloß, ein frühes Bauwerk der Weserrenaissance. Auf der Grundlage einer günstigen wirtschaftlichen Entwicklung, die man getrost als Wirtschaftswunder bezeichnen kann, blüht dieser Baustil im Weserbergland um die Mitte des 16. Jahrhunderts auf und wandelt den feierlich-maßvollen Grundakkord der Renaissance zu vielerlei verspielten Variationen, erreicht zwischen 1580 und 1610 einen bezaubernden Höhepunkt und findet sein jähes Ende, als 1618 der Dreißigjährige Krieg ausbricht, der zeitweise blutige Bahnen durch das Weserbergland zieht. Die verschiedentlich auftretende Versuchung zum Monumentalen dämpft die Weserrenaissance immer wieder mit einer liebevollen Hingabe zum Detail – fast möchte man in diesem Charakterzug eine Parallele zur Landschaft erkennen, die diese Kostbarkeiten umschließt.

Die Bürger bauten meist in mehr oder minder reich beschnitztem und bemaltem Fachwerk, der Adel benutzte den Stein und holte sich seine zum Teil unbekannt gebliebenen Baumeister sogar aus Frankreich und Holland. Vielleicht fügt gerade die Verwendung heimischer Materialien die Weserschlösser so harmonisch in die Landschaft ein: die Mauern sind aus hellgrauem Kalkstein aufgeführt und die Ornamente in roten Sandstein gemeißelt, und aus dem Rothaargebirge kam eder- und fuldaabwärts der dunkle Schiefer des Rheinischen Schiefergebirges für eigenwillig geformte Turmhelme.

Würde man auf einer Deutschlandkarte die Standorte aller Renaissancebauten eintragen, so ergäbe sich die weitaus größte Dichte im Weserbergland; das ist um so eigenartiger, als die Renaissance ein geistiges Kind Italiens ist und man ihre deutschen Zeugen eher zwischen Alpenrand und Mainlinie vermuten würde.

Einen umfassenden Blick auf die Stadt hat man von der „Weserlied-Anlage", die am 23. August 1931 eingeweiht wurde und an den Dichter des Weserlie-

Blick über die Werra auf die Altstadt von Hann. Münden

des, Franz v. Dingelstedt, und den Komponisten Gustav Pressel erinnern soll.

Noch schöner ist es, zur Tilly-Schanze hinaufzusteigen, einem Aussichtsturm, der an die gräßliche Zerstörung der Stadt zu Pfingsten 1626 erinnert. Luftbildähnlich sieht man unter sich um Kirche und Rathaus den mittelalterlich zusammengedrängten Stadtkern im schützenden Winkel, den der Zusammenfluß von Werra und Fulda anbietet.

Beim Blick auf die Stadt kann man sich durchaus vorstellen, daß Alexander v. Humboldt, ein weitgereister Naturforscher der Goethezeit, Hann. Münden zu den sieben am schönsten gelegenen Städten der Erde gezählt haben soll. Geäußert hat er es zwar nicht, aber glauben könnte man es schon.

Heute nennt sich der Ort die „Stadt an den drei Flüssen". Geographisch gesehen sind Werra und Weser jedoch ein

Reste der alten Stadtbefestigung

Eingang zum Rathaus Hann. Münden

einziger Fluß, in den die Fulda mündet, nur hat sich der einheitliche altdeutsche Name Wiseraha (lat. visarius) im thüringisch-fränkischen, also oberdeutschen Sprachgebiet zu Wirraha und schließlich zu Werra, im niederdeutschen, also plattdeutschen Sprachgebiet zu Weser entwickelt.

In diesem Talkessel wird ein Königshof Karls des Großen angenommen. Sicher ist, daß Hann. Münden in der 2. Hälfte des 12. Jahrhunderts planmäßig angelegt worden ist, wahrscheinlich von den Thüringer Landgrafen aus dem Geschlecht der Ludowinger. Die früheste Urkunde über die Existenz der Stadt wird vom Landgrafen Ludwig III. am 15. August 1183 ausgestellt; deshalb hat die Stadt auch 1983 ihre 800-Jahr-Feier begangen.

Als das Geschlecht der Ludowinger 1247 ausstirbt, akzeptiert die Stadt als neuen Herrn den Welfenherzog Otto („das Kind") von Braunschweig-Lüneburg, den Enkel Heinrichs des Löwen, zumal der nicht nur alte Rechte bestätigt, sondern auch neue gewährt, z. B. das einträgliche Stapelrecht. Danach mußten alle Handelswaren, die auf den Flüssen oder den Straßen Hann. Münden erreichten, aus- bzw. abgeladen und den Mündener Bürgern drei Tage lang zum Kauf angeboten werden. Dieses Stapelrecht bildete über viele Jahrhunderte hinweg eine wesentliche Grundlage für das Wohlergehen der so verkehrsgünstig gelegenen Stadt.

Jahrhundertelang beherrschte die Stadt den Handel auf Fulda, Werra und Weser und auf den Straßen, die hier die Flußtäler kreuzen. Man unterhielt ein gut ausgebautes Netz von Frachtwagenlinien, die die Waren zu den Flüssen schafften oder von dort ins Hinterland verteilten. Alle diese Waren durften nur durch Mündener Schiffer oder Fuhrleute befördert werden. Lediglich in Hameln und Vlotho fand die Stadt zeitweise gleichwertige Gegenspieler.

Eine erste Bauperiode der St. Blasius-Kirche, einer wohl auf romanischen Grundlagen errichteten gotischen Hallenkirche, beginnt in der zweiten Hälfte des 13. Jahrhunderts, eine zweite ab

1487; erst 1519 wird die Turmhalle fertigstellt. Der Turm selbst zeigt eine Besonderheit: Während in Italien schon ab 1550 barocke Frühformen auftreten, verzögert der Dreißigjährige Krieg in Deutschland diese Entwicklung. Hier setzt sich dieser prächtige, glanzvolle Stil erst ein Jahrhundert später durch. Der Turm von St. Blasii bekommt aber seine „welsche" Haube bereits 1584. Sie ist also ein seltenes Zeugnis barocker Baukunst in Deutschland noch vor dem Dreißigjährigen Krieg.

Unter der vielfältigen wertvollen Innenausstattung ist neben der Bronzetür für die Sakramentsnische an der Südostwand des Chores, einem hervorragenden Beispiel spätmittelalterlichen Bronzegusses, neben dem ebenfalls bronzenen Taufbecken von 1392 und dem frühbarocken Orgelprospekt (1645) der Sarkophag Herzog Wilhelms des Jüngeren von Braunschweig-Lüneburg (gestorben 1503) besonders hervorzuheben, den er sich schon zu Lebzeiten hat anfertigen lassen. Rechts neben dem mächtigen barocken Hauptaltar, der von Johann Andreas Graber aus Heiligenstadt geschaffen wurde, geben Hochwassermarken an, daß zum Beispiel 1643 das Wasser 1,50 m über dem Fußboden gestanden hat.

Neben der Kirche bildet das ursprüngliche gotische Rathaus den zweiten architektonischen Höhepunkt der Stadt. Es wurde 1603 bis 1618 erweitert und in der Weserrenaissance so stark überformt, daß dieser Stil heute den Baukörper beherrscht, vor allem an der nördlichen Hauptfront mit drei Giebeln, einer Freitreppe und einem Erker, den man als „Utlucht" bezeichnet. In einem zweigeschossigen, eindrucksvollen Saal stellen monumentale Bilder wichtige Ereignisse aus der Stadtgeschichte dar; man kann zum Beispiel sehen, wie die Mündener Schiffergilde das angeblich erste Dampfschiff der Welt zerstört, das es aber in Hann. Münden nie gegeben hat. Darüber wird noch in einem anderen Kapitel zu sprechen sein.

Säumten Werra und Fulda die mittelalterliche Stadt wirksam an zwei Seiten, so wurde sie nach der dritten, der Landseite hin, durch einen Graben und eine mächtige Mauer mit sechs Türmen geschützt; Teile dieser Befestigungsanlagen sind noch erhalten.

In den schützenden Verteidungsring wurde das schon erwähnte Schloß mit einbezogen, dessen Anfänge ebenfalls weit ins Mittelalter zurückreichen. Eine Inschrift über dem Eingang zum Treppenturm an der Nordostecke des Schloßhofes bezeugt, daß es seit 1501 von Herzog Erich I. (dem Älteren) umgebaut wurde. Im Frühjahr 1561 brennt es größtenteils ab. Man vermutet, daß damals nur der nordöstlich gelegene Teil, zu dem auch die Schloßkapelle mit ihren hohen gotischen Spitzbogenfenstern gehört, erhalten geblieben ist. Der Wiederaufbau begann bereits 1562 im Stil der frühen Weserrenaissance. Sehenswert sind u.a. das „Gemach zum Weißen Roß" und das „Römergemach" – zwei Räume, die Herzog Erich II. nach dem Brand neu ausmalen ließ. Sie enthalten die letzten Renaissance-Fresken mit weltlichen Motiven, die es in dieser Geschlossenheit in Deutschland nicht noch einmal gibt.

Im Schloß zeigt das Städtische Museum außerdem Geschichte und Kulturgeschichte der Stadt mit dem Schwerpunkt Fernhandel und Flußschiffahrt. Den besonderen Glanzpunkt aber bilden die Fayencen aus der Manufaktur der

Familie v. Hanstein, die von 1753 bis 1854 in Hann. Münden bestanden hat.

Aus dem Mittelalter stammt die steinerne Werrabrücke, die zwar 1329 urkundlich belegt, aber wesentlich älter ist. Vor ihr gab es an derselben Stelle schon eine hölzerne Brücke. Von den ursprünglich sieben Bögen haben noch fünf ihren früheren Zustand behalten; die beiden nördlichen wurden nach Beschädigungen durch Eisgang und Hochwasser 1861 erneuert. Noch nach dem 2. Weltkrieg floß der größte Teil des Fernverkehrs über diese Brücke durch die Innenstadt.

Der Dreißigjährige Krieg, der Siebenjährige Krieg und die napoleonische Zeit, zuletzt die Aufhebung der Privilegien durch die Weserschiffahrtsakte von 1823, bessere Straßen und endlich die Eisenbahn nahmen der Stadt ihre frühere Bedeutung als Fernhandels- und Umschlagplatz an drei schiffbaren Flüssen. Mit dem Einzug der Industrie, die zwar vielfältig ist, aber im Stadtbild wenig hervortritt, fand Hann. Münden Anschluß an die neue Zeit.

Durch eine kluge und weitsichtige Altstadtsanierung wurde Hann. Münden zu einem städtebaulichen Schmuckstück ersten Ranges. Mehr als 700 Fachwerkhäuser aus sechs Jahrhunderten wurden restauriert, darunter das älteste zeitgenössisch datierte Fachwerkhaus Niedersachsens, das ehemalige Küsterhaus der St. Blasius-Kirche von 1457, oder das gotische Ständerhaus „Ochsenkopf" von 1528 in der Sydekum-(Sieh'-dich-um-) -Straße. Alle geben dem Stadtkern mit vorkragenden Geschossen, mit Zwerchhäusern und Utluchten, mit Schnitzereien und buntem Anstrich ein ungemein malerisches Gepräge, so daß man sich heute hier rühmen kann, unter allen Orten an der Oberweser den schönsten Stadtkern zu besitzen. Dafür erhielt die Stadt 1979 die Goldmedaille im Bundeswettbewerb. Hann. Münden ist wieder eine Stadt geworden, „wo Stein und Balken reden".

In den Namen derjenigen Straßen, die in Hann. Münden Werra und Fulda säumen, taucht gelegentlich der Begriff „Schlagd" auf. Damit bezeichnete man früher Uferstrecken, die durch eingeschlagene Holzpfähle für das Anlegen, für das Be- und Entladen von Flußschiffen befestigt waren.

Am Haus Lange Straße 79 stößt man auf eine buntbemalte Holzfigur, die einen barockgekleideten Herrn mit Allongeperücke zeigt, der, man verzeihe das vulgäre Wort, eine übergroße Klistierspritze angriffslustig in der Hand hält – für eine Denkmaldarstellung gewiß ein seltenes und wenig heldisches Attribut. Wir stehen vor Johann Andreas Eisenbart, dem berühmtesten deutschen Chirurgen um 1700. Die Inschrift am Sockel des Denkmals „Er war anders als sein Ruf" weist schon auf das Außergewöhnliche dieses Mannes hin, und ein späteres Spottlied auf ihn beginnt mit dem Vers:

> Ich bin der Doktor Eisenbart,
> kurier' die Leut' nach meiner Art:
> mach', daß die Lahmen wieder seh'n
> und daß die Blinden wieder geh'n...

Mit diesen Zeilen tut man ihm allerdings bitter Unrecht. Er war zweifellos ein ausgezeichneter Chirurg, aber zu seiner Zeit, kurz nach dem Dreißigjährigen Krieg, war die Bevölkerung Deutschlands stark zusammengeschrumpft, und so kannte er noch kein überfülltes Wartezimmer. Im Gegenteil – er mußte sei-

Eisenbart-Denkmal in Hann. Münden

nen Patienten regelrecht nachlaufen, dorthin, wo das Volk zusammenströmte. Und so zog er im Lande umher, von Jahrmarkt zu Jahrmarkt, von Kirmesfeier zu Kirmesfeier, und um die Leute anzulocken, schleppte er selbst einen kleinen Wanderzirkus mit sich herum. Erst trat der indische Feuerfresser auf, dann kam die bunte Riesenschlange, und wenn sich genug Gaffer versammelt hatte, beugte sich der berühmte Doktor von seinem Podest zu ihnen hinunter und fragte leutselig, wer wohl den Mut hätte, sich von ihm einen Blasenstein herausschneiden zu lassen; denn das war seine Spezialität. Die Operation fand sofort auf freiem Markte statt, damit sich jeder von seiner Kunstfertigkeit überzeugen konnte. Vom Dr. Eisenbart weiß man eine ganze Menge, von seinen Patienten etwas weniger, aber das liegt wohl in der Natur der Sache. Daß bei solchen Prozeduren noch keine betäubenden, schmerzstillenden und keimtötenden Mittel bekannt waren, mag denen zu denken geben, die sich wehmütig nach der sogenannten guten, alten Zeit zurücksehnen.

Doktor Eisenbart starb in Hann. Münden. In der Aegidienkirche wurde er vor dem Altar beigesetzt. An der Nordseite der Kirche ist später sein Grabstein aufgestellt worden. Dort kann man staunend lesen, welche ehrenden Titel ihm im Laufe seines Lebens von höchster Stelle verliehen worden sind:

Alhir ruhet in Gott
der weiland hochedle hocherfahrne weltberühm: Herr
Herr Joh Andreas Eisenbart
Königl Grosbritannischr und Churfürstl Braunschw Lüneb
brivilegirte Landartzt
wie auch Königl Breüssischer Raht und Hofoculiste
von Magdeborg
Gebohrn Anno 1661 Gestorben 1727 d. 11. Novemb
Aetatis 66 Jahr.

Selbst für damalige Zeiten ging der Steinmetz recht sorglos mit der deutschen Schriftsprache um, und das Geburtsjahr ist auch falsch wiedergegeben; es muß richtig 1663 heißen.

Wesentlich bemerkenswerter dürfte jedoch sein, daß sich in der Inschrift die damalige deutsche Kleinstaaterei widerspiegelt. Und um das Weltbürgertum unseres barocken Doktors vollends zu unterstreichen: geboren wurde er in Viechtach im Bayerischen Wald, aus welchem Ortsnamen aber bitte nicht auf seine späteren Behandlungsmethoden geschlossen werden darf.

Während wir durch die Stadt bummeln und uns den Spazierwegen des Tanzwerders (Werder = Insel) zuwenden, sei auf einen ungewöhnlichen früheren Gewerbezweig der Stadt hingewiesen, nämlich auf die Herstellung von Jagdschrot. Vor etwa 160 Jahren entdeckte ein findiger Italiener, daß man derartiges Schrot herstellen kann, indem man eine bestimmte Bleilegierung aus großer Höhe durch ein Sieb in Wasser fallen läßt. Man stockte in Hann. Münden einen Turm der Stadtbefestigung auf, um die erforderliche Höhe zu gewinnen, und noch bis vor kurzem schöpfte oben in seinem Turmgelaß der Schrotgießer das geschmolzene Metall mit einer mächtigen Kelle und schüttete es auf ein engmaschiges Netz über dem Turmschacht, durch den es dann etwa 40 Meter tief in ein Wasserbecken fiel, das im ehemaligen unterirdischen Verließ aufgestellt war. Auf diese Weise wurden an einem Tag mehrere Tonnen Metall zu Jagdschrot verarbeitet, das damals unter dem Namen „Mündener Sortierung" in den Handel kam; dieselbe Firma produziert heute noch u.a. jene bunten Metallfolien, mit denen schokoladene Weihnachtsmänner, Osterhasen und pfingstliche Maikäfer bekleidet werden.

An der laubdachüberwölbten Spitze des Tanzwerders, wo die Personenschiffe der „Oberweser Dampfschiffahrt Gesellschaft" anlegen, wird die Ehe zwischen den beiden Quellflüssen geschlossen: das Werrawasser rinnt, vom Thüringer Wald kommend, an der Alten Brücke über ein langes Steinwehr hinab auf das Weserniveau, und die Fulda, der Hohen Rhön entsprungen, quirlt über Stromschnellen herunter, die von einer Schleuse umgangen werden. Doch nicht erst am Weserstein mischen sich ihre Wasser, schon vorher fließen Teile davon zur Kleinen Weser zusammen. Aber warum sollte der bis zur Nordseeküste dauernden Verbindung nicht schon ein kleiner Flirt vorausgegangen sein?

Am Weserstein ist dann die Vereinigung endgültig:

„Wo Werra sich und Fulda küssen,
sie ihre Namen büßen müssen.
Und hier entsteht durch diesen Kuß,
deutsch bis zum Meer, der Weser Fluß".

Die Inschrift wird, was die Rechtschreibung anbelangt, oft falsch wiedergegeben und mag heutigen Ohren etwas banal klingen, aber sie enthält doch eine kleine Wahrheit: die Weser ist der einzige deutsche Strom, dessen Quellflüsse in Deutschland entspringen und der auch an deutscher Küste ins Meer mündet. Mehr noch: die Weser nimmt keinen Tropfen Wasser aus dem Ausland auf; denn auch alle Nebenflüsse und Nebenbäche entspringen innerhalb der deutschen Grenzen. Diese Besonderheit hat die Weser dem Rhein, der Donau, der Elbe und der Oder voraus.

Als sich die ersten Eisenbahnen mit schrillem Pfiff kühn ins Weserbergland vorwagten, wollten tüchtige Ingenieure auch die Stadt Hann. Münden von Göttingen her an das Königlich-Hannoversche Eisenbahnnetz anschließen. Ihr Hannoverscher Nationalstolz verbot ihnen aber, die Strecke ein paar Kilometer durch hessisches Ausland zu führen. Also legten sie die Trasse aus dem Leinetal über die hochgelegene Kleinstadt Dransfeld hinüber und hinunter ins Wesertal. Trotz weitgeschwungener Serpentinen wurde es die steilste Bahnstrecke

Deutschlands, die man gerade noch ohne Zahnradantrieb hinaufschnaufen und hinunterrattern konnte. Selbst das war nur möglich durch eine zweite Lokomotive, die den Zug zusätzlich aufwärts schob. Das Abkoppeln dieser zweiten Lok erzwang einen kurzen Aufenthalt in Dransfeld, so daß der Ort zur kleinsten Schnellzugstation Deutschlands avancierte. Heute ist diese abenteuerliche Strecke längst stillgelegt, in die Eisenbahngeschichte ist sie aber eingegangen als kurioses Zeugnis deutscher Kleinstaaterei.

Nahe Dransfeld beherrscht die Basaltkuppe des Hohen Hagen (508 m) die Landschaft. In großen Steinbrüchen kann man hier die eigentümlichen Säulenbündel sehen, zu denen das feuerflüssige Material, die Lava, erstarrte, als es in der Tertiärzeit aus der Erde gedrungen war.

Von der Kuppe des Hohen Hagen führte der Göttinger Mathematiker Carl Friedrich Gauß von 1821 bis 1844 trigonometrische Vermessungen durch, d.h., Landvermessungen auf der Grundlage von Dreiecksberechnungen.

Vom Gauß-Turm neben der Gauß-Gedächtnisstätte schaut man nicht nur weit in die Runde, sondern auch auf Oberscheden, in dem eine Gedenktafel und ein „Quantz-Brunnen" daran erinnern, daß hier am 30.1.1697 der Flötenlehrer und Komponist Johann Joachim Quantz geboren wurde, der Friedrich dem Großen einst die Flötentöne beigebracht hat.

Der Weserstein in Hann. Münden

Der Reinhardswald, der Bramwald und das Kloster Bursfelde

Von Hann. Münden bis an die Nordseeküste hat die Weser eine Gesamtlänge von etwa 480 km, davon entfallen auf die Oberweser bis Minden 203 km. Ab Hann. Münden sind die Flußkilometer auf großen weißen Tafeln am Ufer angegeben. Hameln liegt bei km 135, und zwischen Hann. Münden und Hameln gibt es kein Hindernis im Fluß, kein Wehr, keine Staustufe.

Das macht die Weser, die mit durchschnittlichen 4 km/h dahinströmt, für Wasserwanderungen ideal, zumal in das Weserwehr von Hameln neben der Schleuse eine Art Floßgasse eingefügt ist, durch die man, ohne aus dem Boot steigen zu müssen, das Hindernis umfahren kann – ein ungewöhnliches Erlebnis übrigens, im schäumenden Wasser gefahrlos von oben nach unten zu schießen.

Und dann gleitet man wiederum hindernisfrei weiter bis nach Minden.

Jahrzehntelang litt die Weser, vor allem ihr Fisch- und ihr Pflanzenbestand, unter einer nahezu tödlichen Salzfracht, die aus den Kaliwerken der ehemaligen DDR über die Werra eingeleitet wurde. Jetzt wacht eine Arbeitsgemeinschaft der Länder Thüringen, Hessen, Nordrhein-Westfalen, Niedersachsen und Bremen mit 15 Meßstationen über die wiedergewonnene Reinheit des Weserwassers.

Wenige Kilometer flußabwärts von Hann. Münden tauchen am rechten Ufer die Reste des ehemaligen Klosters Hilwartshausen auf. Augustinerinnen gründeten es im 10. Jahrhundert, und Kaiser Otto I. erhob es sogar zu einer königlichen Abtei. Herzog Erich der Jüngere von Braunschweig-Calenberg feierte hier noch 1581 das Weihnachtsfest. Aber dann brach der Dreißigjährige Krieg über die Idylle am Weserufer herein und zerstörte die Anlage so gründlich, daß heute nur noch ein gotischer Treppengiebel zwischen malerischen Baum- und Buschgruppen an mittelalterliches Klosterleben erinnert.

Das Tal ist hier so eng, und die Felshänge sind so steil, daß aufwendige Schutzbauten die begleitende Straße vor Steinschlag bewahren müssen. Bei Wahmbeck trifft man auf die erste Teilstrecke der Oberweser, die Wasserskiläufern zur Verfügung steht und entsprechend gekennzeichnet ist (km 36,7–39,0). Weitere Teilstrecken für Wasserski gibt es zwischen Holzminden und Heinsen (km 85,6–87,0) und unterhalb von Bodenwerder (km 112,1–114,1).

Abgesehen von diesen kurzen, streng begrenzten Flußstrecken, auf denen an Sommersonntagen und dann auch nur gelegentlich ein paar Motorboote knattern, ist das Wesertal ein stilles Tal geblieben. Und da das benachbarte geradlinige Leinetal zwischen Hannover und Göttingen schon im Mittelalter den Straßenverkehr von Nord nach Süd an sich gezogen und in unserer Zeit Schienenstrang und Autobahn aufgenommen hat, wird auch heute noch die Ruhe der windungsreichen Weser vom hastigen Fernverkehr kaum gestört, obgleich eine Straße das linke Flußufer von Hann. Münden bis Hameln begleitet. Lärmende und qualmende Industrie hat sich bisher weitgehend vom Wesertal ferngehalten. Man spürt diese Ruhe, wenn man zwischen Bramwald und Reinhardswald flußab gleitet. Hier trifft man auf die ersten Fischreiher, die im seichten Uferwasser unbeweglich nach Beute spähen. Nähert sich das Schiff, so genügen wenige Schläge ihrer silbergrauen Schwingen, um flach über das Wasser hin abzustreichen.

Als diese etwa 1 m großen, eleganten Schreitvögel vor Jahren auszusterben drohten, stellte man sie ganzjährig unter Schutz. Daraufhin nahm ihre Scheu vor dem Menschen derart ab, daß sie sich heute scharenweise an Karpfen- und Forellenteichen einfinden, um sich dort ungeniert auf leichte Weise zu bedienen. Das wiederum hatte zur Folge, daß sie sich ungewöhnlich stark vermehrt haben und von den Fischzuchtbetrieben schon als Schädlinge betrachtet werden. In den Herzen der Touristen jedoch wecken sie romantische Sehnsüchte nach den Ibissen des Nils und den Flamingos in südlichen, wärmeren Ländern.

Der Reinhardswald ist der deutsche Märchenwald schlechthin. An seinem Südrand, in Niederzwehren bei Kassel, trafen die romantischen Brüder Jakob und Wilhelm Grimm auf eine bejahrte Frau namens Dorothea Viehmann, die ihnen viele bis dahin unbekannte Märchen für ihre berühmte Sammlung „Kinder- und Hausmärchen" erzählte.

Diese Märchen sind inzwischen nicht nur in alle Weltsprachen, also auch in Russisch und Chinesisch, übersetzt worden, sondern zum Beispiel auch in Usbekisch, Aserbeidschanisch, Tadschikisch, Israelisch (Ivrith), Hindi, Koreanisch und Malaiisch.

Die meisten dieser Märchen sind eng mit dem Wald verknüpft; man denke nur an Schneewittchen, Rotkäppchen oder Hänsel und Gretel. Das ist erklärlich, wenn man bedenkt, daß im deutschen Siedlungsraum der Wald immer ein beherrschendes Landschaftselement gewesen ist, früher noch viel stärker als heute. Deshalb lag es nahe, von Hanau, dem Geburtsort der beiden Brüder Grimm, bis nach Bremen (Sie wissen: Die Stadtmusikanten!) und damit vorwiegend durch das Weserbergland führende Straßenabschnitte zu einer durchlaufend gekennzeichneten „Deutschen Märchenstraße" zu verbinden.

Das „Brüder-Grimm-Museum" in Kassel bewahrt und zeigt das Lebenswerk der beiden Gelehrten; es besteht nicht nur aus der Märchensammlung, sondern enthält auch eine Fülle von Forschungsarbeiten aus dem Bereich der Literaturwissenschaft, der deutschen Sprache, der Volkskunde, der Mythologie u. ä. und vor allem das gewaltige Werk des Deutschen Wörterbuches, das bei Jakobs Tod (1863) bis zum Buchstaben F gediehen war und erst nach dem 2. Weltkrieg vollendet wurde.

Mitten im Reinhardswald stößt man auf das Dorf Gottsbüren. Es nannte sich früher Hundsbüren, aber eine seltsame Geschichte veranlaßte den Ort, seinen Namen zu ändern.

Inmitten einer lieblichen Landschaft erheben sich die Türme des Klosters Bursfelde

Anno Domini 1330 fanden Bauern in der Feldmark einen männlichen Leichnam, der die Wundmale des Gekreuzigten getragen haben soll. Kaum hatte man ihn ins Dorf geschafft und begraben, da ging schon wie ein Lauffeuer die Kunde durchs Land, es hätte sich bei dem Toten um den unverwesten Leichnam Christi gehandelt. Nach einer anderen Version soll es eine mit Blutstropfen bedeckte Hostie („corpus Christi") gewesen sein, die da aufgefunden wurde. Auf jeden Fall kamen die ersten Neugierigen. Das benachbarte Kloster Lippoldsberg beeilte sich, die unerhörte Begebenheit wirkungsvoll zu verbreiten und in dem Ort, der sich fortan Gottsbüren nannte, ein Tochterkloster zu errichten, um so nicht nur am erhofften Strom der Wallfahrer, sondern auch am anschwellenden Strom deren Geldes teilzuhaben; denn just zu dieser Zeit stand es mit den Finanzen der

Kloster Bursfelde

Lippoldsberger Benediktinerinnen nicht gerade zum besten.

Wie vorteilhaft die realistische Spekulation der weltabgewandten Damen aufging, zeigt sich schon allein darin, daß ihnen in der Folgezeit allein aus der Pacht der Lippoldsberger Fähre jährlich 40 Pfund Silber zufielen, eine damals beträchtliche Summe. Denn es kamen nicht nur einzelne Wallfahrer – es kamen aus ganz Deutschland in nicht abreißendem Strom Pilgerzüge über Pilgerzüge mit frommem Gesang, seidenen Fahnen und reichen Opfergaben, so daß sich der Erzbischof von Mainz veranlaßt sah, zum Schutze der Wallfahrer und seiner Einnahmen die Sababurg zu errichten. Auf diese Weise erfreuten sich die Gottsbürener einige Jahrzehnte lang des regsten Zuspruchs fremder Gäste, bis endlich das fromme Spektakulum allmählich wieder abflaute und gegen Ende des Jahrhunderts endgültig einschlief.

An diese Geschehnisse erinnert noch die heute für den kleinen Ort viel zu große Wallfahrtskirche. Ihren ursprünglichen Kern bildet eine Kapelle, die 1331 errichtet wurde, nachdem die Gottsbürener Wallfahrten durch den Erzbischöflichen Stuhl in Mainz bereitwillig genehmigt worden waren. Dieses Entgegenkommen überrascht nicht, denn man sicherte sich zugleich in Mainz vertraglich ein Drittel der Gottsbürener Einnahmen, die reichlich aus Opfergaben und aus dem Verkauf von Wallfahrtsbestätigungen flossen.

Unter den bildhauerischen Zutaten der Innenausstattung verkörpert ein steinerner Christus, der seine Wundmale vorweist, die Gründungslegende. Einzigartig aber erscheinen die z. T. noch gotischen Fresken und Wandmalereien, darunter eine wandfüllende, ergreifende Kreuzigung. –

An diese Geschehnisse erinnert auch die Sababurg, obgleich die gegenwärtige Anlage nichts mehr mit der ursprünglichen gemein hat. Denn nachdem der Erzbischof von Mainz die Burg 1334 anstelle eines vorhandenen festen Platzes errichtet hatte, auch um einen Vorposten an die Grenze des Sachsenlandes zu setzen, fiel sie letztlich 1429 an Hessen und lag schon 1455 wüst. Auf den Trümmern errichtete der Landgraf Wilhelm I. um 1491 ein Jagdschloß, das unter dem Dreißigjährigen und dem Siebenjährigen Krieg schwer zu leiden hatte. Dann wird 1826 der hölzerne Teil der Burg abgebrochen und 1889 das Dach des Hauptgebäudes abgedeckt. Erst ab 1961 werden die Gebäudereste gesichert.

In der Sababurg hat einst Dornröschen geschlafen. So wird behauptet. Und je öfter man es erzählt, um so wahrer wird es. Die verwunschene Lage macht es zumindest vorstellbar. Ebenso vorstellbar ist, daß im Burghotel heute junge Damen morgens mit einem Kuß geweckt werden. Traditionen sollte man pflegen.

An die Burg schließt sich der älteste Tierpark der Welt an. Landgraf Wilhelm IV. v. Hessen, Astronom, Botaniker und Mathematiker, der „Gelehrte auf dem Fürstenthron", legte ihn 1571 auf einem 500 Morgen großen Gelände an, um Haltung und Züchtung fremdländischer Tiere, darunter auch Rentiere und Gemsen, zu erforschen.

Das Experiment mißlang. Aber seit 1971 tummeln sich im ummauerten Gehege Urwildpferde, Ure, Wisente, Tarpane, Rentiere, Mufflons und verschiedene Wasser- und Waldvögel.

Westlich der Burg liegen 70 ha seit über 100 Jahren wüst, tragen also einen einzigartigen Urwald mit 600- bis 800jährigen Baumriesen in meterhohem Farnkraut.

Gegenüber dem Reinhardswald begleitet der Bramwald den Fluß. Wanderglashütten waren hier ebenso üblich wie im Solling, es gab sogar einmal eine Eisenhütte mit einem regelrechten Hochofen.

In einer Flußbiegung stiftete 1093 Graf Heinrich der Dicke von Northeim die Benediktinerabtei Bursfelde. Das Kloster wurde Mönchen aus Corvey anvertraut, blühte auf unter den ersten Äbten, verfiel dann aber im 14. Jahrhundert, und um 1430 hausten dort nur noch ein Mönch und eine Kuh. Unter dem Abt Johann v. Hagen setzte jedoch eine Erneuerungsbewegung ein, die unter dem Namen „Bursfelder Kongregation" einhundertelf Klöster in Deutschland, Holland, Belgien und Luxemburg zusammenschloß mit dem Ziel, wieder zur strengen Ordensregel zurückzufinden. Bursfelde wurde dadurch zu einem weithin wirkenden religiösen und kulturellen Mittelpunkt des Benediktinerordens. In der Reformation evangelisch geworden, verwandelte man das Kloster in ein Pachtgut. Dadurch blieb der klösterliche Gesamteindruck der Anlage weitgehend erhalten.

Die Abtwürde besteht weiter fort und ist jeweils gebunden an ein Mitglied der Theologischen Fakultät der Universität Göttingen. Es gehört zur Tradition von Bursfelde, daß am Himmelfahrtstag eines jeden Jahres nicht nur der Abt die Festpredigt hält, sondern daß dann auch ein ausgewählter Professor der Universität Göttingen über ein wissenschaftliches Thema von außerordentlicher Bedeutung spricht und dieses Referat später im Druck erscheint. Bis zu 1000 Göttinger Studenten strömen dann nach Bursfelde und werden nicht nur mit geistiger Nahrung versorgt, sondern auch mit Erbsen- oder Nudelsuppe aus Batterien von Gulaschkanonen, die am Weserufer aufgefahren sind.

Nach dem Zweiten Weltkrieg fand die Stundenglocke aus dem Dom der ostpreußischen Stadt Königsberg am Ende einer langen Irrfahrt in den Glockenturm von Bursfelde; am 20. Januar 1952 wurde sie dort vom damaligen Abt Prof. D. Stange erneut geweiht. Seitdem rufen ihre hellen Klänge bei freudigen Anlässen über das Wesertal. Gebürtige Ostpreußen können hier also noch einmal Heimatklänge hören.

Das Beispiel Oedelsheim

Zwischen Bursfelde und Karlshafen strömt die Weser an Dörfern vorüber, deren Felder, Wiesen und Weiden sich auf einen schmalen Saum zwischen Fluß und Wald beschränken müssen. Der Schriftsteller Hans Grimm – einige seiner Vorfahren stammen aus dem hessischen Weserdorf Oedelsheim – schildert die Not, unter der diese Bauernsiedlungen gegen Ende des 19. Jahrhunderts zu leiden hatten: „Sie können nicht vom Lande leben, weil keiner genügend Landes hat. Die Feldmark ist zu klein, die Feldmark von Jürgenshagen und auch die von Oedelsheim und Hilwartswerder und Lippoldsberg und schließlich von allen Oberweserdörfern ist zu klein, weil die Wälder die Feldmarken einschränken... Was in Jürgenshagen nicht genug Landes besitzt, um bei der Ackerwirtschaft allein bestehen zu können, hat irgendwann und auf irgendeine Weise mit dem Wald zu tun. Und was in Oedelsheim und Hilwartswerder, nachdem in ihren breiteren Dorfbesitzen durch gleiche Erbteilung die Bauernstellen stets kleiner wurden, sich und die Seinen nicht vom Lande allein erhalten kann und nicht Wirt oder Kaufmann, Müller oder Schmied, nicht Pfarrer, Arzt oder Lehrer ist, lebt von der Arbeit, die der Wald gibt. Andere Arbeit ist da im ganzen Tale nicht zu finden. Du mußt Köhler sein oder Schwellenhauer oder in Forstdiensten. Du mußt auf den Kahnwerften bei Gieselwerder oder im Sägewerk oder der Faßbinderei von Balmatz oder in der Schuhleistenfabrik zu Bodenfelde, wo sie Holzessig und Teer aus den Stämmen ziehen, dein bares Geld zu verdienen trachten; wenn sich das alles nicht für dich schickt, und auch wenn du den Ehrgeiz hast, es weiter zu bringen als dein Vater, und auch wenn der Grundbesitz deines Vaters so klein geworden ist, daß er gar nicht weiter geteilt werden kann zwischen dir und deinen Geschwistern, dann mußt du hinaus, dann mußt du fort und weg aus dem Tale und vom Lande und vom Walde!"

Ebenso wie im 19. Jahrhundert die Auswanderer aus Thüringen ab Hann. Münden Weserschiffe benutzten, wählten auch viele Menschen aus den Dörfern der Oberweser diesen Weg in eine erhoffte bessere Zukunft. Allein in den Jahren von 1844 bis 1856 hat die „Vereinte Weserdampfschiffahrt" rund 57000 Auswanderer, übrigens wohlorganisiert und zu einem niedrigen Pauschalpreis, nach Bremen befördert; das mag ein beredtes Zeugnis dafür sein, wie eng der bäuerliche Lebensraum für die wachsende Bevölkerung geworden war.

Gerade Oedelsheim, schon 1151 als Otelesheim erwähnt und von jeher als Schifferdorf bekannt, bietet sich an als Beispiel für die wirtschaftlichen Schwie-

Fachwerkhäuser in Oedelsheim

rigkeiten, mit denen man in ungünstig gelegenen und allmählich übervölkerten Weserdörfern zu kämpfen hatte. Zwar wurde im vorigen Jahrhundert auch hier eine Flurbereinigung durchgeführt, um der Aufsplitterung der Gemarkung durch die Erbteilung zu begegnen und die Leistungsfähigkeit der verbleibenden Höfe wiederherzustellen, aber danach fuhr man unverständlicherweise mit der gewohnten Realteilung fort, so daß nach dem Zweiten Weltkrieg die Flächen wiederum zu klein waren für einen sinnvollen Maschineneinsatz und damit für den Anbau wettbewerbsfähiger Produkte. Die Felder wurden letztlich nur noch für den Eigenbedarf bestellt.

Inzwischen hat aber wieder eine, wenn auch interne Flurbereinigung stattgefunden, indem man unrentable Kleinbetriebe auflöste und mit deren Ländereien andere aufstockte. Vor dem Zweiten Weltkrieg waren viele Männer tätig als Schiffsführer, Matrosen und Flößer auf Binnenwasserstraßen, als Arbeiter in den Basaltsteinbrüchen der Bramburg, in Land- und Forstwirtschaft. Bis 1930 gab es auch noch Köhler in Oedelsheim.

Nach dem Zweiten Weltkrieg hat sich vieles geändert. Diejenigen der etwa 1000 Einwohner, die nicht in der Land- und Forstwirtschaft, beim Wasser- und Schiffahrtsamt, in Versorgung und Verwaltung oder in einem kleinen, inzwischen angesiedelten Industriebetrieb beschäftigt sind, neigen weniger als früher dazu, das Dorf zu verlassen, weil sie durch gute Verkehrsverbindungen auch entferntere Arbeitsplätze in Lippoldsberg, Hofgeismar, Hann. Münden, Göttingen oder sogar Kassel bequem erreichen können.

Dazu hat man als neue Erwerbsquelle den Fremdenverkehr entdeckt. Inzwischen zählt man etwa 30 000 Übernachtungen pro Jahr. Ein modernes Hallenbad, ein Musikpavillon, Grillplatz, Kneipptretbecken, Schutzhütten für Wanderer und ein gut ausgestatteter Campingplatz haben diese stetige Aufwärtsentwicklung sichtlich gefördert. Statt Landwirtschaft verkauft man jetzt Landschaft – und hier ist sie besonders schön.

Dadurch ist Oedelsheim zum „Staatlich anerkannten Luftkurort" aufgestiegen. Durch die Aufnahme des Ortes in das Dorferneuerungsprogramm und eine zusätzliche beispielhafte Eigeninitiative der Einwohner konnten viele Fachwerkhäuser renoviert und sogar Fachwerk wieder freigelegt werden. Dorfmitte und Kirchplatz erhielten ein neues Aussehen. Im Jahre 1982 wurde Oedelsheim im Wettbewerb „Unser Dorf soll schöner werden!" Landessieger von Hessen und konnte im Februar 1984 in Berlin sogar die Silbermedaille im Bundesentscheid in Empfang nehmen. Im Jahre 1990 wurde der Ort abermals hessischer Landessieger.

Gieselwerder, Lippoldsberg und Bodenfelde

Typisch für das Tal der Oberweser ist der dauernde Wechsel zwischen beckenartiger Erweiterung und durchbruchsartiger Verengung, und so öffnet sich unterhalb von Bursfelde das Tal mehr und mehr, bis der Strom endlich bei Gieselwerder in ein Becken eintritt, in dem auch das Kloster Lippoldsberg liegt.

Die beiden letzten Silben des Namens Gieselwerder deuten auf eine Insel hin, die es hier einmal gegeben haben muß und die den Weserübergang erleichtert hat, bis man später die Ufer durch eine Brücke verband. Von einer 1256 errichteten Wasserburg, die auch Zollstation war, sind noch Mauer und Tor vorhanden; ansonsten nimmt deren ehemaliger Platz an der heutigen Brücke ein verhältnismäßig neues Fachwerkhaus ein. Es zeichnet den hessischen Ort überhaupt aus, daß man hier wesentlich besser als in den benachbarten niedersächsischen und nordrhein-westfälischen Dörfern darauf geachtet hat, auch Neubauten möglichst in Fachwerk auszuführen und so ein malerisch-geschlossenes Dorfbild zu erhalten. Im Gegensatz zum norddeutschen Giebelhaus kehrt das mitteldeutsche, hier meist zweistöckige Traufenhaus seine Breitseite der Straße zu.

Den Ort Lippoldsberg gründete der Erzbischof Liupold v. Mainz 1051–59 als Liupoldsberg. Seine Nachfolger ersetzten die erste Holzkirche durch einen Steinbau, der um 1100 zum Mittelpunkt eines neugegründeten Nonnenklosters aufstieg. Da sich die Anlage bald als zu klein erwies, entstand um 1150 ein Neubau, zu dem auch die jetzt noch erhaltene Klosterkirche gehört. Daß die Lippoldsberger Benediktinerinnen in nicht weniger als 190 Orten Besitz und Rechte gehabt haben, beweist ihren Wohlstand während der Blütezeit im 12. Jahrhundert, konnte aber letztlich den Verfall im ausgehenden 14. Jahrhundert nicht verhindern, obgleich damals die Wallfahrten nach dem schon genannten Gottsbüren von Lippoldsberg aus betreut wurden und der Wallfahrtsort dem Kloster Lippoldsberg unterstellt war. Die Anlagen fielen schließlich an Hessen, das 1526 die Reformation einführte und damit die endgültige Auflösung des Klosters einleitete.

Die nahezu unverändert erhaltene Kirche erinnert sowohl insgesamt als auch mit einzelnen Stilelementen an die ebenfalls romanische Klosterkirche von Bursfelde, obgleich von den beiden Lippoldsberger Türmen nur einer erhalten blieb und mit einer barocken Haube versehen wurde. Das Bauwerk dient heute der evangelischen Kirchengemeinde und gilt neben dem karolingischen Westwerk von Corvey, der Stiftskirche in Fischbeck und dem Dom zu Minden als ebenbürtiges Beispiel romanischer Baukunst an der Oberweser.

Vom Ende des Ersten bis nach dem Zweiten Weltkrieg lebte im Klosterhaus, das 1713 vom Landgrafen Carl. v. Hessen-Cassel aus Teilen des Klosters als einfaches Jagdschloß entwickelt wurde, der schon erwähnte Schriftsteller Hans Grimm („Volk ohne Raum"), der 1934 die alljährlich am letzten Juni-Sonntag stattfindenden Dichtertreffen und Dichtertage ins Leben rief, die den Berliner Schriftsteller Gottfried Benn einmal zu der sarkastischen Bemerkung veranlaßten: „Im Wesertal werden die Pulswärmer der deutschen Innigkeit gestrickt."

Das hessische Lippoldsberg geht trotz der Landesgrenze locker in das niedersächsische Bodenfelde über, das seit Hann. Münden die erste Bahnstation an der Weser ist mit Zugverbindungen nach Karlshafen, Höxter, Northeim und

Hochseilfähre in Wahmbeck

Göttingen. Dadurch ergibt sich z. B. für Faltbootfahrer die Möglichkeit einer landschaftlich reizvollen Zweitagereise: man gelangt morgens mit der Eisenbahn von Göttingen nach Werleshausen, erreicht über die Werra am selben Tag den Zeltplatz oder die Jugendherberge von Hann. Münden, paddelt am nächsten Tag weiter nach Bodenfelde und kehrt von dort mit der Bahn wieder nach Göttingen zurück. Ähnliche Möglichkeiten ergeben sich oft im Weserbergland, das zudem durch ein engmaschiges Busliniennetz erschlossen wird. Vor allem die „Oberweser Dampfschiffahrt" in Hameln bietet eine Fülle von geschickten Fahrplankombinationen Bus-Bahn-Schiff an.

Bodenfelde gewann schon sehr früh Salz aus salzhaltigen Quellen. In einer Urkunde von Kaiser Ludwig dem Frommen vom 8.6.833 wird der Ort nicht nur zum erstenmal genannt, sondern auch verpflichtet, Salz an das Kloster Corvey zu liefern. Die Straßenbezeichnungen „Salzkotten" (= Siedehütte), „Kotteberg" und der Salzhaken im Ortswappen bezeugen die Bedeutung der früheren Salzgewinnung für Bodenfelde. Der Ort erhielt 1430 Stadtrechte, wurde 1465 (oder 1466) zerstört und sank dann wegen seiner kleinstaatlichen Grenzlage gegen Hessen wieder zum Flecken herab. Das zerstörte Salzwerk, also die Siederei und später auch Gradierwerke, wurde zwar wieder aufgebaut und wechselte oft den Besitzer, stellte aber den Betrieb schon 1687 endgültig ein, weil der Salzgehalt der Quellen wohl so gering war, daß man sich gegen günstiger gestellte Konkurrenten letztlich nicht behaupten konnte.

An den nordwestlichen Ortsrand, also weserwärts, lehnt sich mit 225 m üNN und 120 m über dem Weserspiegel der bewaldete Kahlberg, den der Fluß auf einige hundert Meter so scharf anschneidet, daß der rote Sandstein zutage tritt. Vom nördlichen Ausläufer des Reinhardswaldes, dem Wahmbecker Strang, und den südlichen Ausläufern des Sollings wird der Berg durch eine hufeisenförmige, flache Mulde getrennt, in der sich Felder und Wiesen ausbreiten. Durch diese umrandete Mulde, die von der Eisenbahnstrecke Bodenfelde-Karlshafen gequert wird, floß früher in weitausholender Schleife die Weser, bis sie während der Eiszeit diesen Bogen an der schmalsten Stelle durchbrach, dadurch ihren Lauf verkürzte und den Kahlberg als sogenannten Umlaufberg stehen ließ. Auch bei Albaxen, Stahle, Pegestorf und Hehlen sind derartige Umlaufberge, mehr oder minder erkennbar, durch die Weser herauspräpariert worden.

Am Südosthang des Kahlberges, dem Ort Bodenfelde zugewendet, liegt an versteckter Stelle inmitten hoher Laubbäume ein alter, gut erhaltener und wohlgepflegter Judenfriedhof, dessen alltagsferne Stille zusammen mit seinen hebräisch beschrifteten Steintafeln eine weltentrückte Besinnlichkeit ausstrahlt.

Daß man inzwischen die Orte Vaake und Veckerhagen zur neuen Gemeinde Reinhardshagen zusammengelegt hat, mag noch angehen; daß man aber den Dörfern Gieselwerder, Oedelsheim, Heisebeck, Gottstreu, Arenborn und Gewissenruh den irreführenden Sammelnamen Oberweser verliehen hat, obgleich das eindeutig der Name für den Stromabschnitt von Hann. Münden bis Minden ist, läßt den Verdacht aufkommen, daß im Weserbergland nicht nur die Wälder, sondern auch die amtlichen Schreibtische grün, sehr grün sein können.

Bad Karlshafen – ein barockes Hugenottenstädtchen

Der Fluß zwängt sich wieder zwischen steiler werdende, geschlossene Berghänge, aus deren dunkler Bewaldung sogar schroffe Felsköpfe hervorspringen. Dann nimmt die Weser von links her ihren ersten größeren Nebenfluß auf, die aus dem Sauerland kommende Diemel. Und hier, auf einem schmalen Ufersaum, der für eine größere Siedlung recht ungeeignet erscheint, erwartet uns die Stadt Bad Karlshafen. War es in Hann. Münden die Tilly-Schanze, von der sich ein umfassender Überblick bot, so ist es hier der Hugenottenturm. Aber welch ein Unterschied in den Stadtbildern! Erschien die labyrinthische Verwinkelung der Mündener Altstadt als verwirrendes Mosaik roter Ziegeldächer, so regieren in Bad Karlshafen die gerade Linie und der rechte Winkel, und trotz der Enge des Tales ist eine überraschende Großzügigkeit in der Stadtanlage unverkennbar. Den alten Kern bilden zwei Häusergevierte, die durch ein Wasserbecken getrennt sind, in dem sich ein größeres, repräsentatives Haus spiegelt. Alle Häuser sind im gleichen schlichten Barockstil erbaut, ohne jedoch trotz ihrer Aneinanderreihung eintönig zu wirken.

Von allen Städten an der Oberweser hat Bad Karlshafen die wohl merkwürdigste Geschichte. Das flußbeherrschende Hann. Münden war schon früh von seinem ersten welfischen Landesherrn mit dem bereits erwähnten Stapelrecht beliehen worden; natürlich machten die ortsansässigen Kaufleute davon regen Gebrauch, und Hann. Münden entwickelte sich zu einer reichen und mächtigen Handelsstadt. Empfindlich benachteiligt wurde dadurch jedoch Cassel, die an der Fulda gelegene Residenzstadt des Ländchens Hessen-Cassel. Was immer die Kaufleute auf dem Wasserweg heranschaffen wollten – das Beste davon blieb in den Speichern der Mündener Kaufleute hängen. Endlich, gegen Ende des 17. Jahrhunderts, beschloß der damalige Landgraf Carl v. Hessen-Cassel, diesem Zustand energisch zu Leibe zu rücken. Er war ohnehin ein absolutistischer Bauherr barocken Formates: Die Wilhelmshöhe mit dem Herkules auf dem Habichtswald, die Karlsaue und der Lust- und Hofgarten der Residenz sind ebenfalls sein Werk.

Seine fortschrittlichen Pläne wurden begünstigt durch religiöse Erschütterungen im fernen katholischen Frankreich. Dort hatte der Sonnenkönig Ludwig XIV. die Religionsfreiheit, die den protestantischen Hugenotten (= Eidgenossen) durch Heinrich IV. seit 1598 gewährt worden war, im Jahre 1685 wieder aufgehoben. Daraufhin setzte eine Massenflucht protestantischer Franzosen ein,

Blick vom Hugenottenturm auf Bad Karlshafen

die die Massenmorde der furchtbaren Bartholomäusnacht (23./24. August 1527) durchaus noch nicht vergessen hatten und nun abermals um Leib und Leben fürchten mußten. Ebenso wie der Große Kurfürst v. Brandenburg erlaubte und förderte der gleichfalls weitblickende Landgraf Carl v. Hessen-Cassel die Einwanderung dieser „Refugiés" (= Flüchtlinge) in seine Grafschaft an Fulda und Weser. Er wollte dadurch nicht nur die immer noch empfindlich spürbaren Bevölkerungsverluste des Dreißigjährigen Krieges mildern, sondern auch der Wirtschaft seines Landes neue Anstöße geben.

Am 24. Juni 1699 traf die erste Gruppe von Hugenotten unter der Führung von Jacques Portal in Helmarshausen ein. An der Diemelmündung, dort, wo heute noch Hessen auf das andere Weserufer übergreift, gründete der tatkräftige Landgraf unterhalb einer alten Fluchtburg, der Sieburg, auf dem bisher hochwassergefährdeten Mündungsmorast der Diemel zwischen Fluß und Berg eine Handels- und Hafenstadt, die unter Verwendung des Diemelwassers durch

Die Krukenburg über Helmarshausen im Diemeltal

einen Kanal – an Trendelburg, Hofgeismar und Grebenstein vorbei – mit der Residenzstadt Cassel verbunden werden sollte, um so das ständige Ärgernis mit dem Mündener Stapelrecht zu umgehen. Auch die Gründung einer verfeinerten Textilindustrie war geplant; denn viele französische Flüchtlinge gehörten entsprechenden Berufsgruppen an.

Nachdem man das Gelände mühsam mit Holz, Steinen und Erde aufgefüllt hatte, vermerkt der landgräfliche Baumeister Conradi in einer Urkunde, die sich heute im Turmknauf des Rathauses befindet: „Anno 1699, den 18. September, der erste Stein am Unterhaus in dieser Reihe Häuser durch mich gelegt." In diesem ersten Haus befindet sich heute die Gastwirtschaft „Zum Landgrafen Carl".

Mit dem Bau des Rathauses am Hafenbecken wurde 1715 begonnen; es sollte auch als Pack- und Zollhaus dienen. Es entstanden ferner das Invalidenhaus als Altersheim für pensionierte Offiziere, in das zugleich eine Kirche eingefügt wurde, und am Südostrand des Hafenbeckens ein bescheidenes Schloß, jetzt das Hotel „Zum Schwan“. Etwa um dieselbe Zeit wie Karlsruhe oder Mannheim entstand also Sieburg, wie Karlshafen bis 1717 hieß, als eine geplante Gewerbestadt im Gegensatz zu natürlich gewachsenen Orten.

Den ersten Flüchtlingen folgten weitere Gruppen. Insgesamt 3800 Hugenotten fanden in der Landgrafschaft Hessen-Cassel eine neue Heimat. Außer Karlshafen gründeten sie noch 19 Dörfer und dazu die Kasseler Oberneustadt; 19 weitere Orte hatten eine erhebliche Zuwanderung zu verzeichnen.

Ortsnamen wie Gottstreu gegenüber von Oedelsheim und Gewissenruh gegenüber von Lippolsberg deuten heute noch auf diese Einwanderung aus Glaubensgründen hin. Bei Hofgeismar wäre Schöneberg zu nennen und – mit ebensolchem Fachwerkkirchlein – vor allem Carlsdorf, über dessen Kirchenportal die Flüchtlinge ihren Dank in altertümlichem Französisch ins eichene Gebälk schnitzten. Übersetzt lautet es: „Die Franzosen, die wegen ihres evangelischen Bekenntnisses geflohen sind, haben diese Kirche zur Ehre Gottes errichtet durch die mildtätige Hilfe des Prinzen und Landgrafen Carl v. Hessen-Cassel, der es, da er sie aus Erbarmen fromm unter seinen Schutz genommen und sich sowohl um das Heil ihrer Seelen als (auch) um ihr leibliches Wohl gekümmert hat, verdient, daß sie in diesem Bethaus und an allen (anderen) Orten

Hafenbecken mit Rathaus in Bad Karlshafen

glühende Gebete zum Himmel schicken für seinen Wohlstand und für seinen Ruhm. Anno 1707."

Auf den Friedhöfen dieser Gemeinden entdeckt man viele französische Namen. Auch manches Kirchenbuch wurde weiterhin in Französisch geführt, und länger als ein Jahrhundert wurde noch in dieser Sprache gepredigt – in Kassel an jedem Sonntag bis 1840, dann weiterhin in 14tägigem Wechsel bis zum Jahre 1867.

Dr. O. Dieckhoff vermerkt 1920 in seinem „Führer durch das Oberwesergebiet", daß einige alte Leute in Mariendorf bei Hofgeismar damals noch französisch gesprochen und Reste französischer Volkslieder bewahrt haben.

Mit den Hugenotten kamen Menschen aller Berufe und Stände ins Weserland: Strumpfwirker, Woll- und Seidenarbeiter, Tuchfabrikanten, Tapetenweber, Handschuh- und Perückenmacher, Manufakturisten und Fabrikanten, Kaufleute, Lehrer, Ärzte, Pfarrer, Offiziere, Spinnerinnen, Kammerfrauen, Hofdamen, Hofmeister, Staatsräte, Bürger, Adlige. Sie alle brachten ihr Wissen und ihr Können mit und waren – typisch für fast alle Flüchtlinge der Welt – von dem unerschütterlichen Willen besessen, es in der neuen Heimat durch doppelten Fleiß wieder zu Wohlstand und damit auch zu Ansehen zu bringen.

Mit den Hugenotten kamen ebenfalls zwei junge, charmante Französinnen, die sich in Deutschland rasch heimisch fühlten. Die eine, Mademoiselle Cendrillon, fand als Aschenputtel, die andere, La belle au bois dormant, als Dornröschen in unsere Märchenbücher; denn die Märchentante Dorothea Viehmann aus Niederzwehren bei Kassel stammte als geborene Pierson aus einer Schöneberger Hugenottenfamilie und gab auch viel französisches Märchengut weiter an die Gebrüder Grimm. Aschenputtel und Dornröschen als Einwanderer aus Frankreich – wer hätte das gedacht! –

Aber zurück zum Kanal: Der fraß sich durchs Diemeltal, an Helmarshausen und Trendelburg vorbei bis Hümme, wo er schließlich in technischen Schwierigkeiten und im Gelände steckenblieb. Auch reichte das Wasser der Diemel für das Projekt längst nicht aus, aber das merkte man erst, als man auf dem Trockenen saß. Nach dem Tode Carls (1730) nahm sich der Nachfolger zwar der Hugenottengemeinden, aber nicht mehr des Kanals an, der bis auf ein kleines Stück in und bei Karlshafen, bis auf Hafenbecken und Schleuse daselbst schnell verfiel.

Dabei hätte dieses Projekt, wenn es durchgeführt worden wäre, dem Weserbergland und besonders den Häfen an der Mündung des Stromes eine Fülle von neuen wirtschaftlichen Möglichkeiten erschließen können. Denn Carl v. Hessen-Cassel wollte nicht nur das Mündener Stapelrecht umgehen; dazu hätte es lediglich einer guten Straße bedurft. Er sah in dem Kanal, der über die Flüsse Fulda, Eder, Schwalm, Wiera, Wohra, Ohm und Lahr weitergeführt werden sollte, das Teilstück einer Binnenwasserstraße zwischen Rhein und Weser.

Der technische Mißerfolg beim Kanalbau zerschlug auch die wirtschaftlichen Hoffnungen, die man in die neugegründete Hafenstadt gesetzt hatte, und es erscheint als glückliche Fügung, daß just zu der Zeit der Apotheker und Chirurg Jacques Galland – er war mit den ersten Hugenotten gekommen – eine Solequelle entdeckte, die man nach Überwindung anfänglicher Schwierigkeiten zur Salzgewinnung nutzte. Damals gab es neben der Stadt Gradierwerke, und das Salz aus Karlshafen wurde allgemein gerühmt. Dann fiel die Saline dem Deutschen Zollverein zum Opfer, und der Wohlstand der Stadt sank, bis der Pfarrer der reformierten Gemeinde, Eduard Suchier, die Solequellen mit ihren Förderanlagen erwarb und erstmals für heilkräftige Bäder verwendete.

Sein Unternehmen wurde von der Stadt fortgeführt. Nach dem Bau moderner Kuranlagen erhielt der Ort, der etwa 4500 Einwohner zählt, am 27. Mai 1977 den Namen „Bad Karlshafen".

Dieses Kleinod bürgerlichen Barocks nennt sich gern „Weiße Stadt im Grünen", und man fühlt sich dort in die Kulisse einer geruhsamen französischen Kleinstadt des 18. Jahrhunderts versetzt. Viele Gebäude, auch das Rathaus, zeigen die Buchstaben „CLZH" = Carl, Landgraf zu Hessen-Cassel. Am Eckhaus Weserstraße/Brückenstraße erinnert ein Hugenottenpaar an die ersten Bewohner. Daß alles unter Denkmalschutz steht, ist selbstverständlich.

In einem sorgfältig restaurierten barocken Packhaus der Hugenottenfamilie Suchier wurde 1980 das „Deutsche Hugenotten-Museum Bad Karlshafen" eingerichtet. Aber nach wenigen Jahren hatten die Sammlungen einen derartigen Umfang angenommen, daß die vorhandenen Räumlichkeiten nicht mehr ausreichten. Deshalb wurde das mehrgeschossige Gebäude einer ehemaligen Tabakfabrik, ebenfalls im Stadtkern gelegen, zum „Deutschen Hugenotten-Zentrum" ausgebaut. In zwei Etagen enthält es nicht nur eine ausführliche, leicht verständliche Dokumentation, sondern auch Trachten sowie originale und originelle Ausstellungsstücke wie Spinnrad, Waffeleisen, Buchpresse, Rechenbuch, Hefte mit Schreibübungen von Kindern, Handwerkszeuge und vieles andere mehr. Im selben Gebäude hat auch der Deutsche Hugenotten-Verein mit einer umfangreichen genealogischen Abteilung und einer entsprechenden Bücherei seinen Sitz.

Bad Karlshafen ist ein ausgezeichnetes Beispiel dafür, daß auch eine kleine Stadt ihre Tradition wahren und ihre ungewöhnliche Geschichte anschaulich darstellen kann.

Nahe Karlshafen wären im unteren Diemeltal noch zwei Burgen zu nennen: die Krukenburg und die Trendelburg.

Die Krukenburg mit ihrem mächtigen Bergfried wurde im 13. Jahrhundert vom Erzbistum Köln zum Schutz der Stadt und des Benediktinerklosters Helmarshausen gegen Ansprüche des Erzbistums Paderborn um eine viel ältere, noch klar erkennbare Johanniskirche gebaut, deren eigentümlicher Grundriß die Vermutung aufkommen läßt, daß es sich um eine Nachbildung der Grabeskirche in Jerusalem gehandelt haben könnte.

Einige Kilometer diemelaufwärts beherrscht vom 50 Meter hohen Sandsteinfelsen unübersehbar der Bergfried der auch aus dem 13. Jahrhundert stammenden, gut erhaltenen Trendelburg das Tal. Der gleichnamige, ebenfalls hochgelegene, beschauliche Ort zeigt schöne alte Häusergruppen und eine gotische Kirche aus dem 15. Jahrhundert mit ebenfalls gotischen Wandmalereien.

Die Porzellanmanufaktur Fürstenberg

Sobald der Fluß die Enge von Karlshafen verlassen hat, weitet sich wieder das Tal. In Herstelle, gegenüber dem Dorf Würgassen, feierte Karl der Große mit zweien seiner Söhne und entsprechendem Gefolge das Weihnachtsfest 797 und das darauffolgende Osterfest. Auf dem Platz des karolingischen Königshofes baute eine Tante der Dichterin Annette v. Droste-Hülshoff, Ferdinande v. Haxthausen, Gattin des niederländischen Freiherrn Engelbert Heeremann van Zuydtwyk, 1826 in historisierendem, altdeutschen Stil das Schloß Herstelle, dessen Turm die Ansicht des Ortes beherrscht. Die stilreine Barockkirche stammt aus dem Jahre 1704 und ist typisch für jenes westfälische Gebiet, das die Weser hier berührt.

Unterhalb Herstelle bietet sich vom Dreiländereck – Niedersachsen, Nordrhein-Westfalen, Hessen – ein großartiger Blick auf den Flußdurchbruch, auf Talaue, Dörfer und Berge. Die hoch über dem linken Flußufer verlaufende Straße zwischen Herstelle und Beverungen wurde erst nach 1930 von Preußen erbaut. Vorher mußte der Straßenverkehr die Fähre von Herstelle benutzen, folgte dann dem rechten Weserufer über Würgassen nach Lauenförde und kehrte mittels der Fähre von Beverungen wieder auf die linke Flußseite zurück. Heute sind das niedersächsische Lauenförde (vörde, förde = Furt) und das nordrhein-westfälische Beverungen durch eine Brücke miteinander verbunden. Das mächtige Steinhaus am linken Ufer ist der Rest einer Schutzburg, die der Abt von Corvey zusammen mit dem Bistum Paderborn 1330 gegen hessische Besitzgelüste hat errichten lassen.

Einige Kilometer weiter, an Wehrden und seinem Schloß (um 1700) vorbei, zwingt eine steile Felswand die Weser zu einer scharfen Biegung nach Westen. Mit dem weißen Schloß Fürstenberg auf der grünbewaldeten Höhe ergibt sich eines der schönsten Landschaftsbilder des Weserberglandes. Bis ins 14. Jahrhundert besaßen die Eversteiner Grafen hier am Südrand des Sollings eine Burg, die in braunschweigische Hände überging und schließlich 1545 von den Hessen zerstört wurde. An ihrer Stelle errichteten die Herzöge v. Braunschweig in der Renaissancezeit ein einfaches Jagdschloß; ein schöner Giebel erinnert an diese Stilepoche. Durch das gut erhaltene, originelle Treppenhaus konnte man sogar in die oberen Stockwerke hinaufreiten – so wird gesagt.

Als es bei jedem kleinen deutschen Fürsten zum guten Ton gehörte, sich sein eigenes Porzellan brennen zu lassen, verfügte der Herzog Carl I. von Braunschweig am 11. Januar 1747 auf Vorschlag seines Oberjägermeisters Jo-

In einem ehemaligen Jagdschloß wurde die Porzellanmanufaktur Fürstenberg gegründet

hann Georg v. Langen, im Schloß auf der Höhe des Sandsteinfelsens eine Porzellanmanufaktur einzurichten. J. G. v. Langen wollte damit nicht nur die reichen Holzvorräte des Sollings vorteilhaft nutzen, er betreute die Manufaktur auch kaufmännisch und führte sie zu ersten Erfolgen. Seit 1753 darf Fürstenberg mit dem blauen „F" signieren. Die Manufaktur hat sich, entgegen anderen, nicht nur bis heute behauptet, sondern auch durch die immerwährende Tüchtigkeit seiner Kaufleute, Techniker und Künstler Weltruf gewonnen. Die „Commedia dell'arte", in den Jahren 1754–55 von dem bedeutenden Fürstenberger Modelleur Simon Feilner geschaffen, stellt äußerst lebendig und humorvoll die 15 typischen Schauspieler der italienischen Barockkomödie dar, die besonders im Venedig des 18. Jahrhunderts von Carlo Gozzi und Carlo Goldoni („Diener zweier Herren", „Mirandolina") auf verschiedene Weise gepflegt wurde. Die letzte, geschlossen erhaltene Porzellangruppe dieser „Commedia dell'arte" wurde 1960 aus Hamburger Privatbesitz im berühmten Londoner Auktionshaus Sotheby versteigert und ging trotz aller Bemühungen Fürstenbergs, sie zurückzugewinnen, für 180.000,– DM an die Sammlung E. Pflueger nach New York. Als die Porzellanmanufaktur im Jahre 1972 ihr 225jähriges Bestehen feiern konnte, wurde aus diesem Anlaß die „Commedia dell'arte"

Renaissancegiebel am Schloß Fürstenberg

nach den alten Vorbildern nachgeformt, so daß sie seitdem wieder bewundert und auch gekauft werden kann.

Andere berühmte Schöpfungen der Porzellanmanufaktur Fürstenberg sind „Die große Bergbande" von Feilner, die „Kaffeegesellschaft" (1770) von Desoches, die aus über 100 Einzelteilen zusammengesetzt ist, und die originell-witzige „Flohsucherin" von Anton Carl Luplau, der 1759–76 in Fürstenberg tätig gewesen ist. Neubauten nach dem Zweiten Weltkrieg erlaubten es, die Produktion wieder aus dem Schloß herauszunehmen, so daß es jetzt für kulturelle Zwecke zur Verfügung steht.

Etwa 250 Betriebsangehörige fühlen sich verpflichtet, die Tradition zu wahren, aber auch laufend neue Formen und Dekors zu entwickeln, um der Vergangenheit und der Zukunft gleichermaßen gerecht zu werden. Um einen Überblick geben zu können über alles das, was im Laufe von mehr als zwei Jahrhunderten in Fürstenberg an zerbrechlichen Schätzen entstanden ist, hat sich die Manufaktur in jünster Zeit zu zahlreichen Rückkäufen entschlossen, so daß die gesamte bisherige Produktion lückenlos in einem Museum bewundert werden kann. Man sollte sich dieses ästhetische Erlebnis nicht entgehen lassen und nebenbei das einem Luftbild gleiche Panorama der Weserlandschaft genießen, das sich aus den Fenstern der Ausstellungsräume bietet.

Die Kaffeegesellschaft von 1771 aus der Porzellanmanufaktur Fürstenberg

Dabei fällt auf, daß die Eisenbahnbrücke unterhalb von Fürstenberg (Strecke Höxter-Karlshafen) mehr blinde Bögen enthält, als es der bäuerliche Fahrzeugverkehr von Feld zu Feld erfordern würde. Diese Vorsichtsmaßnahme ist leider nötig, um den Hochwässern zu begegnen, unter denen vor allem die Schiffahrt gelegentlich zu leiden hat. Nach schneereichen Wintern, aber auch nach starken Regengüssen tritt der Strom des öfteren über die Ufer. Hochwassermarken, die von regelrechten Katastrophen künden, finden sich oft, z. B. an den Fährstellen von Polle, Grohnde und Grave, an der Diemelmühle in Karlshafen, in Holzminden an einem Haus an der Brücke, in Hameln an der Pfortmühle. Das katastrophalste Hochwasser gab es im Juni 1342. Da lag der Wasserstand 8,50 Meter über dem durchschnittlichen Normalwasserstand, der mit 1,25 m angegeben wird.

Dagegen kann der Wasserspiegel der Oberweser in trockenen Sommern so stark fallen, daß nicht nur die Schiffahrt eingestellt werden muß, sondern im Flußbett auch felsige Klippen sichtbar werden. z. B. oberhalb der Fähre von Hajen, die man im Volksmund „Hungersteine" nennt; denn einem solchen trockenen Sommer folgt gemeinhin eine schlechte Ernte und in früheren Zeiten dann ein sorgenvoller Winter. Eder- und Diemeltalsperre reichen trotz aller in sie gesetzten Hoffnung für die Regulierungen des Wasserstandes nicht aus, denn beide Talsperren sind zu weit von der Oberweser entfernt.

Obgleich die Edertalsperre, gebaut 1909–1914, ein Fassungsvermögen von etwa 2 Millionen Kubikmetern hat, kann sie in trockenen Sommern den Wasserspiegel der Weser nicht laufend schiffbar halten, sondern das Zuschußwasser nur bei Bedarf in jährlich etwa 15 bis 18 begrenzten Wellen abgeben. Aber auf dem langen Weg eder- und fuldaabwärts verflachen diese Wellen so sehr, daß der Wasserstand der Oberweser jeweils nur für kurze Zeit mäßig erhöht werden kann.

Auch der Mensch ist an der Oberweser schuldig geworden. Unzählige große und kleine Feuchtgebiete im Einzugsbereich des Flusses, die früher die Herbst- und Winterregen und die Schmelzwässer des Frühjahres speicherten und nur allmählich über den Sommer hin wieder abgaben, sind drainiert bzw. trockengelegt und kultiviert worden und haben ihre regulierende Funktion verloren. Regen, der früher auf den Erdboden fiel, einsickerte und als Grundwasser gespeichert wurde, fällt heute auf Hausdächer und asphaltierte Straßen und wird unmittelbar in die Kanalisation und damit in die Wasserläufe geleitet, die dadurch im Winter und Frühjahr zuviel, im Sommer zuwenig Wasser haben.

Trotzdem wäre eine Kanalisierung der Oberweser durch den Einbau von Staustufen und Schleusen wenig sinnvoll; denn der Weser fehlt für den dann möglichen Schiffsverkehr vor allem ein tief nach Süden reichendes Hinterland, wie es dem Rhein, der Elbe und der Oder von Natur aus gegeben ist. Das könnte man der Weser aber nur erschließen, wenn man die Sackgasse, in der sie heute im Süden endet, öffnet durch eine Kanalverbindung zwischen Werra und Main. Obgleich dieser Plan schon 1661 auftauchte und seitdem gelegentlich immer wieder diskutiert wird, glaubt an seine Verwirklichung heute niemand mehr.

Wegen der Überschwemmungsgefahr halten die Äcker in der Talaue oft einen respektvollen Abstand zum Fluß, der meist von Wiesen, Weiden oder Unland gesäumt wird. Kühe grasen dort, gelegentlich auch Pferde. Und manchmal trifft man auf eine vielköpfige Schafherde, die von Hirt und Hund betreut wird.

Wo sich, wie hier unterhalb von Fürstenberg, das Wesertal zu größeren Becken erweitert, hat der Fluß in der Eiszeit mächtige Mengen von Kies abgelagert, der heute an vielen Stellen abgebaut wird. Was letztlich zurückbleibt, sind ausgedehnte Seen in der Talaue, die auf verschiedene Weise genutzt werden können. Nach der Rekultivierung finden unzählige Vogelarten gute und vor allem ungestörte Nistmöglichkeiten in Büschen und Bäumen am Uferrand, man kann auf diesen Wasserflächen surfen und in beschränktem Umfang auch segeln, man kann angeln oder ein ferngesteuertes Modellboot drüberhinflitzen lassen, wobei natürlich das eine das andere gelegentlich ausschließt. Mancher Campingplatz, manche Freizeitanlage wurde an derartigen Kiesseen eingerichtet.

Und wer hoch hinaus will, der findet als Drachen- oder Gleitschirmflieger flußaufwärt von Höxter am Brunsberg und weserabwärts bei Börry nahe Emmerthal ideale Startmöglichkeiten.

Höxter – Phönix aus der Asche

Die Entstehungsgrundlagen von Höxter gleichen auffallend denen von Hameln. Beide Städte entstanden an der schiffbaren Weser und damit an den Nord-Süd-Straßen, die den Fluß zwischen Mitteldeutschland und der Nordseeküste begleiten. Beide Städte liegen an den günstigsten Furten, die die Oberweser früher zwischen Hann. Münden und Minden anzubieten hatte und die seit altersher von einer bedeutenden Ost-West-Handelsstraße, dem Hellweg, benutzt wurden. Diese mittelalterliche Fernstraße gabelte sich, vom Rhein über Dortmund und Soest kommend, in Paderborn. Der nördliche Zweig führte über Hameln nach Hannover und weiter ostwärts. Der südliche über Höxter, Goslar, Magdeburg und darüber hinaus. Sowohl in Hameln als auch in Höxter gab eine beherrschende Höhe direkt am Fluß die Möglichkeit, die Furten zu schützen: in Hameln der Klüt, in Höxter der Brunsberg. Zudem sind beide Städte nicht nach Plan gegründet worden, sondern durch die Gunst der verkehrsgeographischen Lage aus ländlichen Siedlungen entstanden. Und nicht zuletzt: Sie besaßen beide das Stapelrecht, sie wurden beide in den Bund der Hanse aufgenommen. Es soll aber nicht übersehen werden, daß die verkehrsgeographischen, die geschichtlichen und die politischen Bedingungen für Höxter nicht ganz so günstig waren wie für Hameln. So ist z. B. von Höxter aus der direkte Weg nach Osten durch den Solling erschwert, und Hameln hatte nicht über Jahrhunderte einen Nebenbuhler, wie ihn Höxter jahrhundertelang in der Reichsabtei Corvey hatte. Sprechen wir aber nun über Höxter.

Man vermutet, daß es in fränkischer Zeit an der Weser zu Füßen des Brunsberges einen Königshof „villa huxori" gegeben hat. In dessen Nähe wuchs langsam ein Dorf, das spätere Höxter, das lt. Urkunde vom 27.7.823 von Ludwig dem Frommen dem Kloster Corvey geschenkt wurde – also bereits ein Jahr nach dessen Gründung 822. Damit beginnt schon früh das verwirrende machtpolitische Wechselspiel zwischen Höxter und der Reichsabtei, mit dem wir uns aber nicht mehr als unbedingt nötig beschäftigen wollen.

Aus der ländlichen Siedlung wird langsam eine kleine Stadt, vor allem durch den Zuzug von Bauern aus der unmittelbaren Umgebung, die sich hinter Wall und Graben, von ihnen selbst geschaffen, sicherer fühlen und von hier aus als „Ackerbürger" ihre Felder bestellen. Dadurch dehnte aber auch die Stadt ihre Feldmark aus, dadurch wurde auch das Stadtbild mehr und mehr vom Ackerbürgerhaus beherrscht, dessen Fachwerkkonstruktion von den prakti-

Kilianskirche in Höxter

schen Erfordernissen der Landwirtschaft geprägt wird. Beklagt werden muß allerdings, daß die Schwalenberger Grafen die einfache Stadtbefestigung 1152 schon wieder zerstören. Aber bereits 1115 ist eine Weserbrücke nachweisbar, und der Handel blüht auf. Da Höxter kein gegründeter, sondern ein langsam gewachsener Ort ist, gibt es keine Gründungsurkunde, kein festes Gründungsjahr. In solchen Fällen gilt als Indiz für den Übergang vom Dorf zur Stadt das Auftreten eines Stadtrichters, der sich weniger der Verwaltung als vielmehr dem Zivil- und Strafrecht anzunehmen hatte, das damals weitgehend der Kern des sogenannten Stadtrechtes gewesen ist. Man übernahm es – wenn möglich – von einem Ort ähnlich gelagerter Verhältnisse, in dem es sich bereits bewährt hatte. Es charakterisiert die damalige Bedeutung von Höxter, daß man das Stadtrecht von Dortmund als Vorlage für das eigene wählte, weil es auf die Belange der Kaufleute zugeschnitten war. Eine entsprechende Urkunde ist aus der Zeit unmittelbar nach 1255 erhalten. Mit dem Stadtrecht gewann man auch eine gewisse Unabhängigkeit vom Landesherrn, in dessen Händen bisher die Rechtspflege aller Ebenen gelegen hatte. Das Bestreben der sich ausdehnenden Städte, diese Unabhängigkeit auch auf andere Bereiche auszudehnen, führte oft zu Spannungen, die sich zu ernsthaften Konflikten ausweiten konnten.

Konflikte gab es auch mit der mächtig aufblühenden landesherrlichen Abtei Corvey. Deren Abt sieht die Entwicklung von Höxter mit scheelen Blicken, errichtet seinerseits, wenn auch ohne den erhofften Erfolg, eine Weserbrücke, die den Handelsverkehr von Höxter abziehen soll, erwirkt sogar Stadtrechte für die Abtei und die kleine Siedlung, die sich allmählich um die Klostermauer geschart hatte. Aber die Entwicklung des Ärgernisses Höxter ist nicht mehr zu hemmen. Die Gegnerschaft der beiden so ungleichen Nachbarn hat Wilhelm Raabe in seinem Roman „Höxter und Corvey“ in dichterischer Freiheit geschildert. Schließlich dreht Höxter den mittelalterlichen Spieß um und trennt sich im 13. Jahrhundert von Corvey durch eine respektable Stadtmauer mit Wall und Graben, deren Verlauf noch heute nicht nur im Luftbild gut zu erkennen ist.

Da den Bürgern der Stadt Corvey mehr an einem auskömmlichen Leben als an den politischen Händeln geistlicher Herren gelegen war und sie deshalb die Nachbarstadt Höxter wesentlich anziehender fanden, verließen sie ihre Stadt im Laufe der Zeit, so daß die schließlich wüst wurde und spurlos vom Erdboden verschwand – eine der wenigen städtischen Wüstungen in Westfalen. Der Zuzug dieser Neubürger war so erheblich, daß man sich in Höxter sogar genötigt sah, die Kirche St. Kiliani zu erweitern.

Die beiden Türme dieser Kirche, die zweifellos das Westwerk von Corvey zum Vorbild haben, beherrschen die Silhouette der Stadt. Der Name bezeugt, daß einst der Einfluß der Bischöfe von Würzburg bis in das Weserbergland reichte. Der später heiliggesprochene irische Wanderbischof Kilian wurde dort erschlagen, wo sich heute der Würzburger Dom erhebt und ist seitdem der Schutzheilige von Würzburg. Nachdem aber Kaiser Karl der Große 806 das Bistum Paderborn gegründet und man dort die Reliquien des heiligen Liborius empfangen hatte, schwand der Einfluß des Bistums Würzburg im Weserraum rasch. Diese Zusammenhänge wurden bestätigt, als man unter der Höxter'schen Kilianskirche das kleinere Fundament einer älteren fand, die etwa 780 bis 800 entstanden sein dürfte.

Diese Kirche St. Kiliani ist das älteste Bauwerk der Stadt, stammt in ihrem Kern aus dem 12. Jahrhundert und ist demnach romanischen Ursprungs. Die beiden Türme sind verschieden hoch. Die Spitze des höheren ziert ein Hahn, damals Symbol für die Macht Gottes – die Spitze des niedrigeren ziert der Reichsadler, Symbol für die Macht des Kaisers. Hier wird also in der Bildersprache des Mittelalters sichtbar verkündet: Gott steht über dem Kaiser. In übertragenem Sinne aber auch ganz aktuell aus der damaligen Sicht der katholischen Kirche: Der Papst steht über dem Kaiser. In der Kirche selbst wird der Blick von der Empore der Barockorgel auf den Altar besonders gelobt; den beherrschen die Skulpturen einer Kreuzigungsgruppe von etwa 1500.

Die Benediktiner der Reichsabtei Corvey gründeten 1248 in Höxter ein Kloster und besetzten es mit Mönchen, die sich in der Nachfolge des heiligen Franziskus demütig und bescheiden die „Minderen Brüder" (lat. minores patres) nannten. Sie bauten 1250 eine hölzerne Minoritenkirche, die aber bald einer Feuersbrunst zum Opfer fiel. An ihrer Stelle entstand die seit 1320 unverändert gebliebene gotische Marienkirche. Der Orden selbst wurde in Höxter 1804 aufgelöst.

Das dritte Gotteshaus, die Kirche St. Nikolai, wird 1766 als Nachfolgerin einer älteren erbaut und 1896 erweitert. Sie zeigt u. a. eine barocke Fassade und eine ungewöhnliche Basilikagestaltung.

Auch über das Weserbergland bricht der Dreißigjährige Krieg mit brutaler Härte herein. Jede Unmenschlichkeit der einen Seite wird von der anderen mit gleicher Münze heimgezahlt. Nachdem hessische Truppen zusammen mit schwedischen am 22.12.1633 Salzkotten erobert, geplündert und gebrandschatzt hatten, unternimmt die Gegenseite unter dem General Gottfried Huyn zu Geleen einen Rachefeldzug gegen Höxter, das sich zu der Zeit in hessischem Besitz befindet. Im „Blutbad von Höxter" geht am 13.4.1634 die strategisch wichtige Brückenstadt, die blühende Handelsstadt unter. Nicht genug damit: Der französische Marschall Turenne läßt 1673 auch noch die Weserbrücke zerstören. Damit ist der Lebensnerv der Stadt getroffen. Als die Brücke erst 160 Jahre später – 1833 – wieder benutzbar wird, hat sich der Straßenverkehr zwischen Ost und West längst andere Wege gesucht.

Auch im Siebenjährigen Krieg hat Höxter schwer zu leiden. Die Einwohnerzahlen der Stadt lassen deren Niedergang bedrückend deutlich erkennen:

Vor dem Dreißigjährigen Krieg 15000 Einwohner – für damalige Verhältnisse eine Großstadt; nach dem Siebenjährigen Krieg nur noch 2000 Einwohner, gegenwärtig erst wieder 16 200 Einwohner (Kernstadt mit Corvey, 1996). Zum Vergleich die entsprechenden Einwohnerzahlen von Hameln: Vor dem Dreißigjährigen Krieg 2300 Einwohner, nach dem Siebenjährigen Krieg 4000 Einwohner, gegenwärtig 41770 Einwohner (Kernstadt, 1996).

Trotz der Katastrophen, die über Höxter hereinbrachen, sind außer den Kirchen noch andere architektonische Kostbarkeiten erhalten geblieben. Das historische Rathaus wurde 1608–1618 gebaut; seine Ursprünge und seine Vorläufer sind aber verfolgbar bis ins 13. Jahrhundert. Der Treppenturm an der Traufseite entstand erst 1783/84. Er enthält ein Glockenspiel aus 13 Bronzeglocken (= 3 Oktaven), die fünfmal am Tag Lieder des Dichters Heinrich Hoffmann v. Fallersleben erklingen lassen.

Außerdem sind noch Bürgerhäuser aus verschiedenen Stilepochen erhalten – von der Gotik bis in das 19. Jahrhundert. Besonders hingewiesen sei auf die „Alte Dechanei", einen Adelshof von 1561 nahe der Nikolaus-Kirche.

Nach dem 2. Weltkrieg konnte der schleichende Verfall der Altstadt nicht mehr übersehen werden. Sollte man abreißen und in modernen Formen neu bauen, oder sollte man versuchen, zu retten, was irgend zu retten war? Man entschloß sich für den zweiten Weg. Durch eine vorbildliche Zusammenarbeit von Stadtrat, Stadtverwaltung und vor allem der Bürgerschaft wurde Höxter zu einem beispielhaften Pilotprojekt für die Erneuerung historischer Altstädte in Nordrhein-Westfalen und hat dabei bereits beachtliche Erfolge aufzuweisen. Mehr als 160 denkmalwerte Gebäude sind bisher restauriert worden und dokumentieren mit ihrem bunten Fachwerk – oft mit Schnitzereien, mit lateinischen, mit hoch- und niederdeutschen Inschriften versehen – und den vorwiegend mit Sollingplatten eingedeckten Dächern die Stadtentwicklung der vergangenen 600 Jahre.

Ein typisches Merkmal der Altstadt ist auch ein durchdachtes System von Bachläufen, die die Wasserver- und -entsorgung übernahmen und auch noch einige Mühlen angetrieben haben. Die Namen der Grube(bach)straße, der Westerbach- und Knochenbachstraße weisen darauf hin. Sie waren lange Zeit abgedeckt, sollen aber jetzt als städtische Besonderheit wieder aufgedeckt werden.

Auf dem Halbrund der ehemaligen Befestigungsanlagen, aus Wall und Graben und Resten der Stadtmauer sind reizvolle Spazierwege entstanden, und vom RotenTurm hat man einen Panoramablick über die Altstadt. Alles in allem: klein, aber fein.

Alte Dechanei in Höxter

Schloß und Reichsabtei Corvey

Der fränkische Kaiser Karl der Große, der am Ende eines dreißigjährigen Kampfes seinen sächsischen Widersacher Widukind endgültig besiegt und damit das heidnische Sachsenland unterworfen hatte, starb am 28. Januar 814 und fand im Münster zu Aachen seine letzte Ruhestätte. Sein Sohn Ludwig der Fromme beschloß 815 auf dem Hoftag zu Paderborn, im eroberten Gebiet ein erstes christliches Kloster zu gründen, von dem aus die neue Heilslehre das ganze Sachsenland durchdringen sollte. Er betraute damit die westfränkische Benediktinerabtei Corbie an den Somme in Nordfrankreich, deren Abt Adalhardt dem Kaiser verwandtschaftlich verbunden war.

So entstand ein bescheidenes Kloster, Hethis genannt, dessen längst verschollene Stätte man bisher bei Neuhaus im Solling vermutete; neuere Forschungen schließen nicht aus, daß diese „Cella im Bistume Paderborn" im Teutoburger Wald an den Externsteinen bei Horn gelegen haben könnte. Da sich aber der gewählte Platz wegen der Kargheit des Bodens schon bald für den lebensnotwendigen Ackerbau als zu unwirtlich erwies und auch noch ein wasserspendender Bach versiegte, verlegte man die Abtei mit Billigung und Unterstützung des Kaisers am 6. August 822 in die Wesertalaue nahe Höxter, bekam ausgedehnte Ländereien zugesprochen, gab der neuen Anlage den Namen des französischen Mutterklosters, empfing schon 833 das Marktrecht, danach auch das Münzrecht und andere Privilegien und richtete sich dann hier an der Weser für die nächsten knapp tausend Jahre häuslich ein.

Den Baubeginn der ersten Kirche datiert man in das Jahr 830. In die Fassade des Westwerkes, das 873–885 entstand, fügte man die heute älteste Schrifttafel Norddeutschlands ein mit dem lateinischen Segensspruch:

> Diese Stadt umhege Du, o Herr,
> und Deine Engel mögen ihre
> Mauern behüten.

Die Abtei blüht schnell auf. Ihr wichtigster Auftrag ist die christliche Lehrtätigkeit, und über 100 Jahre ist Corvey das einzige Kloster und damit die einzige Bildungsstätte im norddeutschen Raum. Zeitweise waren allein 24 Lehrer der Heiligen Schrift zugleich tätig; außerdem wurden Philosophie, Mathematik, Medizin, Astronomie und Musik unterrichtet.

Aus dieser Klosterschule gehen unverhältnismäßig viele berühmte Männer hervor, z. B. Widukind, der die große sächsische Reichsgeschichte schrieb. Ein anderer Mönch, Ansgar, folgt dem König von Dänemark, bringt Skandinavien das Christentum, wird Bischof von Hamburg und Bremen und nach seinem

Blick auf das romanische Westwerk der Klosterkirche in Corvey

Tode als „Apostel des Nordens“ heiliggesprochen.

Corvey umgab von jeher eine eigene, heilige Atmosphäre, die sich in vielen Sagen niedergeschlagen hat. Konnte ein Mönch wegen Krankheit nicht zur Messe erscheinen, so sang ein Engel an seiner Stelle. Am Fest des Heiligen Vitus, das heute noch gefeiert wird, kamen früher zwei Hirsche aus dem Solling von selbst in die Klosterküche, ebenso zwei Störe aus der Weser, von denen man jeweils ein Tier behielt, und hinter dem Hochaltar sprang dann aus einer Quelle Wein; seitdem man sich einst beide Hirsche und Störe einverleibte und auch am Wein leicht übernahm, blieben die Tiere aus, und die Quelle versiegte.

Eine andere Sage, die in Corvey spielt, hat Heinrich Seidel (1842–1906) zu einem dramatischen Gedicht geformt:

Die Todeslilie

Einst zu Corvey an der Weser
ward im Kloster jedem Mönche
kundig seine letzte Stunde;
denn drei Tage vor dem Tode
lag in seinem Kirchenchorstuhl
eine silberweiße Lilie.

Und er schickte sich zum Sterben,
ordnete die letzten Dinge,
beichtete, nahm seinen Abschied
von den mönchischen Genossen,
und nach dreien Tagen tönte
hoch vom Turm das Sterbeglöcklein. –

In dem Kloster einst zu Corvey
war ein Mönch, den trieb der Ehrgeiz
zu verwerflich böser Untat.

Und dem greisen Prior legte
nächtlich er in seinen Chorstuhl
eine silberweiße Lilie.

Mächtig drob erschrak der Alte,
sank dahin aufs Krankenlager,
und nach dreien Tagen tönte
hoch vom Turm das Sterbeglöcklein.

Prior ward an seiner Stelle
nun der Mönch. Doch faßt' ihn Reue.
Finster und verschlossen brütend
lebt' er ruhlos seine Tage;
ob er schlief und ob er wachte,
immer schwebte ihm vor Augen
jene weiße Todeslilie.

Und mit angstvoll scheuen Blicken
mieden seine finstren Augen
hinzuschau'n auf jenen Chorstuhl.
Also schwanden seine Kräfte,
und es bleichten seine Wangen,
und aus ihren finstren Höhlen
stierten seine Augen glanzlos.

Da, als wieder eines Tages
er den Schritt zum Chore lenkte,
sank er hin mit heis'rem Aufschrei;
denn es lag in seinem Chorstuhl
nicht, wie sonst, die silberweiße,
nein, es lag dort feuerglänzend
eine blutigrote Lilie.

Auf dem Krankenbett voll Reue
beichtete er seine Untat,
und nach dreien Tagen tönte
hoch vom Turm das Sterbeglöcklein. –

Nimmer sah nach diesen Zeiten
man im Chore dieses Klosters
jene weiße Todeslilie.
Und zu Corvey an der Weser
starben ungewarnt die Mönche.

Kreuzgang

In der berühmten Klosterbibliothek befanden sich die auch damals nur noch teilweise erhaltenen Annalen des Tacitus, in denen dieser größte römische Historiker die Geschichte der römischen Kaiser auflistet vom Tode des Augustus bis zu dem des Nero. Der hochgebildete Renaissancepapst Leo X. aus der Familie der Medici läßt diesen Codex stehlen. Seitdem liegt die Handschrift in Florenz. Es soll der „berühmteste Bücherklau der Bibliotheksgeschichte" gewesen sein, behauptet man in Corvey.

Zwanzigmal besuchen deutsche Kaiser und Könige bis 1150 die Reichsabtei und halten dort ihre Hoftage ab. Im Westwerk befindet sich die Kaiser-Empore, von der der Kaiser alle Altäre im früheren Kirchenschiff überblicken konnte, wenn er am Gottesdienst teilnahm. Hier sind sogar Reste karolingischer Fresken freigelegt worden.

Die mittelalterliche Bedeutung Corveys kann nur noch mit der Fuldas und der der Klöster auf der Insel Reichenau im Bodensee verglichen werden. Das „Wunder Sachsens", wie man die Abtei ehrfürchtig nannte, stand am Anfang aller christlichen Kultur in Norddeutschland und darüber hinaus in Nordeuropa.

Verwickelt, teilweise geheimnisvoll, erscheint die Geschichte der Corveyer Reliquien. Dem neugegründeten Benediktinerkloster übergab Ludwig der Fromme aus seiner Hofkapelle Reliquien des Erzmärtyrers Stephanus, dem Kirche und Hochaltar gewidmet wurden. Als großzügiges Geschenk erhielt Corvey später noch den Körper des hl. Vitus (Veit), der im Frühjahr 836 in feierlichem Zuge aus Frankreich übergeführt wurde. So wurde der hl. Vitus Copatron des hl. Stephanus und Stammesheiliger der Sachsen.

Aus politischen Gründen übereignete Kaiser Heinrich I. (919–936) dem böhmischen Herzog Wenzel I. (921–929) den rechten Arm der Reliquie des hl. Veit. Für ihre Aufbewahrung ließ der Herzog auf der Prager Burg eine steinerne Kapelle bauen, die Vitus-Rotunde, an deren Stelle sich heute der um 1344 begonnene Veits-Dom erhebt, den man getrost als Tochterkirche von Corvey ansehen kann, zumal auch der erste Bischof des Erzbistums Prag, Dietmar (oder Deothmar), aus der Reichsabtei an der Weser stammte, ebenso wie der dritte Prager Bischof Theodatus. Mit hoher Wahrscheinlichkeit sind die Corveyer Reliquien im Dreißigjährigen Krieg verlorengegangen.

In diesem schrecklichen Krieg wird Corvey nicht weniger als fünfmal überfallen, ausgeraubt und gebrandschatzt, wobei 1632 auch die unschätzbare Klosterbibliothek verlorengeht, und schließlich wird die Anlage zerstört bis auf das Westwerk mit der kryptenähnlichen, fünfschiffigen Eingangshalle. Ab 1669 werden die Ruinen niedergerissen, und 1699 beginnt der Wiederaufbau. Es gibt heute kaum einen älteren christlichen Kirchenbau als dieses karolingische Westwerk. Ihm wird in gotisierendem Stil ein neues, wesentlich kleineres Kirchenschiff angefügt, das man nach Entwürfen von Johann Georg Rudolphi aus Brakel mit mächtigen Barockaltären und einer Barockorgel ausstattet.

Im prachtvollen Barockstil wird auch das Kloster wieder aufgebaut. Die Benediktiner holten damals Fachleute für die Steinbearbeitung aus Tirol und aus dem Tessin, die sich vorwiegend im flußabwärts gelegenen Lüchtringen ansiedelten und im Laufe der Zeit mit der einheimischen Bevölkerung verschmolzen.

Das Bauwerk wird 1714 vollendet. Den Haupteingang zieren, barock angetan, Kaiser Karl der Große und Kaiser Ludwig der Fromme. Noch einmal blüht alter Glanz auf, als sich 1706 alle 14 deutschen Äbte des Benediktinerordens zu einem Generalkapitel in Corvey versammeln. Aber obgleich der Abt von Corvey noch zum Bischof, sogar zum Fürstbischof aufsteigt, sind für Corvey die Tage seiner Herrlichkeit endgültig vorüber. Abendglanz breitet sich über das einstige Wunder Sachsens. Eine 1000-Jahr-Feier gibt es nicht mehr. Im Jahre 1803 wird die Abtei säkularisiert, d. h. vom geistlichen in weltliches Eigentum übergeführt, in diesem Falle zu einer Staatsdomäne umgewandelt. Seitdem spricht man auch vom „Schloß" Corvey.

Der Landgraf Victor Amadäus v. Hessen-Rotenburg erhält Ratibor und Corvey von Preußen im Zuge eines Gebietsausgleiches. Er läßt von 1825–1833 seine Hofbibliothek von Rotenburg a. d. Fulda nach Corvey schaffen, wo er in 15 ehemaligen Wohn- und Repräsentationsräumen der Äbte insgesamt 200 Bücherschränke aus wertvollen Edelhölzern einbauen läßt für etwa 36000 Bände.

Der Landgraf stirbt kinderlos. Sein Haupterbe ist sein Neffe, der Erbprinz Victor v. Hohenlohe-Schillingsfürst, der 1840 als Victor I. das Herzogliche Haus Ratibor und Corvey gründet. Er trägt den Titel eines Herzogs v. Ratibor und Fürsten v. Corvey. Er erweitert die Bibliothek seines Onkels auf etwa 80.000 Bände. Die Bibliothek enthält zu einem Drittel seltene Unterhaltungsliteratur in deutscher, englischer und französischer Sprache aus dem 18. und dem frühen 19. Jahrhundert sowie zahlreiche Pracht- und Ansichtswerke.

Blick von der Orgelempore in die Klosterkirche

Immer noch fühlt sich Schloß Corvey seiner kulturellen Tradition verpflichtet. Im Kaisersaal finden regelmäßig Konzerte statt, und die Kunstausstellungen, die veranstaltet werden, stoßen selbst im Ausland auf großes Interesse und werden auch von dort mit Leihgaben gefördert.

Von dieser ehemaligen Reichsabtei an der Oberweser bekannte die deutsche Dichterin Agnes Miegel: „Würde mich jemand fragen, was er sehen müßte im Weserland, wenn ihm nur ein einziger Tag dafür bliebe, so würde ich ihn nach Corvey führen." –

Zu den Vorgängern des gegenwärtigen Bibliothekars von Corvey gehört im vorigen Jahrhundert auch der schon erwähnte Heinrich Hoffmann v. Fallersleben (1798–1874), der die letzten 14 Jahre seines Lebens so fleißig in Corvey wirkte, daß er sich – nach seiner Tätigkeit befragt – die ironische Antwort erlauben konnte. „Sechs Monate im Jahr verreise ich, und die übrigen Monate ist die Bibliothek geschlossen."

Hoffmann hat u. a. über 500 Lieder geschrieben, darunter Wein-, Trink- und Studentenlieder. Wer weiß aber noch, daß er auch der Autor vieler bekannter Kinderlieder gewesen ist? – „Ein Männlein steht im Walde...", „Summ, summ, summ, Bienchen summ herum...", „Wer hat die schönsten Schäfchen..." und „Alle Vögel sind schon da..." flossen aus seiner Feder.

Ihm verdanken wir auch den Text unserer Nationalhymne. Als er sie am 26. August 1841 auf der damals englischen Insel Helgoland schrieb, gab es noch kein geeintes Deutschland, sondern nur den locker gefügten Deutschen Bund. Der umfaßte neben dem Kaiserreich Österreich und dem Königreich Preußen noch vier weitere Königreiche, ein Kurfürstentum, sieben Großherzogtümer, vier Freie Hansestädte und elf überwiegend winzige Fürstentümer. Die Maas floß 50 km durch das nördliche Limburg – heute ein Teil der Niederlande, damals aber seit 1839 dem Deutschen Bund zugehörig. Die Memel war der Grenzfluß zu Rußland, der Belt die nördliche Seegrenze des Herzogtums Schleswig, die Etsch wichtigster österreichischer Fluß Südtirols. Hoffmanns Lied umschreibt den damaligen Flickenteppich, der sich Deutscher Bund nannte, in zwei Zeilen erstaunlich genau. Aber demgegenüber ging ihm ein geeintes Deutschland „über alles in der Welt" – nicht auf der Welt.

In dieser oft falsch verstandenen oder falsch ausgelegten ersten Strophe steckt also durchaus nicht die immer wieder gedankenlos behauptete Überheblichkeit.

Man sollte den Text von Nationalhymnen ohnehin nicht zu kritisch durchleuchten. Die Niederländer sangen im Zweiten Weltkrieg trotz der ungeliebten deutschen Besatzung weiterhin unbeirrt: „Wilhelmus von Nassaue bin ich von deutschem Blut..." Die durchaus friedliebenden Franzosen singen seit 1792 in ihrer Marseillaise aus voller Brust zu schmetternden Clairons: „Bürger, zu den Waffen!" – und es ist ganz selbstverständlich, daß sich niemand darüber aufregt.

Das „Lied der Deutschen" wurde nach dem Ersten Weltkrieg vom ersten deutschen Reichspräsidenten, dem Sozialdemokraten Friedrich Ebert, zur Nationalhymne erklärt in einer Proklamation vom 11. August 1922.

Nach dem Zweiten Weltkrieg bat der Bundeskanzler Konrad Adenauer in einem Schreiben vom 29.4.1952 den Bundespräsidenten Theodor Heuß, das Hoffmann-Haydn'sche Lied wieder als Nationalhymne anzuerkennen. Der Bundespräsident entsprach diesem Wunsch in seiner schriftlichen Antwort vom 2.5.1952. Seitdem bilden alle drei Strophen wieder die Nationalhymne. Aber da die erste tatsächlich nicht mehr zeitgemäß ist und der Inhalt der zweiten eine unverkennbare Oberflächlichkeit zeigt, hatte schon Adenauer angeregt, bei feierlichen Anlässen nur die dritte Strophe zu singen. Das war zweifellos eine Lösung, die von allen Seiten angenommen werden konnte; denn wer wünschte sich nicht „Einigkeit und Recht und Freiheit..."

Heinrich Hoffmann v. Fallersleben starb im Schloß Corvey. Sein Grab liegt im Schatten der Klosterkirche.

Im Bannkreis des Köterberges

Folgt man der Straße von Höxter in Richtung Fürstenau–Löwendorf, so liegt kurz hinter Höxter rechterhand der Ort Brenkhausen. Dort befand sich ein Zisterzienserinnenkloster, das von Corvey ursprünglich 1234 in Ottbergen gegründet worden war. Von dort wurde es schon zwei Jahre später, also 1236, nach St. Ägidii verlegt, der Pfarrkirche eines kleinen Ortes südlich der Weserbrücke, der später wüst wurde. Aber selbst da gönnte man den Nonnen noch keine Ruhe. Zehn Jahre später – 1246 – siedelte man ihr Kloster um nach Brenkhausen. Im Jahre 1601 erfolgte die Umwandlung in ein Benediktinerinnenkloster, das vom Papst 1619 bestätigt, aber am 12. Juli mit Zustimmung des Fürstbischofs von Corvey schließlich aufgehoben wurde.

Erhalten sind der stimmungsvolle kleine Kreuzgang und die frühgotische Basilika. Die erhielt nach dem Dreißigjährigen Krieg einen dreigeschossigen Barockaltar mit einer „Himmelfahrt Mariä" – einem Gemälde von Johann Georg Rudolphi, der 1633 in Brakel geboren wurde, und der auch das Gemälde für einen der beiden barocken Seitenaltäre von Corvey geschaffen hat.

Fährt man dann auf Löwendorf zu, so staffeln sich Hügel und Berge, bis die Landschaft schließlich von der massigen Wölbung des Köterberges beherrscht wird, wegen seiner Form und seiner waldlosen Kuppe auch „Brocken des Weserberglandes" genannt. Der Volksmund bezeichnet ihn scherzhaft als „Monte Bello" oder „Monte Wauwau". Der Name Köterberg bedeutet aber wohl Grenzberg, denn in germanischer Zeit stießen hier drei Gaugrenzen zusammen, und heute sind es die Grenzen von Lippe, Nordrhein-Westfalen und Niedersachsen, wobei Lippe seit 1949 als Kreis zu Nordrhein-Westfalen gehört.

Seitdem 1969–70 ein hoher Fernmeldeturm auf den Gipfel gestellt wurde, ist der Berg von weither leicht zu erkennen. Der Gedanke, die beherrschende Höhe der Nachrichtentechnik nutzbar zu machen, ist nicht neu. Schon 1813–1848 gab es hier am Hang einen optischen Telegraphen, über den als letztes die Ereignisse der Märzrevolution 1848 signalisiert wurden. Und scharfsinnige Forschungen haben ergeben, daß man zu germanischer Zeit den Berg für weitreichende Feuerzeichen nutzte.

Heute werden auf dem Köterberg über 30 Fernsehstationen ohne Kabel und Satellit empfangen, darunter schottische, schwedische und norwegische. Funkamateure erzielen selbst mit kleinen Handsprechgeräten schier unvorstellbare Reichweiten.

Bei keiner Erhebung des Weserberglandes schwanken die Höhenangaben so wie beim Köterberg, nämlich zwischen 497 m und 503 m. Da aber der Sockel des Gipfelhotels bei 497,8 m ansetzt, kann man die absolute Höhe getrost mit 500 m angeben. Damit ist der Berg zwar 53 m höher als die höchste Erhebung des Teutoburger Waldes, aber nicht, wie gern behauptet wird, der höchste Berg des Weserberglandes. Wenn sich jedoch der Wirt von Hotel und Restaurant „Köterberghaus", das auf dem Gipfel über eine bequeme Autostraße zu allen Jahreszeiten, selbst bei Schnee und Glatteis, leicht zu erreichen und sogar Bushaltestelle ist, als „höchsten Wirt des Weserberglandes" bezeichnet, so muß ihm das uneingeschränkt zugestanden werden.

Obgleich der Berg, dessen Wetterstation 1975 die bisher höchsten Windgeschwindigkeiten Deutschlands gemessen hat, im Regenschatten des niedrigeren Eggegebirges liegt, entspringen an seinem Fuß nicht weniger als sechs Bäche, und seine beherrschende Höhe erlaubt es, dort oben im Sonnenschein zu sitzen, wenn in den Tälern darunter die Gewitter brodeln. Und noch ein anderes

Der Köterberg, der „Brocken des Weserberglandes"

Das Köterberghaus auf dem Gipfel des Köterberges

Kuriosum: Hier geht die Sonne früher auf und später unter als in den Tälern ringsum, und es hat seinen eigenen Reiz, am späten Nachmittag aus den Fenstern des Köterberghauses zu beobachten, wie die Schatten des Abends langsam aus den Tälern kriechen, bis endlich die Landschaft in Nacht versinkt.

Die Höhe läßt winterliche Niederschläge früh als Schnee fallen, der oft bis weit in den Frühling hinein die Kuppe weißleuchtend bedeckt. Deshalb hat man hier einen Skilift eingerichtet, und Rodelmöglichkeiten gibt es viele. Rundwanderwege inmitten von Äckern, Wiesen und Wäldern mit einem ständig wechselnden Panorama erhöhen noch die Anziehungskraft dieses ungewöhnlichen Berges.

Dazu ist der Köterberg der aussichtsreichste Berg von Norddeutschland. An klaren Tagen kann man im Umkreis nicht weniger als 60 Städte und Dörfer erkennen. Der Blick schweift über verschiedene Bögen des Wesertales, reicht bis zu Süntel und Vogler, bis zur Porta Westfalica, bis zur Kammlinie des Teutoburger Waldes mit dem Hermannsdenkmal, bis zum Herkules der Wilhelmshöhe auf dem Habichtswald bei Kassel, ja, sogar bis zum Brocken im Harz. Aber auch an weniger klaren Tagen sieht man noch 20 Ortschaften, bietet der hohe Himmel über dem weiten Horizont dramatische Wolkenspiele.

Die mittelalterliche Vermutung, daß der Berg abbauwürdige Gold-, Silber-, Kupfer- und Bleierze enthalte, hat sich zwar nie bestätigt, sich aber im Laufe der Zeit zu der bekanntesten Sage verdichtet, die sich um den Berg rankt. Danach soll einem Schäfer, der sich die zauberkräftige Springwurz zu verschaffen gewußt hatte, eine Elfe begegnet sein, die ihm eine in den Berg führende Pforte gezeigt haben soll. Nach deren Öffnung mittels der Zauberwurzel sei der Schäfer in einen Saal voller Gold- und Silberschätze gekommen. Er nahm sich zwar reichlich davon und wurde dadurch ein wohlhabender Mann, vergaß aber, vom Reichtum geblendet, die kostbare Springwurz, so daß nach seiner Rückkehr die Pforte hinter ihm zuschlug und bis heute nicht mehr gefunden werden konnte. –

Aus dem Umkreis des Köterberges soll nun, stellvertretend für den Kulturreichtum der Landschaft, für jede Himmelsrichtung nur eine Besonderheit herausgegriffen werden. Nördlich des Köterberges liegt Rischenau, das früher unter dem Namen Burghagen eine kleine Stadt mit Schloß und Burg gewesen ist. In der verheerenden Eversteinschen Fehde (1407–09) wurde es so vollkommen zerstört, daß heute nichts mehr davon geblieben ist. Auf der wüsten Stätte entwickelte sich später das heutige Dorf.

Graf Volkwin III. v. Schwalenberg, der zum fehdelustigsten Adel seiner Zeit gehörte und weder räuberische Überfälle auf die Reichsabtei Corvey noch Übergriffe gegen den Bischof v. Paderborn scheute, mußte wegen seiner unrühmlichen Taten, vor allem aber, weil er 1225 auch an der Ermordung des Kölner Erzbischofs Engelbert beteiligt war, schließlich ein Sühnekloster stiften. Das tat er um 1231 in Burghagen. Es wurde mit Zisterzienserinnen besetzt, aber schon 1247 nach Falkenhagen verlegt und in der Eversteinschen Fehde ebenfalls restlos zerstört. Dabei ging auch die Grabstätte Volkwins III. verloren, der hier 1249 beigesetzt worden war. Nachdem das Kloster 26 Jahre lang wüst gelegen hatte, bauten es Angehörige des Kreuzherrenordens aus den Niederlanden in der ihnen geläufigen Ziegelbauweise wieder auf und führten damit zugleich die Fertigkeit des Ziegelbrennens im lippischen Raum ein. Mehr als 300 Jahre wirkten sie dann, wenn auch nicht immer ungestört, im Schatten des Köterberges, bis die Reformation Deutschland erschütterte und auch das Kloster Falkenhagen 1596 aufgehoben wurde.

Heute dient die Kirche einer reformierten Gemeinde als Gotteshaus. Die Klostergebäude stammen aus der Zeit um 1500, ebenfalls das Gestühl im Kirchenschiff und die schönen Glasfenster, die den Dreißigjährigen Krieg überdauert haben. Sie zeigen Darstellungen aus der Leidensgeschichte Christi. Das ehemalige Dormitorium (= Schlafhaus der Mönche), heute Pfarrhaus, wurde 1509 errichtet und ist der älteste datierte Fachwerkbau des Lipperlandes.

Wenige Kilometer westlich des Köterberges beherrscht die mächtige dreitürmige Abteikirche von Marienmünster die Talaue. Unterhalb der Oldenburg, die der erste Stammsitz der Schwalenberger Grafen gewesen ist, stifteten hier 1128 Graf Widukind III. und seine Gemahlin Luttrud ein Kloster, das der Gottesmutter Maria geweiht wurde. Das Kloster Corvey besetzte die Anlage mit 12 Benediktinermönchen. Nach kulturellem und wirtschaftlichem Niedergang in der ersten Hälfte des 15. Jahrhunderts schließt sich Marienmünster 1480 der Bursfelder Kongregation an. Um 1511 werden Hochaltar und Chorgestühl geschnitzt. Im Dreißigjährigen Krieg wird das Kloster mehrfach geplündert. Nach dem Ausbau der romanischen Basilika zu einer Hallenkirche entsteht 1693 das einzigartige Chorgitter, das nur noch in der Fürstlich Leiningen'schen Abteikirche von Amorbach im Odenwald ein gleichwertiges Gegenstück finden dürfte. Etwa 50 Jahre später baut J. P. Möller aus Lippstadt, der auch die Domorgeln von Münster und Paderborn geschaffen hat, die berühmte dreimanualige Barockorgel mit 42 Registern. Im Verlauf der Säkularisation wird das Kloster 1803 aufgelöst. Die Kirche verblieb der katholischen Pfarrgemeinde, die heute von niederländischen Passionisten betreut wird. In Marienmünster finden hervorragende Orgelkonzerte statt.

Im Süden des Köterberges breiten sich hinter den Maurerdörfern Bödexen und Fürstenau die dunklen Wälder von Heiligengeister- und Brederholz aus. Hier trieb gegen Ende des 18. Jahrhunderts eine Bande von Holzfrevlern ihr nächtliches Unwesen. Ihre Untaten gipfelten 1782 in dem Mord an dem Juden Pinnes aus dem Dorf Vörden, wobei der Mörder zwar entkam, aber nach 20 Jahren aus algerischer Sklaverei vorerst unerkannt zurückkehrte und sich in einer Buche des Brederholzes erhängte, in die die Juden der Umgebung nach dem Mord in Hebräisch die beschwörenden Worte eingeschnitten hatten:

„Wenn du dich diesem Orte nahst, wird es dir ergehen, wie du mir getan hast."

Diese Ereignisse gaben Annette v. Droste-Hülshoff, die in dieser Landschaft oft zu Gast gewesen ist, den Stoff für ihre hintergründig-düstere Kriminalnovelle „Die Judenbuche".

Nun bleibt noch, den Blick von der Höhe des Köterberges nach Osten zu richten. Man erkennt auch an weniger klaren Tagen die Weser bei Höxter und Polle. Jenseits des tief eingeschnittenen Tales wölbt sich die Masse des Sollings auf, dem jedoch ein eigenes Kapitel gewidmet sein soll.

Im Solling

Von Karlshafen bis unterhalb Holzminden wird das rechte Weserufer von der einheitlich geformten Gebirgsmasse des Sollings begleitet, die bis zum Leinetal hinüberreicht – auf der Landkarte ein bemerkenswert ausgedehnter dunkler Fleck, etwa 30 km lang und 15 km breit.

Schon bei Fürstenberg fiel der rötliche Sandstein auf, der getrost zu den Bodenschätzen des Weserberglandes gerechnet werden kann. Diese Schichten des Buntsandsteins wölben die walddunklen Höhen des Sollings auf. Die Blöcke werden in großen Steinbrüchen gewonnen und als wertvolles Baumaterial in alle Gegenden Deutschlands verfrachtet. Hier treten auch Schichten auf, die sich in sehr dünne Platten spalten lassen. Diesen glimmerglitzernden Stein benutzte man früher für das Decken von Dächern, und im gesamten Weserbergland kann man ihn noch auf Bauernhäusern, Kirchen und Schlössern sehen. Die Sollingplatten erfordern allerdings einen starken Dachstuhl,und als die Holzpreise stiegen, ging man auch in den Dörfern allmählich zur Ziegelbedeckung über. Der Flecken Bevern bei Holzminden zeigt noch andere Verwendungsmöglichkeiten für die Steinplatten; dort dienen sie sogar, auf die Kante gestellt, als Gartenumfriedung.

Als die Salpetersegler ihren kostbaren Rohstoff aus der chilenischen Salpeterwüste um Kap Hoorn und über den Atlantik nach Bremen brachten, nahmen sie auf der Rückreise gern diesen Stein als Ballast mit, so daß man noch heute im fernen Südamerika Häuser antreffen kann, die aus Sollingsandstein gebaut und mit Sollingplatten gedeckt worden sind.

Mit 400 Millionen Bäumen – Fichten, Buchen und bis zu 500 Jahre alten Eichen – ist der Solling nächst dem Harz das größte geschlossene Waldgebirge Norddeutschlands. Seine höchste Erhebung, die Große Blöße (528 m) zwischen Silberborn und Sievershausen, ist zugleich der höchste Punkt des Weserberglandes, ja, sogar der höchste Norddeutschlands zwischen dem Kaufunger Wald und der Nordsee. Nur ragt diese Erhebung, ebenso wie der Große Ahrensberg (522 m) und der Moosberg (508 m), aus dem breitrückigen, hochflächenartigen Buntsandsteinmassiv kaum heraus, so daß sie keine Aussicht bietet. Die hat man dafür vom 36 m hohen Sollingturm auf dem Strot- oder Strutberg (444 m) bei Schönhagen nahe Uslar, nachdem man sich 158 Stufen hinaufbemüht hat.

Bot der Holzreichtum des kaum besiedelten Sollings schon die wirtschaftliche Grundlage für die Porzellanmanufaktur Fürstenberg, so zehrten davon ebenso wandernde Glasmacher, und wenn das Holz im Umkreis ihrer Hütten

Köhler im Solling – Aufbau eines Meilers

Köhler im Solling – Schwelender Meiler

gerodet und für die Schmelze verbraucht war, zog man weiter und ließ einen wüsten Platz zurück. Ebenso unbekümmert hausten wandernde Eisenhütten, Pottaschesiedereien, Papiermacher und Köhler in den Holzbeständen, und der Bauholz- und Hausbrandbedarf der nahegelegenen Gemeinden verwüstete die Wälder vollends. Deshalb erhielt der schon im Zusammenhang mit der Porzellanmanufaktur Fürstenberg erwähnte Oberjägermeister Johann Georg v. Langen 1745 vom Braunschweiger Herzog Karl I. den Auftrag, die Sollingwälder zu retten und vernünftig zu nutzen. J. G. v. Langen sorgte für eine geometrische Einteilung der Forsten, für eine planmäßige Anpflanzung neuer Baumarten und für einen wirtschaftlichen Umtrieb, d. h., es durfte nicht mehr Holz geschlagen werden als nachwuchs.

Die aus dem Wald gedrängten bisherigen Nutznießer siedelten sich ringsum an seinem Rand an. So entstanden Amelith, Polier und Hellental, wo Hermann Löns später sein „Buch der Lieder" schrieb.

Johann Georg v. Langen gründete die Spiegelglashütte Grünenplan, die sich seitdem eines ausgezeichneten Rufes erfreut. Eine andere Glashütte arbeitet in Holzminden. Herzog Erich errichtete in Relliehausen eine Papierfabrik, die jetzt als „Hahnemühle" hervorragende Büttenpapiere liefert.

In Uslar steht neben dem ältesten und schönsten privaten Fachwerkhaus von 1576, heute das Hotel Menzhausen, das noch um hundert Jahre ältere Fachwerkrathaus.

Eine kuriose Besonderheit von einmaligem Reiz dürfte bei Uslar auch der Schmetterlingspark sein, in dem von April bis Oktober mehr als 120 Arten

Töpferei in Fredelsloh

freifliegender bunter Falter verschiedener Klimagebiete – vom tropischen Regenwald bis zum Weserbergland – beobachtet werden können.

Fredelsloh, ein sehr altes Dorf nahe dem Leinetal, in dem eine romanische Kreuzbasilika mit Pfeilerarkaden an ein 1130 gegründetes Augustinerinnen-Kloster erinnert, wurde zum Mittelpunkt der Töpferei. Noch heute kann man dort wochentags sehen, wie unter geschickten Händen auf der Töpferscheibe aus dem Tonklumpen ein Krug, eine Schale oder ein Teller wird.

Früher rauchten überall die Meiler, und die Hillebille, das Signalholz der Köhler, hämmerte durch den Wald. Dann wurde dieses uralte Gewerbe ein Opfer der Technik. Aber aus dem Solling ist der Meiler immer noch nicht verschwunden. Alljährlich errichtet noch eine Köhlerfamilie aus Dassel-Hilwartshausen im Hochsommer mehrere Meiler, um aus dem Abfall geschlagener Buchen Holzkohle herzustellen. Wenn dann die Rauchschleier durch den Hochwald ziehen, wenn wieder die Hillebille tönt, wenn man abends beim Schein der Petroleumlampe inmitten schwarzberußter Gestalten gebackene Pellkartoffeln aus der glühenden Asche stochert und bis tief in die Nacht die unglaublichsten Wilddiebsgeschichten erzählt bekommt, dann gewinnt man die tröstliche Gewißheit, daß die Romantik im Weserbergland noch längst nicht ausgestorben ist.

Jahrhundertelang wurden auf Lichtungen, die durch übermäßigen Einschlag von Brenn-, Floß- und Meilerholz entstanden waren, die Kühe gehütet, und der Milchertrag soll beträchtlich gewesen sein. Nur konnte man wegen der einsamen, abgeschlossenen Lage den Überfluß schlecht verwerten. Sobald gegen Ende des Sommers Eicheln und Bucheckern zu fallen begannen, wurden den Mastschweinen die Anfangsbuchstaben des Dorfnamens in die Borsten gebrannt – gegen ein Brenngeld von sieben Pfennigen, das an die Försterei zu entrichten war. Dann zog der Schweinehirt mit ihnen in den Wald. Manche Borstentiere wurden dabei so fett, daß sie im Winter auf Schlitten ins Dorf geholt werden mußten. Bäche und Fischteiche im Solling lieferten lange Zeit die Forellen für den Kurfürstlichen Hof der Residenz Hannover, wobei die Beförderung der empfindlichen Tiere äußerst umständlich war. Sie geschah in großen, wassergefüllten Holzbottichen, die mit Ketten auf mehrspännigen Pferdewagen befestigt waren. Am langen Weg nach Hannover waren alle paar Kilometer Frischwasserstationen eingerichtet, wo das Wasser gewechselt wurde, damit wenigstens ein Teil der kostbaren Fische den Transport überlebte.

Der Wildbestand der Bergwälder ist großartig. Es treten vor allem Schwarzwild, Rehe, Hirsche, Damwild und Muffel auf. Die letztgenannte Wildart wurde um die Jahrhundertwende aus Korsika und Sardinien eingeführt; jetzt gibt es im Solling etwa 350 dieser Tiere.

In den Jahren 1959/60 wurden auf Veranlassung des Niedersächsischen Landwirtschaftsministeriums auch Waschbären ausgesetzt. Man wollte wohl den einheimischen Wildbestand erweitern. Welche waidmännischen Erwägungen diesem Experiment vorausgingen, ist nicht mehr zu ergründen. Da man bereits 1927 in Deutschland Waschbären in freier Wildbahn beobachtet hatte, fühlt sich das Ministerium an deren Einführung nicht allein schuldig. Die damals in der Nähe von Altenlotheim bei Frankenberg an der Eder aufgespürten Tiere sollen aus einer Pelztierfarm entwichen sein. Eine dritte Lesart will wissen, daß 1934 ein halbes Dutend Waschbären im Kellerwald und südlich des Ederstausees ausgesetzt wurde.

Wie dem auch sei – heute will es niemand gewesen sein, und die Geschichte über die Einführung dieser aus Nordamerika stammenden Tiere verliert sich allmählich im Sagenhaften.

Diese Pelztiere akklimatisierten und vermehrten sich wider alle Erwartungen der Fachleute so gut, daß sie sich längst nicht mehr auf den Raum des Weserberglandes beschränken. Im Jahre 1969 tauchten sie in der Lüneburger Heide auf; einige Jahre später hatten sie deren Nordrand erreicht. Man schätzt, daß sich jetzt mehr als 60 000 Waschbären in Norddeutschland tummeln. Obgleich es für diese Tiere keine Schonzeit gibt, sind sie doch so intelligent, scheu und wachsam, daß jährlich nur etwa 1000 erlegt werden; ihre Zahl nimmt also weiter zu, ihre räumliche Ausdehnung auch. Ihren

Namen tragen sie zu Unrecht. Sie waschen die Nahrung nicht, sie betasten sie nur. Verurteilte man sie bislang als Schädlinge, ist man inzwischen zu der wissenschaftlich gesicherten Erkenntnis gekommen, daß sie weder nützlich noch schädlich sind. Man hat sich also mit ihrer Ansiedlung doch keinen Bärendienst erwiesen.

Inmitten der Wälder trifft man auf Neuhaus, das bis vor kurzem ein verwaltungstechnisches Kuriosum darstellte. Der Dorfbach bildete die Grenze zwischen dem Dorf Neuhaus, Kreis Northeim, und dem Dorf Neuhaus, Kreis Holzminden; an beide Orte schloß sich unmittelbar das Dorf Fohlenplacken an. Was dem Betrachter als mittelgroßes Dorf erschien, waren also in Wirklichkeit drei. Da jedes Dorf stolz war auf seine Eigenständigkeit, hatte auch jedes Dorf seinen eigenen Bürgermeister und seinen eigenen Friedhof und seine eigene Feuerwehr. Für alle drei Dörfer gleichermaßen tätig soll nur der Gemeindebulle gewesen sein. Erst 1962 wurde diese bürokratische Kleinkrämerei aufgehoben; die drei ehemaligen Einzelgemeinden bilden heute den heilklimatischen Kurort „Neuhaus im Solling", in dem Georg II., König v. England u. Hannover, 1791 ein wunderschönes kleines Jagdschloß hat bauen lassen, um von hieraus mit hochadligen Gästen im Solling auf die Jagd zu gehen; im Schloß ist jetzt eine ständige Ausstellung „Erlesenes aus aller Welt" zu sehen.

Während auch früher schon die Sollingbewohner ihre Beschäftigung vorwiegend außerhalb der Heimatgemeinden fanden, bewirtschafteten Frauen und Kinder kaum lebensfähige bäuerliche Kleinbetriebe, die heute durch die Auswirkungen der Europäischen Gemeinschaft durchweg aufgegeben worden sind. In Neuhaus gibt es keine Bauern mehr. Dafür hat der Fremdenverkehr einen erheblichen Aufschwung genommen, desgleichen in Silberborn, Amelith-Nienover-Polier, in Derental, Schönhagen und Hellental. Neuhaus betreibt im Winter sogar einen Skilift.

Das ehemalige Jagdschloß in Neuhaus

An den Ortsrand von Neuhaus grenzt ein weitläufiger Wildpark mit Rotwild, Damwild, Sikawild (eingeführt aus dem Fernen Osten), Muffelwild, Rehwild (darunter auch schwarze Rehe), Schwarzwild, Wildkaninchen, Feldhasen, Wildkatzen und natürlich auch Waschbären. Zu sehen sind ferner Auerwild, Birkwild und Eichhörnchen, und in Volieren Saatkrähen, Kolkraben, Dohlen, Elstern, Eichelhäher und andere Waldvögel, und ein großes Waldmuseum gehört auch noch dazu.

In und um Neuhaus trifft man auf die Sommerweiden der Hannoveraner Junghengste aus Hunnesrück bei Dassel, dem Hengstaufzuchtgestüt des Niedersächsischen Landesgestütes in Celle.

Nahe Silberborn, zwischen dem Dasseler Mittelberg und dem Langenberg, ist im Laufe von Jahrtausenden das Mecklenbruch entstanden, das größte Hochmoor des Sollings, eine urige Naturlandschaft. Die mit Birkenbruchwäldern und niedriger Moorvegetation bewachsene Fläche ist 63 ha groß und bietet einen idealen Lebensraum für ganz bestimmte Insekten- und Pflanzenarten, z.B. für den braunfleckigen Perlmuttfalter und den fleischfressenden Sonnentau. Ein Holzsteg und ein Aussichtsturm machen das Moor dem Besucher zugänglich.

Meinungsverschiedenheiten und immerwährende Reibereien zwischen den Förstern und den Dorfleuten des Sollings mögen dazu geführt haben, daß der sagenhafte böse Geist des Waldgebirges ein Förster ist. Als dieser Oberjägermeister Hackelberg an einer Wunde starb, die ihm ein Keiler beigebracht hatte, verfluchte er sein Geschick und wünschte sich, ewig im Solling jagen zu können. Auf dem Moosberg bei Neuhaus soll er bestattet worden sein, aber Ruhe hat er dort nicht gefunden. In stürmischen Herbstnächten hört man die wilde Jagd vorüberbrausen mit Hussa und Hundegekläff, allen voran der Wilde Jäger Hackelberg, und wer die Unverfrorenheit besitzt, laut „Hackelberg!“ zu rufen, dem wird von unsichtbarer Hand mit einer saftigen Maulschelle der Hut vom Kopf geschlagen. Wer es nicht glaubt, sollte es mal versuchen.

Das Mecklenbruch im Solling

Zwischen Holzminden und Bodenwerder

Wenige Kilometer nordostwärts von Holzminden trifft man im Flecken Bevern wieder auf ein Schloß aus der Weserrenaissance. Ein trockener Burggraben umschließt das vierflügelige Bauwerk, in dessen nahezu quadratischem Innenhof sich zwei Treppentürme diagonal gegenüberstehen. Die oberen Stockwerke sind zum Hof hin in Fachwerk ausgeführt. Ein Küchenerker und die vielfältig mit Steinmetzarbeiten geschmückten Turmeingänge, auch die Tordurchfahrt, lockern die ausgedehnte Anlage auf. Trotzdem kann man sich in Bevern des Eindrucks nicht erwehren, daß die Geschlossenheit einer Vierflügelanlage der einladenden Grundtendenz der Weserrenaissance widerspricht. Drei Flügel um einen offenen Innenhof scheinen der Stilepoche und ihrem Lebensgefühl eher gemäß zu sein.

Baumeister von Schloß Bevern war der Hamelner Johann Hundertossen, Bauherr ein Angehöriger des im Weserbergland weitverbreiteten Geschlechtes derer von Münchhausen, und zwar Stats (= Eustachius) v. Münchhausen (1555–1633), kurfürstlich-brandenburgischer Rittmeister und Sohn des bärbeißigen Kriegsobristen Hilmar, der den Schloßbau Schwöbber begonnen hatte. Nach der Vollendung des 1603 begonnenen Schlosses Bevern war Stats v. Münchhausen jedoch ein armer Mann und mußte das Prachtstück an den Braunschweiger Herzog Friedrich Ulrich veräußern. Die Braunschweiger gaben das Schloß 1773 wieder auf, und als es nach mannigfacher Verwendung schließlich ab 1830 eine Erziehungsanstalt aufnehmen mußte, ging die gesamte Innenausstattung verloren. Heute ist es im Besitz des Fleckens, der es 1956 gekauft und musterhaft instand gesetzt hat.

Auf dem Burgberg nördlich von Bevern entdeckt man Wall und Graben, Mauer- und Schuttreste. Hier setzte sich zu Zeiten Barbarossas das bereits erwähnte Geschlecht der Eversteiner fest. Nach dem Sturz Heinrichs des Löwen dehnte es seinen Herrschaftsbereich mächtig aus und schrieb sich im Laufe der Jahrhunderte mit einigen blutigen Fehden ins Buch der Geschichte ein. Schließlich besaßen die Eversteiner neben ihrem Stammsitz noch Burgen oder feste Häuser in Ottenstein, Grohnde und Ohsen; ihre wahrscheinliche Beteiligung bei der Gründung Holzmindens wurde bereits erwähnt. Den Eversteinern unterstand zudem noch zeitweise das Gericht in Aerzen ebenso wie das Salzbergwerk in Hemmendorf; sogar in Hameln verschafften sie sich Vogteirechte. Der Niedergang ihrer Macht setzte ein, als Graf Konrad 1256 auf einem Raubzug peinlicherweise von seinem Widersacher, dem Herzog von Braunschweig, er-

Schloß Bevern

wischt und gehenkt wurde – schimpflich mit den Füßen am Galgen, den Kopf nach unten, wie denn überhaupt die zähen Braunschweiger nicht ruhten, bis sie den Eversteinern alle Besitzungen Stück für Stück abgenommen hatten; aber das dauerte bis 1410.

Von den Eversteinern wurde 1285 auf beherrschendem Kalksteinkegel links der Weser auch die für uneinnehmbar gehaltene Burg Polle erbaut – ein Jahr, nachdem das Geschlecht seine Stammburg bei Bevern an die Braunschweiger verloren hatte. Aber an die Welfen ging schließlich 1408 auch diese Befestigung über, obgleich sie kurz zuvor noch von dem letzten Eversteiner zäh gegen Braunschweig-Lüneburg und Lippe verteidigt worden war.

Tilly brannte 1623 die Unterburg, die Schweden 1641 die Oberburg nieder. Das Amtshaus, das seit 1656 den Verwaltungsmittelpunkt für sechs Ortschaften, darunter Bodenwerder, bildete, wurde in den letzten Tagen des Zweiten Weltkrieges durch Beschuß zerstört. Nur ein schöner Torbogen blieb als Zeuge später Weserrenaissance erhalten. Durch ihn betritt man heute die gut zugängliche Anlage; der Bergfried ist besteigbar, der Blick von dort umfaßt das weite Tal abwärts über Brevörde, aufwärts über Heinsen hinaus.

Heinsen ist ein altes Schiffer- und Fischerdorf; 1031 wird es urkundlich zum erstenmal erwähnt, die Kirche 1231. Ursprünglich im Besitz des Erzbischofs von Paderborn, kam Heinsen 1281 an die Eversteiner, 1408 übernahmen es die Welfen. Im 18. und 19. Jahrhundert blühte in Heinsen der Schiffbau. Am Weserufer entstanden „Bullen“ und „Böcke“ – einfache hölzerne Lastkähne – und wurden mit Schnittholz, mit gebranntem Kalk aus Brevörde, mit Holzkohle und mit Sollingsandstein nach Bremen geschickt und dort mitsamt der Ladung verkauft; die Kähne wieder flußauf zu treideln, lohnte nicht. Zu Fuß erreichten die Schiffer wieder ihr heimatliches Dorf. So fanden Forstarbeiter, Zimmerleute, Schmiede und Tagelöhner ihr gutes Auskommen.

Als die ersten eisernen Schiffe an der Weser gebaut wurden, schlief dieser Gewerbezweig in Heinsen allmählich ein. Doch die Schiffer aus diesem Dorf befahren immer noch als Eigner, als Matrosen, als Schiffsführer die Weser, den Mittellandkanal und selbst den Rhein und sind nur selten zu Hause. Im Vorraum der Kirche hängt ein alter Anker, und ein Anker, umkränzt von Eichenlaub, ziert auch das Wappen des Dorfes.

Brevörde, das nächste Dorf abwärts Polle, erlangte schon vor dem Dreißigjährigen Krieg durch seine Kalköfen eine hervorragende wirtschaftliche Bedeutung. Auch das Amt Polle war daran beteiligt. Brevörder Bauern lieferten im 17. Jahrhundert den Kalk für den Fes-

Blick auf Brevörde

tungsbau in Hameln. Man schloß sich sogar zu einer „Kalkhandlungs-Compagnie“ zusammen, um einen Konkurrenzkampf in den eigenen Reihen zu vermeiden.

Brevörde (= breite Furt) verlor durch ein furchtbares Unglück seine Fähre, die von einer Fährgenossenschaft betrieben wurde und das Dorf mit den Ländereien auf der anderen Weserseite verband. Am 15. April 1970 sollte ein Trecker mit beladenem Anhänger übergesetzt werden. Niemand wußte später zu sagen, wie es geschah: das Hochwasser drückte wohl die vordere Spitze der Fähre nach unten, der Seilmast knickte ein, das Seil riß, die Fähre schlug um, alles stürzte ins Wasser, zwei Personen ertranken. Ehe man das Unglück wahrnahm, war alles vorbei. Seidem hat Brevörde keine Fähre mehr. Der Sockel des Fährmastes an der Dorfseite trägt eine kleine Metalltafel mit den Namen der Verunglückten.

Zur Zeit des Kaisers Barbarossa soll der Fährmann von Brevörde einmal aufgefordert worden sein, unsichtbare Leute über die Weser zu setzen, nur der Anführer war sichtbar. Als Lohn erhielt der Fährmann, so glaubte er zumindest, einen Haufen Pferdemist. Als er den verächtlich in die Weser warf, erkannte er zu spät seinen Irrtum: der scheinbare Pferdemist war pures Gold gewesen.

Das Dorf Grave – heute ein Ortsteil von Brevörde – mußte ebenfalls den Fährbetrieb einstellen. Er war nicht nur unrentabel geworden, sondern man fand auch keinen Fährmann mehr.

Nicht nur der Bergfried oder die frühere Jugendherberge in Polle, auch die den Fluß begleitenden Hänge und Bergzüge bieten immer wieder reizvolle Ansichten des Wesertales. So gibt die in 13 Serpentinen auf die Ottenteiner Hochebene führende Straße am Ortsausgang von Brevörde ständig wechselnde Aussichten sowohl flußauf- als auch flußabwärts frei.

Folgt man dieser Straße, so findet man nahe dem Ort Ottenstein, weithin die Feldmark beherrschend, die Hattenser Kirche, den letzten Rest des längst verschwundenen Dorfes Hattensen. Der romanische Bau aus dem 13. Jahrhundert dient heute als Begräbniskapelle für den hier oben angelegten Ottensteiner Friedhof. Inmitten der anderen letzten Ruhestätten erzählen die Steinplatten am „Mohrengrab“ noch gut lesbar von einem ungewöhnlichen Schicksal.

„Hier ruhet Antonio Congo, Sohn eines afrikanischen Häuptlings namens Ambrosio Congo zu Gumbata. In Afrika geboren den 12. Oktober 1811, wurde er, acht Jahre alt, seinen Aeltern geraubt und als Sklav nach Brasilien gebracht. Hier kaufte ihn der Hamburger Kaufmann Ferdinand Schlüter, ein edler Mann, der ihn mit nach Hamburg nahm und in der christlichen Religion erziehen

Das Fahrgastschiff „Höxter" passiert die Fähre unterhalb der Burg Polle

ließ. Nachdem Antonio Congo darauf das Tischlerhandwerk erlernt hatte, ging er auf die Wanderschaft, auf welcher er 1843 hier erkrankte und als ein guter und religiöser Tischlergeselle starb am 11. Januar 1844."

Eine andere ungewöhnliche Geschichte ereignete sich hier im Sommer 1791. Da traf der Herzog William v. Clarence, der spätere König von England und Hannover, im nahegelegenen Bad Pyrmont mit der 22jährigen Caroline v. Linsingen zusammen, in die er sich schon in Hannover unsterblich verliebt hatte. Am 21. August, dem Geburtstag des Herzogs, ließ sich das Paar heimlich in aller Morgenfrühe, nur von zwei Vertrauten begleitet, von einem englischen Geistlichen in der Hattenser Kirche trauen. So wird angenommen und behauptet. Sicher bezeugt ist es nicht. Eine zweite Lesart der romantischen Geschichte will wissen, daß die Trauung in der barocken Gutskapelle von Welsede im Emmertal stattgefunden haben soll. Jedenfalls endete das, was im jugendlichen Überschwang so überaus glücklich begonnen hatte, nach einem Jahr traurig: weder der Vater der Braut noch der englische Hof waren, als sie endlich davon erfuhren, mit dieser Verbindung einverstanden. Das Paar mußte sich trennen. Caroline heiratete zwar noch einen Arzt, dem sie sich verpflichtet fühlte, blieb aber ihr Leben lang todunglücklich und starb früh.

Ein anders Gotteshaus hier auf der Ottensteiner Hochebene, nämlich die trutzige Dorfkirche von Neersen, ist nicht minder sehenswert. Sie wurde 1536 aus Bruchsteinen errichtet, nachdem ein früherer Bau aus dem 13. Jahrhundert baufällig geworden war.

Durch die Renovierung von 1958/59 erhielt der Innenraum wieder seinen ursprünglichen barocken Charakter, passend zu dem schönen Barockaltar und einem Taufständer aus der Zeit um 1700. Die Kanzel hat die Pfarrerswitwe Catharina Ramm gestiftet, deren Ehemann Johannes 47 Jahre lang als Pfarrer in Neersen tätig gewesen ist. An ihn erinnert an der Außenwand der Kirche seine Grabplatte mit der Inschrift: „Hier schläft ein Hirte, nachdem er sieben und vierzig Jahre vor seine Schafe gewachet namens Ehr Johannes Rham. Er ist A. D. 1650 am 21. Sept. zu meneringhausen zum sterblichen Leben geboren und A. D. 1728 den 19. Nov. zu Neersen zum unsterblichen Leben gestorben."

Aber wenden wir uns wieder der Weser zu. Einen überaus lieblichen und harmonischen Landschaftseindruck gewinnt man, wenn man von Brevörde aus der Wesertalstraße abwärts folgt bis zu einer Kreuzung, an der ein Schild rechts zum Dorf Grave weist, während die gegenüber abzweigende Straße unbeschildert ist. Sie ist mit einer festen Decke versehen, wird von Apfelbäumen begleitet und steigt mit wenigen hundert Metern inmitten von Wiesen und Weiden verhältnismäßig steil empor, und je höher man hinauf wandert oder fährt, desto mehr weitet sich der Blick. Unter Felswänden her strömt die Weser auf die schroffen Kalksteinbastionen von Steinmühle zu, wird zur Richtungsänderung gezwungen, läuft wieder geradlinig dem massiven Bergstock des Voglers entgegen und wird hier abermals vom walddunklen Breitenstein in die Talverengung von Bodenwerder abgedrängt. Und im Weserbogen liegen inmitten von Wiesen, Weiden und Feldern die zusammengewürfelten Bauernhäuser des Dorfes Dölme in behäbiger Breite, flußauf grüßt Grave, dahinter Reileifzen mit dem hochgelegenen ehemaligen Gasthaus, das den eigentümlichen Namen „Brille" führte, flußab sind noch Pegestorf und Rühle zu erkennen. Beiderseits der scharf abgegrenzten Flußaue staffeln sich Hügel und Berge, und die bewegte Wellenlinie des Horizontes vergeht aquarellartig im fernen Dunst. Der Wasserwanderer dort unten auf dem Strom vermeint, eine Drehbühne vor sich zu haben, wenn die Windungen des Flusses ihm ständig neue Landschaftsbilder vor die Augen zaubern.

In den bewaldeten Steilhängen nistet die Gabelweihe, auch Roter Milan genannt, von manchem Buhnenkopf starrt ein schlanker, silbergrauer Fischreiher unbewegt ins Wasser, und es ist in den letzten Jahren sogar gelungen, den Uhu im Weserbergland wieder heimisch zu machen.

Die senkrechten Kalksteinwände von Steinmühle hat die Weser im Laufe von Jahrtausenden als typischen Prallhang in die Flanke der Ottensteiner Hochebene hineingeschnitten. Erst vor etwa 140 Jahren ließ die Königlich Hannoversche Staatsregierung aus der Felswand die erste Fahrstraße heraussprengen, vor allem, wie es in einem Gutachten heißt, weil „im ganzen Königreich nicht leicht eine interessantere und romantischere Gegend zu finden steht, die mehr dem reisenden Publico durch eine Chaussee-Anlage erschlossen zu werden verdiente".

An der Oberweser gibt es idyllische Campingplätze

Die Mühle selbst und ihre Vorgänger sind uralt. Schon 1266 wird sie als „Mole am Dolensteen“ von einem Eversteiner Grafen den Mönchen vom Kloster Amelungsborn geschenkt. Sie wird von einer starken Quelle gespeist, die unmittelbar hinter dem Gebäude aus der Felswand schießt und noch nie versiegt ist. Es handelt sich um eine typische Karstquelle, die ihr Wasser aus dem Kalksteinmassiv der Ottensteiner Hochfläche erhält. Eine ähnlich starke Karstquelle, die sogenannte „Grundlose“, quillt mitten im Dorf Heinsen neben der Hauptstraße auf und wurde früher auch für eine Mühle genutzt. Neuerdings verschleiert ein kleiner Springbrunnen diese seltene Merkwürdigkeit der Natur.

Auf den Felsen von Steinmühle sticht eine steinerne Nadel spitz in den Himmel, im Volksmund „die Zigarre“ genannt. Das Denkmal wurde 1926 vom damaligen Wesergebirgsverein zu Ehren des Senators Friedrich Wilhelm

Meyer-Hermann aufgestellt, der sich um Personenschiffahrt und Fremdenverkehr im Weserbergland verdient gemacht hat. Weitere Tafeln erinnern an den Initiator dieser Gedenkstätte, den Bürgermeister Albert Jeep aus Holzminden, der auch an der Verwirklichung des Köterberghauses maßgeblich beteiligt war, an den Gestalter der Gedenkstätte, den Holzmindener Stadtbaurat Leopold Schermann, und an Professor Dr. Otto Dieckhoff, der nach dem Ersten Weltkrieg einen begehrten Führer durch das Oberwesergebiet verfaßte.

Man kann von Mühle und Gasthaus auf steinigem Weg durch die Klippen zum Denkmal hinaufsteigen, man kann aber auch mit dem Auto auf 100 Meter heranfahren; Parkplatz, Bank und Schutzdach sind vorhanden. Und dann schaut man weit ins Wesertal und den Bauern von Dölme in den Schornstein.

Das Dorf Dölme in der Weserschleife von Steinmühle

Holzminden und die Flößerei

Auch das Schicksal von Holzminden ist das Schicksal einer Stadt am Strom, der hier eine gehörige Breite erreicht. Die Straßenführung im Stadtkern läßt vermuten, daß die heutige niedersächsische Kreisstadt nicht natürlich gewachsen ist, sondern planmäßig angelegt wurde. Ob das aber die Eversteiner Grafen taten, ist ungewiß – sicher ist lediglich, daß diese adligen Herren auf einer früheren Insel eine Burg besaßen, etwa dort, wo sich heute unmittelbar an der Weser mit bergfriedartigem Turm die schmucke Jugendherberge erhebt; sicher ist ebenso, daß die Eversteiner im Jahre 1245 das Stadtrecht einschließlich Markt-, Zoll- und wahrscheinlich auch Münzrecht schriftlich bestätigten, weshalb sie schon von einem Vorgänger verliehen worden sein mußten. Dann erwarb der Erzbischof v. Köln die Stadt, aber bereits 1302 kam sie an die Edlen Herrn zur Lippe. Denen wurde sie wiederum entrissen vom Abt zu Corvey, der sich mit dem Herzog v. Braunschweig , den Eversteinern und den Homburgern verbündet hatte. Schließlich ging die Stadt ab 1409 in braunschweigischen Besitz über.

Damit hätte Holzminden endlich auf eine friedliche und stetige Entwicklung hoffen können, wenn nicht böhmische Hussiten, die im Verlauf ihres Glaubenskrieges auf dem Weg ins Bistum Köln durch Holzminden zogen, die Stadt 1447 in Schutt und Asche gelegt hätten.

Die vom Schicksal geschlagenen Bewohner bauten ihr kleines Landstädtchen mehr schlecht als recht wieder auf und befestigten es notdürftig mit Wall und Graben, Palisadenzaun und Hecke; zu einer Stadtmauer hat es in Holzminden nie gereicht. Landwirtschaft und Handwerk, Steinbruch und Flößerei ernährten die anspruchslosen Bewohner, die in der Reformation lutherisch wurden, während das Corveyer Land jenseits der Weser katholisch blieb. Als dieses Corvey, das bisher eine Weserbrücke in Holzminden zu verhindern gewußt hatte, im Dreißigjährigen Krieg von anderer Seite arg bedrängt und dadurch hinreichend abgelenkt wurde, begann Holzminden mit dem Bau einer Holzbrücke, gegen die der Corveyer Abt später sogar beim Reichskammergericht prozessierte. Das Schicksal kam dem Urteilsspruch zuvor, indem im Frühjahr 1621 ein Eisgang das begonnene Werk wieder zerstörte. Daß erst seit 1885 eine Brücke beide Ufer miteinander verbindet, hat die Entwicklung Holzmindens über Jahrhunderte empfindlich gehemmt.

Auch der Dreißigjährige Krieg verschonte Holzminden nicht: 1640 wurde „unser ganzes Städtlein... in Brand gesteckt, eingeäschert und zu einem Stein-

Das alte Fährhaus in Holzminden

haufen gemacht". Es ist tröstlich zu hören, daß der schon mehrmals genannte Oberjägermeister Georg v. Langen im 18. Jahrhundert auch in Holzminden ordnend und fördernd eingriff, u. a. durch die Gründung einer Eisen- und Stahlfabrik. Belebend für die Stadt wirkt sich auch aus, daß die Klosterschule von Amelungsborn nach Holzminden verlegt und mit dessen Stadtschule vereinigt wird. Die Schulordnung stammt von 1756, aber der Siebenjährige Krieg läßt die Eröffnung erst zu am 15. Januar 1760. Unter den ersten Schülern befindet sich Joachim Heinrich Campe aus Deensen, der später als Philantrop, als Schulmann und vor allem als Bearbeiter der deutschen Ausgabe des Robinson Crusoe bekannt geworden ist.

Der Siebenjährige Krieg verschonte die Stadt weitgehend, und unter Napoleon – besser: unter seinem Bruder Jérôme, dem „König Lustik" von Westfalen – wurde die Stadt lediglich mit hohen Abgaben belastet. Dann verwandelte sich im 19. Jahrhundert Holzminden allmählich in eine fleißige Gewerbestadt. Dazu trug auch der seit 1843 regelmäßig betriebene Schiffsverkehr auf der Weser und 1865 der Anschluß an das Eisenbahnnetz bei: der Weg ins 20. Jahrhundert war geebnet.

Spaziert man heute durch die Altstadtgassen, so glaubt man sich gelegentlich noch in der beschaulichen Ackerbürgerstadt, zumal sich Holzminden in der Gegenwart bemüht hat, das Lokalkolorit aufzufrischen. Man gönnte sich 1926 das Torhaus im „Katzensprung" mit einem Heimat-, einem Puppen- und einem Spielzeugmuseum und 1929 den Torturm des Reichspräsidentenhauses mit Glockenspiel und Figurenumlauf. Holzmindener Fachwerkbauten stehen durchaus nicht hinter denen anderer Weserstädte zurück. Besonders hingewiesen sei auf das Severinsche Haus (1683) in der Halbmondstraße, auf das „Haus des Handwerks" am Marktplatz und auf das sogenannte „Alte Fährhaus", das seinen Giebel als Visitenkarte der Stadt einladend der Weser zukehrt. Auch die Lutherkirche beherrscht die Stadtansicht von der Weser her. Es ist eine ehemals romanische, im 16. Jahrhundert umgebaute zweischiffige gotische Hallenkirche; nur der Turm ist romanisch geblieben.

In Holzminden verbrachte der Romanschriftsteller Wilhelm Raabe (1831–1910) einen Teil seiner Kindheits- und Jugendjahre; hier besuchte er das Gymnasium. Vor einem alten Fachwerkhaus in der Altstadt, an der Kreuzung von fünf Straßenzügen, hat ihm die Stadt 1927 einen Brunnen gewidmet. Eine Sandsteinsäule trägt aus dem Roman „Der hyllige Born" in Bronze die Figur des Klaus Eckenbrecher, der neben dem Baron v. Münchhausen, dem Dr. Eisenbart und dem Rattenfänger von Hameln zu den historischen Gestalten des Weserberglandes gehört. Die Inschrift der Säule mahnt mit dem treuherzigen Raabe-Wort: „Bleib in den Stiefeln, Mensch, solange als möglich."

Verläßt man die nostalgische Kulisse, so befindet man sich in einer rührigen Industriestadt, deren Erzeugnisse weit über die deutschen Grenzen hinaus geschätzt werden. Unter den Industriewerken von Holzminden fällt eines auf, das Elektrogeräte herstellt. Aber wer ahnt schon, daß sein Tauchsieder, sein elektrischer Durchlauferhitzer und ähnliches mehr aus Holzminden stammen? Dazu kamen früher Werke für Holzverzuckerung, Glas und Sperrholz. In anderen Werkstätten wird der Sollingstein be- und verarbeitet. Der wuchtige Speicher am Weserkai sammelt das Getreide aus der Umgebung für den Schiffstransport in die Mühlen von Hameln oder weiter flußab.

Der Unternehmungsgeist Holzmindener Bürger versuchte sich gelegentlich an ungewöhnlichen Objekten. So kam die Majorin v. Heine, als der Arzt ihr einen Zichorienaufguß empfahl gegen einen Schreck, den ihr im Siebenjährigen Krieg nach der Schlacht von Minden plündernde französische Soldaten eingejagt hatten, auf die Idee, den üblen Geschmack dadurch ins Gegenteil zu verkehren, daß sie die Wurzeln in Würfel schnitt und diese vor dem Aufguß röstete. Als erster Mensch der Welt trank sie Zichorienkaffee und fand schnell Nachahmer. Man begeisterte sich plötzlich für das neue à la mode-Getränk so sehr, daß 1769 in Holzminden die erste Zichorienfabrik eröffnet wurde, sich aber nicht lange gehalten hat.

Bis zum heutigen Tage besteht jedoch die Fachhochschule mit den Fachbereichen Architektur und Bauingenieurwesen, eine Bauschule, die im Jahre 1831 vom Kreisbaumeister Haarmann gegründet wurde und damit für sich in Anspruch nehmen kann, die älteste Schule dieser Art in Deutschland zu sein. Hoch- und Tiefbauer erhalten hier ihre fachliche Ausbildung, und der „Meisterumzug" nach bestandenem Examen ist eines der Hauptereignisse im Jahreslauf der Stadt.

Neben der Schule ehrt ein Denkmal ihren Gründer, F. L. Haarmann, hinter der Schule befinden sich schöne Anlagen mit malerischen Teichen und einem Bismarckdenkmal.

Ein anderes Mitglied der unternehmenden Familie Haarmann, diesmal der Chemiker Wilhelm Haarmann, macht von sich reden, als es ihm 1874 gemeinsam mit Ferdinand Tiemann gelingt, das Vanillin, den Aromastoff der Vanille also, aus dem Saft gefällter Fichten chemisch zu isolieren. Damit hat er der Chemie zu einem umwälzenden Durchbruch verholfen: man brauchte nicht mehr die tropische Schote, man konnte nun das begehrte Aroma genauso gut, genauso echt, nur wesentlich billiger aus heimischen Grundstoffen gewinnen. Heute bringen mehrere Holzmindener Werke Duft- und Aromastoffe durchaus nicht nur für die Seifen- und Parfümindustrie auf den Markt. Dadurch hat es die Stadt verstanden, sich überall in einen guten Geruch zu setzen; denn diese Firmen gehören zu den größten Unternehmen dieser Art auf der ganzen Welt. Sie sind in der Lage, von den 3000 definierten natürlichen Geruchs- und Geschmacksstoffen 2900 künstlich herzustellen. Seit 1973 erzeugt man in Holzminden vollsynthetisch Menthol, nachdem man zehn Jahre lang daran gearbeitet hat. Das ist bisher auf der ganzen Welt noch niemandem sonst gelungen. Auch Gemüse-Instantprodukte für Trockensuppen, Trockensoßen und Fertiggerichte konnten bisher nirgendwo anders angeboten werden als in Holzminden. So laufen die Geschäftsverbindungen dieser Firmen um den ganzen Erdball. Sogar die osteuropäischen Länder nehmen beträchtliche Mengen an Geschmacksstoffen ab, u. a. Aromen für Kaugummi.

Tschechien, Polen und Bulgarien, die in Osteuropa als führende Parfümhersteller gelten, kaufen Aromastoffe in Holzminden. Ein Journalist faßte die wohlriechenden Holzmindener Verdienste einmal in folgendem Zweizeiler zusammen:

„Der Duft, der eine schöne Frau begleitet, wird in Holzminden sorgsam zubereitet."

Am Weserufer von Holzminden, dem „Tor zum Solling", gab es früher einen Platz, auf dem Flöße zusammengefügt („aufgebunden") wurden. Aber nicht nur aus dem Solling, auch aus dem Reinhardswald, dem Bramwald, dem Kaufunger Wald, selbst aus Thüringen kamen die Stämme über die Werra weserabwärts geschwommen. Jahr für Jahr, bis nach dem Zweiten Weltkrieg, waren es an die 300 Flöße; ihre Länge betrug bis zu 50 m – ihre Breite bis zu 8 m, so daß ein Weserfloß 60 Festmeter Holz fassen konnte. Es wurde nicht nur Nadelholz, es wurden auch Eichen und Buchen geflößt. Da diese aber verhältnismäßig tief im Wasser lagen, band man leere Petroleumfässer darunter, die überall leicht zu haben waren, solange es in den Dörfern an der Weser noch keinen elektrischen Strom gab.

Das Steuern eines Floßes war eine harte Arbeit. Dazu mußte der Flößer den Strom gut kennen, denn wenn das Floß auflief oder gegen ein Hindernis stieß, brach es leicht auseinander. Deshalb gingen die Söhne schon in jungen Jahren bei den Vätern in die Lehre, so daß sich der Beruf in vielen Familien jeweils vom Vater auf den Sohn vererbte. Auf dem Floß wurde gekocht und geschlafen, entweder in einem Bretterverschlag oder in einem Zelt. Von Hann. Münden bis Minden brauchte man drei, von Holzminden bis Bremen acht Tage. War das Holz verkauft, wanderten die Flößer wieder am Ufer flußaufwärts; sie brauchten dazu acht bis zehn Tage und taten es noch, als längst die Eisenbahn durch Norddeutschland und die Weserberge dampfte.

Noch nach dem Zweiten Weltkrieg konnte man Flöße auf der Weser abwärts treiben sehen. Je besser jedoch die Straßen und die Verkehrsmittel wurden, je stärker Zeit mit Geld aufgewogen wurde, desto mehr nahm die Zahl der Flöße auf der Weser ab. Hinzu kam, daß nach der Kanalisation der Mittelweser von Minden ab ein Schleppervorspann nötig war, dessen Kosten die Flößerei unrentabel machte. Im Sommer 1964 ist das letzte Floß aufgebunden und die Weser hinabgebracht worden.

Das letzte – nicht das allerletzte.

Denn nun begab sich etwas Einmaliges: Im kalten Februar 1971 setzten sich eines Abends in Hann. Münden die Herren Döler und Bokemühl vor einige Flaschen Rotwein, die es in sich gehabt haben müssen; denn als die Flaschen leer und die Herren voll waren, hatten sie einen abenteuerlichen Plan ausgebrütet: sie wollten noch einmal, noch ein allerletztes Mal ein Floß die Oberweser hinabgleiten lassen. Das eigentliche Wunder geschah am nächsten Morgen: die Herren erinnerten sich nicht nur schweren Kopfes an ihren Plan – die Herren hielten daran fest und verfolgten ihn hartnäckig weiter. Der Zufall wollte es, daß eine Mündener

Das letzte originalgetreue Weserfloß am Kai von Holzminden (13. Juli 1971)

Holzgroßhandlung ihr 40jähriges Bestehen feierte und aus diesem Anlaß bereit war, Holz von Münden nach Minden flößen zu lassen. Sogar ehemalige Flößer fand man, wenn auch nur mit Mühe. Aber dann türmten sich schier unüberwindliche Schwierigkeiten unvorhergesehener Art auf. Die Bürokratie schüttelte ihr bestimmungsschweres Haupt: in der Binnenschifffahrtsordnung waren Flöße nicht mehr vorgesehen!

Man sollte es nicht glauben – das allerletzte Weserfloß fuhr trotzdem; denn die Beamten erwiesen sich zugänglicher als gefürchtet. Am Montag, dem 12. Juli 1971, verließ der ungefüge, hölzerne Oldtimer Hann. Münden, geführt von den Floßmeistern Waldeck und Wasmuth, beide aus dem ehemaligen Flößerdorf Gieselwerder, und am 13. Juli traf das Floß nachmittags in Holzminden ein. Die Bevölkerung strömte. Einige Amts- und Respektspersonen erschienen mit feierlicher Miene und sprachen bedeutende Worte. Eine Solotrompete blies das Weserlied. Herr Döler erklärte in wohlgesetzter Rede, daß eben dies das letzte Weserfloß wäre, das allerletzte sogar! Der Beifall war beträchtlich. Einige dekorativ verpackte Flaschen hochprozentigen Inhaltes wechselten diskret den Besitzer. Holzminden gab sich die Ehre, Holzminden war sich der Wichtigkeit der Stunde bewußt, Holzminden enttäuschte nicht.

Dann legten die Flößer wieder ab. Das Floß glitt stumm in den strahlenden Sommernachmittag, und mit ihm entglitt der ehrwürdigen Weserstadt Holzminden ein Teil seiner eigenen Vergangenheit, denn der Name der Stadt ist mit der Weserflößerei untrennbar verbunden. Holzmindener Flößer erfanden eine besondere Art, die Flöße unter Verwendung langer Nägel zusammenzufügen. Dazu wurden die Stämme noch dachziegelartig zusammengeschoben. Dadurch verkürzte man das Floß, so daß es sich in den engen Flußwindungen, die auch den übrigen Schiffsverkehr auf dem gesamten Weserlauf von jeher beträchtlich erschwerten, besser steuern ließ. Zugleich tauchten die Stämme tiefer ins Wasser ein und bekamen durch die schnellere Unterströmung eine höhere Geschwindigkeit. So wurde die Fahrtzeit von Holzminden bis Bremen um einen Tag verkürzt. Bei allen Flößern der Erde ist diese Art des Floßbaues heute noch unter dem Namen „Holzmindener Bindung“ bekannt.

Aber man soll nie „Nie!“ sagen; denn dieses allerletzte Weserfloß hatte doch noch einen aller-, allerletzten Nachfolger. Am 6. Juni 1992 legte in Reinhardshagen-Veckerhagen noch einmal ein Floß ab – nicht mehr ganz so original wie das allerletzte, aber immerhin ein Floß. Zu dieser nostalgischen Reise hatten sich die letzten Flößerveteranen aufgemacht: Willi Wasmuth (72), der schon 1972 auf dem allerletzten Floß gefahren war, Karl Hoffmeister (67) und Werner Ganz (67), alle drei aus dem Flößerdorf Gieselwerder. Ziel ihrer Reise war Bad Oeynhausen, wo am 14. Juni 1992 ein Denkmal für die Weserflößer eingeweiht wurde.

Zwischen Solling, Vogler, Ith und Hils

Jenseits einer hügeldurchsetzten Senke findet der Solling im waldigen Massiv des Voglers sein nördliches Gegenstück: nur 35 Straßenkilometer braucht man, um ihn zu umfahren. Beide Gebirgsstöcke sind 1963 zum „Naturpark Solling-Vogler" zusammengefaßt worden. Damit hat man das Gebiet vor Raubbau, Zersiedlung und Industrialisierung geschützt und zugleich durch Parkplätze, beschilderte Wege und Schutzhütten für den Wanderer erschlossen.

Daß im Vogler einst der Vogelherd von Heinrich I., dem Vogler, gelegen haben soll, wird von Ansässigen gern behauptet, ist aber durch nichts bezeugt. Die rötlichen Schichten des Buntsandsteines bauen auch diesen Gebirgsstock auf, aber im Gegensatz zum Solling ist hier durch Einbrüche, Verwerfungen und Verschiebungen des Gesteins ein überraschend lebhaftes Relief entstanden. Neben flachen Mulden klaffen tief eingekerbte Täler, aus gerundetem Rücken stoßen schroffe Felsköpfe. Diese landschaftliche Vielfalt macht das Wandern so abwechslungsreich wie kaum irgendwo anders im Weserbergland. Lichtungen, Kahlschläge und Aussichtstürme bieten immer neue Ausblicke über die bewaldeten Höhen. Die früheren Eichen- und Buchenwälder haben, zumindest in den Privatforsten, schnellwachsenden Nadelhölzern weichen müssen; auch die nordamerikanische Douglasfichte ist hier heimisch geworden.

Der Bergstock ist so verkehrsfeindlich, daß die Straßen, die nach Breitenkamp und Heinrichshagen, zwei kleinen Dörfern in der Voglermulde, laufen, auch dort enden und nicht über den Kamm führen. Seine größte Höhe erreicht das Massiv im Ebersnacken (460 m), auf dem ein hoher Aussichtsturm steht. Von dort schweift der Blick zum Brocken, zum Hermannsdenkmal, zur Porta Westfalica und zum Habichtswald westlich von Kassel. Am Osthang des Voglers trifft man auf zwei alte, bemerkenswerte Gutshöfe: das Rittergut Buchhagen im schwarzweißen Fachwerk mit bunten Schnitzereien und das Rittergut Westerbrak hinter einem weiten Park mit einem Tor aus buntem Sandstein, von Adam und Eva bekrönt.

Ein kunsthistorisches Kleinod ist die evangelische Pfarrkirche St. Michael in Kirchbrak aus dem 12. Jahrhundert, in deren Chor 1958 Fresken aus dem 13. Jahrhundert entdeckt, freigelegt und gesichert worden sind. Sie zeigen drei Szenen aus der Passionsgeschichte: die Kreuzabnahme, die Frauen am Grabe und Teile einer Himmelfahrtsdarstellung. Neben dem bunten Hochaltar aus dem Frühbarock wurde in eine Seitenwand das Grabdenkmal für Johann v. Grone († 1593) eingelassen. Der wurde eines Abends im Krug zu Kirchbrak während eines Streites von seinem Schwager, dem Stadtoldendorfer Berthold v. Campe, erschossen. Das Denkmal – eine feine Renaissance-Arbeit – zeigt ein Reliefporträt von hoher Natürlichkeit, und die Umschrift berichtet von der Mordtat. Die Steinplatte ist in der Kirche nicht das einzige Zeugnis, das auf die Patronatsfamilie derer von Grone hinweist. Die vier Glocken im Turm stammen aus vier verschiedenen Jahrhunderten: die Stundenglocke von 1597, die drei anderen von 1607, 1788 und 1961.

Das lebhafte Auf und Ab am Südrand des Voglers wird im Volksmund die „Rühler Schweiz“ genannt. Zur Blütezeit locken hier über tausend Kirschbäume viele Besucher an. Die Serpentinenstraße von Rühle nach Golmbach führt mitten durch diese Blütenpracht. Nach der Kirschblüte folgen Weißdorn, Apfel- und Birnbäume. So trägt die Rühler Schweiz bis weit in den Mai hinein einen weißen Blütenschleier.

Im Weserdörfchen Rühle selbst trifft man abermals auf Anzeichen ehemaligen Weinbaues, den hier die Mönche des nahegelegenen Klosters Amelungsborn gefördert, wohl auch selbst gepflegt haben sollen. Über diesen Wein wird nun die fürchterlichste Geschichte erzählt, die einem Wein überhaupt angetan werden kann. Hatten sich die braven Einwohner Rühles abends ihrem Rebensaft hingegeben, so oblag es dem spießbewehrten Nachtwächter, zumitten der Nacht die Zecher durch lautes Tuten aus dem Schlaf zu reißen; sie drehten sich, derart erinnert, auf die andere Seite und verhinderten so, daß ihnen der saure Wein nächtens die Magenwände durchfraß. Wie gesagt, so wird erzählt. Aber welchen Wahrheitsgehalt darf man von Geschichten erwarten, die schon im Bannkreis Bodenwerders, der Geburtsstadt des Lügenbarons Münchhausen, verbreitet werden?

Den Rühler Weinberg, der sich vom Fluß wie ein Kegel ausnimmt, krönt ein Denkmal – geschichts- und geschichtenträchtig. Im Jahre 1896 gründeten 88 Rühler Bürger die „Alt-Braunschweigische Vereinigung“, „um die Erinerungen an das angestammte welfische Herzogshaus im ehemaligen Herzogtum Braunschweig wachzuhalten und die Tradition zu pflegen“. Und dem braunschweigischen Herzog Wilhelm (1806–1884) wollte man auf dem Weinberg ein weithin sichtbares Denkmal setzen. Seit 1902 flossen dafür reichliche Spenden nicht nur aus braunschweigischen Taschen, sondern sogar aus Amerika. Der Herr v. Grone aus Kirchbrak stiftete aus eigenem Steinbruch einen mächtigen Sandsteinblock, und der Graf v. d. Schulenburg in Hehlen ließ daraus einen trutzigen Braunschweiger Löwen meißeln. Aber als man dann am 17. Juni 1909 in Anwesenheit des Prinzen Albrecht zur Einweihung schritt, gab es lange Gesichter. Der Graf v. d. Schulenburg hatte aus Ärger darüber, daß man beim Denkmalbau einigen seiner Anregungen nicht gefolgt war, den Löwen kurzerhand auf einen Giebel seines Gutshofes beim Schloß Hehlen setzen lassen. Dort hockt er heute noch.

Die Alt-Braunschweigische Vereinigung aber bestand weiter – mit dem einzigen erklärten Ziel, den Löwen von Hehlen nach Rühle zu holen. Aber allmählich schrumpften die Mitgliederzahlen. Zwar feierte man 1959 in Anwesenheit des Braunschweiger Herzogs das 50jährige Bestehen des Denkmals, aber

Blick vom Weinberg auf Rühle und Pegestorf

dann wurde es um die Vereinigung stiller und stiller, obgleich sich der Verkehrsverein bemühte, die Tradition wachzuhalten. Als es von den 88 Gründungsmitgliedern nur noch 6 gab, rückte das 75jährige Jubiläum der Denkmalsweihe bedrohlich näher. Und das riß Rühle schließlich wieder aus dem Schlaf. Am 7.5.1983 gab es die „Eröffnungsversammlung zur Wiederbelebung der Alt-Braunschweigischen Vereinigung“, die noch am selben Abend mit 60 neuen Mitgliedern abermals aus der Taufe gehoben wurde; inzwischen sind es 80. Einziges Ziel war es immer noch, den Löwen von Hehlen nach Rühle zu holen, und der Eigentümer war diesmal nicht abgeneigt, ihn endlich herzugeben. Aber jetzt widersprachen die Bürger von Hehlen, die sich inzwischen an den zugelaufenen Löwen gewöhnt hatten. Man war sich aber nun in Rühle auch darüber klar, daß der inzwischen altersschwache, gebrechliche Löwe den Transport kaum überleben und daß schon sein Transport ein erkleckliches Sümmchen kosten würde. Also mußte ein neuer Löwe her. Die Spenden flossen abermals. Der Stadtdirektor von Bodenwerder engagierte sich für die Sache, die Stiftung Preußischer Kulturbesitz ebenfalls. Diesmal kam der Steinblock aus Arholzen, diesmal meißelte der Steinmetz Beckmann aus Salzhemmendorf daraus einen zweiten trutzigen Braunschweiger Löwen. Am 2. September 1988 wurde er aufgestellt, und im Juni 1996 feierte man drei Tage lang das hundertjährige Bestehen der Alt-Braunschweigischen Vereinigung.

Und nun kann die Tradition vergangener Zeiten wieder fortgesetzt werden. In jedem Jahr zieht am Samstag nach Himmelfahrt die „Vereinigung" zum Denkmal auf den Weinberg, um dort die braunschweigische Fahne zu hissen. Dazu führt man in einer alten, traditionsüberladenen Aktentasche einen Schraubenschlüssel, einen sogenannten Engländer, mit, um die eingerosteten Rollen des Fahnenmastes wieder gängig zu machen. Und dann ist in der Aktentasche noch eine Flasche Schnaps – als Rostlöser. –

Im Gegensatz zu den munteren Eversteinern an der Ostseite des Odfeldes führten an dessen Westseite die Edelherren von der Homburg (= Hohe Burg) ein vergleichsweise geruhsames Leben, wenn auch 1228 einer dieser Herren von einem Eversteiner ermordet wurde. Der Mörder, so wird berichtet, mußte sich zur Sühne mit 500 Gefolgsleuten vor der Familie seines Opfers in den Staub werfen, er mußte ein Jahr lang einen Kreuzritter im gerade wieder umstrittenen Heiligen Land besolden, mußte 500 Messen für den Toten lesen lassen und ihn in 50 Klöster einkaufen. Nachdem der letzte Homburger Edelherr 1409 gestorben war, blieb die Burg noch bewohnt bis 1535; dann verfiel sie. Der Stumpf des Bergfriedes dient heute als Aussichtsturm.

Zu den vielen Städtegründungen der Homburger zählt auch Stadtoldendorf, das – wie der Name sagt – ursprünglich ein Dorf war, aber im 13. Jahrhundert das Stadtrecht verliehen bekam. Die Schutzpatrone der Kirche, St. Kilian und St. Dionysius, weisen auf eine frühe Christianisierung hin. Unter dem Schutz der Homburg wuchs das Städtchen mit Urkirche und Gerichtsort in günstiger geographischer Lage an einer vielbenutzten Heer- und Handelsstraße zu einem blühenden Gemeinwesen heran. Hinter die 1000 m lange Stadtmauer flüchteten in Notzeiten auch die Bewohner der umliegenden Dörfer. Nachdem örtliche Fehden abgeklungen waren, erreichte Stadtoldendorf seine höchste Blüte im 14. Jahrhundert. Kaufleute zogen zu, Handwerker siedelten sich an. Handel und Gewerbe wuchsen und gediehen. Gegen Ende desselben Jahrhunderts aber wurde die Handelsstadt von anderen Städten überflügelt, die noch günstigere Entwicklungsgrundlagen aufwiesen, und sank ab zu einer Landstadt, die nun vorwiegend von Handwerk und Ackerbürgertum geprägt wurde. Im 15. Jahrhundert hatte Stadtoldendorf wieder unter örtlichen Händeln zu leiden, am schwersten jedoch unter den Wirren des Dreißigjährigen Krieges.

Einem Bericht aus dem Jahre 1624 kann man entnehmen, daß „Fluchen, Saufen und Stehlen allgemein verbreitet waren". Aber war es ein Wunder, daß die Sitten der Soldaten auf die Bevölkerung abgefärbt hatten? Seit sechs Jahren hatte man Krieg im Lande, und die Stadtobrigkeit wagte nicht, durchzugreifen, weil sie selbst in das allgemeine Treiben verwickelt war. Die Schule verfiel. Wenn der Schulmeister sein Gehalt forderte, lachte man ihn höhnisch aus. Die Eltern nahmen ihre Kinder lieber aus der Schule, als daß sie das Schulgeld bezahlten. Manche Eltern schickten ihre Kinder wenigstens noch im Winter zur Schule. Im Sommer aber mußten sie das Vieh hüten oder die Zugtiere vor dem Pflug antreiben. Darüber vergaßen sie, was sie im Winter gelernt hatten. Pastor Weißhoff beklagt sich: „So ist das Städtlein eine Spelunke oder Nest voller Unordnung, Ungerechtigkeit, Dieberei und Lüge. Sie hängen in allerlei Untugend zusammen wie ein Haufen Kletten, da einer den anderen nicht beißen will, und es nach dem Sprichwort geht: ‚Sieh' mich nicht, so sehe ich dich nicht!'"

Noch zu Anfang des 18. Jahrhunderts hatte sich die Stadt kaum verändert. Aber aus der Handweberei, die bislang in der Stadt und ihrer Umgebung gepflegt wurde, entwickelte sich eine beachtliche Leinenweberei, und ein Erlaß von 1753 bestimmt, daß in Neubauten ein Zimmer so groß sein müsse, daß ein Webstuhl darin aufgestellt werden konnte. Der Leinenhandel nimmt beachtliche Ausmaße an. Die erste „Weberei-Fabrique" wird 1765 gegründet. Stadtoldendorfer Webwaren wurden nach Westindien, nach Spanien, Portugal und Südamerika ausgeführt, konnten aber nach Erfindung des mechanischen Webstuhles mit Baumwollerzeugnissen nicht mehr konkurrieren.

Erst der Bau der Eisenbahnstrecke Kreiensen–Holzminden brachte wieder eine Wende in der wirtschaftlichen Entwicklung. Das Bau- und Steinbruchgewerbe florierte zusehends, ebenso Gipsgewinnung und -verarbeitung. Die frühen Anfänge von Handweberei und Leinenhandel mündeten in die Gründung einer mechanischen Großweberei, die noch bis nach dem Zweiten Weltkrieg gearbeitet hat. Geblieben sind der Stadt einige Werke, die Gipserzeugnisse herstellen.

Heute hebt sich der Kern der Altstadt mit seinen Straßen und gewundenen Gassen, mit Kirche und altem Rathaus romantisch von neueren Stadtvierteln ab. Auf dem Markt plätschert ein Brunnen, auf dessen steinerner Säule ein Löwe das Stadtwappen in den Klauen hält. Über 40 Fachwerkhäuser stehen unter Denkmalschutz; das älteste (Am Markt 4) wurde 1604 erbaut. Von der ehemaligen Stadtbefestigung sind noch 400 m Mauer und der Hagentorturm erhalten. Der Försterbergturm, der seinen Namen nach der Familie eines Scharfrichters bekommen hat, schaut auf das Städtchen herab und weit ins Land hinaus.

In Stadtoldendorf starb 1958 der Schriftsteller Konrad Beste, der 1890 in Wendeburg bei Braunschweig geboren worden war. Typisch für seinen schrulligen Humor ist neben anderen der Roman „Das vergnügliche Leben der Doktorin Löhnefink", der in einem kleinen Weserdorf spielt und dessen Milieu liebevoll schildert.

Auf der Ebene zwischen dem Burgberg der Eversteiner und der Großen Homburg, auf dem schon genannten Odfeld, stiftete ein Herr von der Homburg, Graf Siegfried IV. von Northeim, ein Kloster, das 1135 mit Zisterziensern aus Altenkamp am Niederrhein besetzt

Das Kloster Amelungsborn auf dem Odfeld

wurde. Die errichteten um 1150 eine kreuzförmige, flachgedeckte romanische Basilika, deren Chor um 1250 in gotischem Stil erneuert wurde, so daß man heute in Amelungsborn beide Stilarten, noch dazu unverfälscht in einem einzigartigen Bauwerk, ausgezeichnet miteinander vergleichen kann. Dieses Amelungsborn ist nach Walkenried am südlichen Harzrand das älteste Zeugnis der Zisterzienser im niedersächsischen Raum. Es gründete seinerseits, neben anderen, das später mächtige und reiche Tochterkloster Doberan in Mecklenburg und ist damit das der ostdeutschen Kolonisationsbewegung am stärksten verpflichtete Kloster des welfischen Herrschaftsbereiches. Typisch für die Zisterzienser ist es, daß ihre Klosterkirche keinen Turm, sondern nur einen Dachreiter über der Vierung besitzt; ebenso typisch, daß sie sich fern von Städten niederließen; denn zu ihren selbstgewählten Aufgaben gehörte die Urbarmachung und Bewirtschaftung abseits gelegener Landstriche. Daraus erklärt sich die isolierte Lage von Amelungsborn. Daraus erklärt sich auch das entbehrungsreiche, meist nur kurze Leben der Mönche. So durfte z.B. bei der Feldarbeit nur das Notwendigste gesprochen werden. Die Nacht verbrachte man angekleidet auf hartem Lager, die Hacke oder den Spaten neben sich; selbst die Schuhe durften nicht abgelegt werden. Es gab täglich nur zwei Mahlzeiten, Gemüse und Schwarzbrot. Fett, Fleisch, Fische, Eier, Milch oder Käse wurden selten zugestanden. Erst später, als die Klöster Reichtümer gesammelt hatten, lernten auch die Mönche gutes Essen und Trinken schätzen, aber damit einher ging auch der Verfall der Klosterzucht. In Amelungsborn setzte dieser Niedergang im 15. Jahrhundert ein. Die Klosterschule, lange Zeit hervorragende Bildungsstätte ähnlich Corvey, wurde nach Holzminden verlegt; die Zöglinge sollen sich damals mehr der Wilddieberei als der Gelehrsamkeit gewidmet haben. Nach der Reformation wurde Amelungsborn einer evangelischen Klosterordnung unterstellt, der es heute noch verpflichtet ist, seitdem 1960 Abt und Konvent neu eingesetzt worden sind.

Die heutige Restanlage wird nach wie vor von der Kirche beherrscht, die gegen Ende des Zweiten Weltkrieges durch Fliegerangriff zwar beschädigt, inzwischen aber wieder restauriert wurde. Die ursprünglichen Glasfenster wurden nach der jüngsten Zerstörung durch moderne, nicht minder eindrucksvolle ersetzt. Der Chor bewahrt noch eine Reihe alter Ausstattungsstücke, darunter ein reichverziertes dreisitziges Levitengestühl gotischen Stiles, dessen obere Teile nahezu filigranhaft aus dem Sandstein herausgearbeitet worden sind.

Für die kulturelle Durchdringung des Weserberglandes war Amelungsborn nicht weniger wichtig als Corvey, wenn sich auch die Methoden und Ziele der Zisterzienser von denen der Benediktiner deutlich unterschieden. Wer das eine kennt, sollte auch das andere besuchen – im Vergleich wird sich die jeweilige Eigenart besser erkennen lassen.

Im Tal der Lenne, zwischen Vogler und Hils, in Eschershausen, wurde der Dichter Wilhelm Raabe (1831–1910) geboren. Es ehrt die Stadt, daß sie sein Andenken mit Raabe-Haus und Raabe-Denkmal pflegt, obgleich der Dichter nur die ersten acht Lebenstage – Tage! – in seiner Geburtsstadt verbrachte und die Familie dann ihren Wohnsitz nach Holzminden verlegte.

Berlin und Braunschweig waren weitere Stationen seines Lebens. Die wechselvolle und episodenreiche Geschichte des Weserraumes lieferte den Stoff für viele seiner Erzählungen; von „Höxter und Corvey" liest man da, vom „Odfeld" und von „Hastenbeck", und allen diesen Romanen haftet die beschauliche Ruhe der heimatlichen Landschaft an und der gelassene Humor ihrer Menschen.

Vom Hils zieht die schmale, 22 km lange, wallartige Schichtstufe des Ith nach Nordwesten – zum Lennetal steil, zum Saaletal flacher abfallend. Im Kartenbild nimmt sich der Höhenzug wie ein Spazierstock mit gerundeter Krücke aus. Er besteht aus Dolomitkalk, demselben Gestein, das auch die Dolomiten in den Alpen aufbaut.

Wer auf dem Kammweg von Eschershausen nach Lauenstein und Coppenbrügge wandert, findet ungestörte Einsamkeit, abenteuerliche Klippen und bizarre Felsgebilde. An den bis zu 40 m hohen, steilen Felsen beiderseits der Paßstraße Lüerdissen–Capellenhagen erproben angehende Alpinisten mit Seil, Felshaken und Sturzhelm gern ihre Kletterkünste. Man findet außerdem einen Wackelstein, der nicht wackelt, man findet eine Höhle und immer wieder weite Ausblicke über das Lennetal zum Vogler und über das Saaletal zum Thüster Berg.

Der nördliche Ithbogen umschließt den kleinen, betriebsamen Ort Lauenstein. Hier besaßen die Coppenbrügger

Grafen von Spiegelberg eine Burg, die ihnen jedoch schon im 13. Jahrhundert von den Edelherren der Homburg abgenommen und durch eine neue ersetzt wurde, von der man aber nur noch wenige Reste im Wald findet. Im Ort selbst sind die Knabenburg, ein ehemaliger Sattelhof, und der Kirchturm aus dem 16. Jahrhundert erwähnenswert.

Nahe Lauenstein bietet der Ith im Frühling eine bunte Besonderheit: etwa während der dritten Aprilwoche ist hier der Kamm für ein paar Tage übersät mit den dicht an dicht stehenden blaulila bzw. blaßgelben Blüten des Lerchenspornes in ungewöhnlicher Ausdehnung und Dichte.

Überquert man auf einer kurvenreichen Paßstraße den bewaldeten Ith, so stößt man in Bisperode auf einen malerischen Schloßkomplex, der anstelle einer im Dreißigjährigen Krieg zerstörten Burg am Ende des 17. Jahrhunderts vom Paderborner Erzbischof errichtet wurde. Die Baukörper sind nahezu ohne Schmuck, aber doch sehr harmonisch in Hufeisenform um einen baumbestandenen Hof angeordnet. Eine Graft, also ein breiter Wassergraben, erhöht noch den Reiz der Anlage.

Am Nordrand des Ith liegt Coppenbrügge. Hier bauten die Grafen von Spiegelberg ihre Hauptburg, die um 1500 umgestaltet wurde und mit eindrucksvollen Teilen erhalten geblieben ist. Als die Spiegelberger Grafen 1525 in den Besitz der Grafschaft Pyrmont kamen, errichteten sie dort die heute noch gut erhaltene, von einer breiten Graft umschlossene Renaissance-Festung und residierten auch dort, bis das Geschlecht 1557 ausstarb. Die Burg in Coppenbrügge wurde beliebt und berühmt als Quartier für durchreisende hochgestellte Persönlichkeiten. Zweimal kam der Große Kurfürst von Brandenburg (1646 und 1660), je einmal Friedrich der Große (1740) und die preußische Königin Luise (1799). Hier traf auch der russische Zar Peter der Große mit der Kurfürstin Sophie von Hannover und ihrer Tochter Sophie Charlotte, der Kurfürstin von Brandenburg, zusammen.

Burganlage der Spiegelberger Grafen in Coppenbrügge

Vom Nordabfall des Ith schaut man hinüber zum verschwiegenen Osterwald, in dem einmal Bergbau betrieben wurde. Daran erinnern im Ort Osterwald ein Bergmannsmuseum und ein alter Stollen, der wieder begangen werden kann.

Man schaut auch vom Ith zum Nesselberg und zum Kleinen Deister, wo in der Stadt Springe nicht nur von Heinrich Göbel die Glühlampe erfunden wurde, sondern auch das Wisentgehege im berühmten Saupark weltbekannt und sehenswert ist.

Die Münchhausenstadt Bodenwerder

Oberhalb von Bodenwerder teilte sich die Weser früher in zwei Arme, die eine lange, schmale Insel, einen Werder, umschlossen. Der Nebenarm wurde später teilweise zugeschüttet, ein gutes Stück blieb erhalten, und von der Höhe des Bismarckturmes oder der Königszinne, die den aufschlußreichsten Blick auf die Stadt bieten, kann man den ehemaligen Verlauf noch im Gelände erkennen.

Der Werder und eine Furt ermöglichten es, eine Straße auf die andere Weserseite zu führen, wo als zweite geographische Begünstigung die steile, abweisende Prallhangseite des Voglers von der einmündenden Lenne in enger Schlucht durchbrochen wird, so daß der Verkehr ohne Schwierigkeiten vom Fluß fort nach Eschershausen und weiter ins Leinetal nach Einbeck verlaufen konnte. So wuchs an der Keuzung von Straße und Fluß die Siedlung Bodenwerder auf schützender Insel, die dem Ort den langgestreckten Markt und den lanzettförmigen Verlauf der engen Straßen aufzwang. Daß es eine Marktsiedlung war, versteht sich bei der günstigen Verkehrslage von selbst und wird durch den Namen der gotischen Stadtkirche St. Nikolai (1471–1476) auch hier besonders betont; denn der Heilige Nikolaus galt von jeher als der Schutzheilige der Kaufleute und Seefahrer, kurioserweise auch als der der Diebe und Jungfrauen.

Ursprünglich wird der Ort nur Werder oder Insula genannt. Den jetzigen Namen erhält er nach Bodo v. Homburg. Von der 2. Hälfte des 11. Jahrhunderts bis 1146 stand er unter der Herrschaft des Klosters Kemnade und ging mit dem in den Besitz von Corvey über. Er fiel 1409 an Braunschweig, 1495 an das Fürstentum Calenberg. In alten Urkunden wird 1289 eine erste Brücke, 1340 die Stadtbefestigung erwähnt, von der noch drei Türme erhalten sind. Brände und Überschwemmungen verzögerten eine rasche Erholung nach dem Dreißigjährigen Krieg.

Eines erwies sich allerdings als unzerstörbar: der Spaß an der Fabulierfreudigkeit des Freiherrn Hieronymus von Münchhausen. Es ist kaum zu glauben: hier in Bodenwerder wurde der berühmte Freiherr Hieronymus Carl Friedrich v. Münchhausen 1720 als Sohn des Gutsherrn geboren. Er begleitete den Prinzen Anton Ulrich v. Braunschweig, als der in russische Dienste trat, wurde Kornett und schließlich Offizier. Wegen seiner Tapferkeit in zwei Feldzügen gegen die Türken, 1740 und 1741, beförderte man ihn zum Rittmeister eines Kürassierregiments. Nach seinem Abschied heiratete er eine Livländerin und kehrte auf sein väterliches Gut nach Bodenwerder zurück. Im Gartenhaus, der „Grotte“, soll er seine Freunde bei Tabak und Wein mit seinen reizvollen Phantasiegeschichten unterhalten haben, wobei seine Jagdleidenschft, seine Reisen durch Rußland und die Türkenkriege immer wieder den farbigen Hintergrund dafür abgaben. Ob er selbst sie allerdings so erzählt hat, wie wir sie heute kennen, wissen wir nicht.

Eine Anekdote deutet darauf hin. Nachdem Münchhausen seine erste Frau verloren hatte, lernte er als 74jähriger auf einem Ritt durch das Wesertal die blutjunge Tochter des Amtsvogtes von Polle, die 17jährige Bernhardine v. Brünn, kennen. Auf der Burg Polle soll er ihr die Geschichte von der Kanonenkugel und andere erzählt und sie damit so bezaubert haben, daß sie seiner Werbung nachgab und ihn heiratete. Als sie seiner Geschichten müde war, empfand sie doch die Gesellschaft junger hannoverscher Offiziere auf der Hauptallee von Bad Pyrmont angenehmer als die ihres rheumatischen Ehemannes hinter dem Kachelofen von Bodenwerder und hat sich schnell wieder von ihm scheiden lassen.

Das ist die romantische Lesart der Geschichte. Die Wahrheit sah leider ganz anders aus. Die Mutter der Bernhardine hatte die Ehe mit dem Baron geschickt eingefädelt, weil ihre Tochter dadurch zu einer wohlhabenden Freifrau wurde. Als dem Herrn Baron endlich die Augen aufgingen, begann ein schier endloser Scheidungsprozeß, in dessen Verlauf der verbitterte Münchhausen wegen einiger Äußerungen vor dem Gericht vom Gegenanwalt abfällig als „Lügenbaron" bezeichnet wurde. Es sind also nicht seine Geschichten, die ihm diesen Titel eingebracht haben.

Mit der Entstehung und Verbreitung der Münchhausengeschichten hat es ei-

Blick auf Anlegestelle und Stadt Bodenwerder

ne besondere Bewandtnis. Sie erschienen zuerst 1785 anonym in England unter dem Titel „Baron Münchhausen narrative of his marvellous and travels and compaigns in Russia". Auch vier schnell aufeinander folgende, stets erweiterte Neuauflagen verrieten keinen Verfasser. Später stellte man fest, daß das ein Deutscher war, ein gewisser Rudolf Erich Raspe. Er wurde 1737 in Hannover geboren, hatte es beim Collegium Carolinum in Kassel bis zum Professor gebracht und sich wegen einer aufwendigen Lebenshaltung, zu der er sich verpflichtet glaubte, an einer ihm anvertrauten Kunst- und Medaillensammlung vergriffen. Als die Entdeckung seiner Unterschlagungen drohte, flüchtete er nach England; 1794 ist er in Irland gestorben. Die Münchhausengeschichten hat er wohl nur geschrieben, um sich damit Geld zu verschaffen.

Schon 1786 wurden die Geschichten ins Deutsche übersetzt, und zwar vom Göttinger Dichter Gottfried August Bürger, dem dabei der berühmte, geistvolle Naturforscher Lichtenberg zur Seite

Fußgängerzone mit Blick auf den Bismarckturm

Münchhausen-Brunnen am Rathaus

stand. Beide Herren gingen mit der englischen Vorlage recht freizügig um, flochten auch einiges an Zeitgeschichte ein und hatten auf jeden Fall ihren derben Spaß daran, bei jeder neuen Auflage das Werk um weitere Geschichten zu vermehren. Münchhausen, der das noch erlebte, soll nicht erfreut gewesen sein über das, was ihm da alles hinterrücks in die sporenklirrenden Reitstiefel geschoben wurde. Aber das Unheil war geschehen. Und weil die Halbwahrheit von jeher willigere Hörer fand als die ganze Wahrheit, erfuhren die Geschichten in der Folgezeit eine weitere Vermehrung und eine ungeheure Verbreitung, so daß heute Münchhausen als der unbestrittene Schutzheilige aller Bücherschreiber und Politiker gilt.

Das ehemalige Herrenhaus derer v. Münchhausen dient heute als Rathaus. Der Hamelner Baumeister Johann Hundertossen hat es 1605 errichtet. An der Giebelseite findet man Einlaß in einen Raum, der viele Erinnerungsstücke aus dem Leben des Barons birgt. Auch die Kanonenkugel glänzt da von einer Vitrine herunter und beweist, daß anläßlich der Belagerung der Stadt Otschakow bei Odessa am Schwarzen Meer der Ritt auf der Kanonenkugel tatsächlich stattgefunden und Münchhausen als der erste Astronaut der Welt zu gelten hat. Davor erzählt der plätschernde Münchhausenbrunnen die Geschichte vom halbierten Pferd humorvoll in Bronze. Ein zweiter Münchhausenbrunnen schmückt die malerische Fußgängerzone.

Von der Straßenbrücke ziehen sich gepflegte Anlagen am Weserufer entlang bis zum Dampferanleger, durch hübsche Häuserfronten führen Fachwerkgäßchen zum Markt – auf dem anderen Ufer locken die bewaldeten Hänge des Voglers mit schönen Wanderzielen und immer neuen Aussichten.

Die industrielle Besonderheit der Stadt ist jedoch ihre Binnenschiffswerft, die größte Niedersachsens. Sie wurde 1904 von einem Zimmermann gegründet, der hier Holzschiffe reparierte. Gegenwärtig beschäftigt sie ungefähr 250 Personen. Zwei Helligen bieten Liegeplätze für sechs bis acht Schiffe, vornehmlich für die Erstellung von Neubauten. Es werden auf Kiel gelegt Güter- und Tankschiffe von 1000 bis 1500 t und Spezialfahrzeuge wie Bagger, Schlepper, Landungsschiffe und Bunkerboote. Auch seegängige Schiffe werden gebaut; deren Größen sind jedoch von den Fahrwasserverhältnissen der Weser abhängig. Bisher haben über 400 Neubauten die Werft verlassen. Daneben werden ehemalige Schleppkähne mit Motoren ausgerüstet; es werden kleinere Schiffe verlängert, indem man sie einfach in der Mitte durchsägt und einige neue Meter dazwischensetzt. Ein besonderes Ereignis sind die Stapelläufe, denn die Breite der Weser erlaubt es nicht, das Schiff, wie sonst üblich, über das Heck ins Wasser gleiten zu lassen. Darüber hinaus kann der wechselnde Wasserstand des Stromes manchmal erhebliche Verzögerungen verursachen.

Rathaus in Bodenwerder

Wesentlich älter als Bodenwerder ist der unmittelbar anschließende Ort Kemnade, dessen Fachwerkhäuser sich um die ehemalige Klosterkirche gruppieren. Unter Otto dem Großen wurde das Kloster 960 für Benediktinerinnen gegründet, mit erheblichen Besitzungen ausgestattet und endlich zum Reichsstift erhoben.

Unter den Äbtissinnen erwarb sich Judith, die Schwester des Stifters von Amelungsborn, einen gewissen Ruf, wenn auch keinen guten. Um die Mitte des 12. Jahrhunderts soll nämlich der Reichtum des Klosters die Nonnen zu einem arg weltlichen Leben verführt haben, und nicht nur dazu. Zwar hätte man mit einigem Takt, dessen auch jene Zeit nicht entbehrte, darüber hinwegsehen können, aber der Lärm, der sich einem Ondit zufolge immer vor den Klostermauern erhob, wenn sich männliche Besucher, achtbare und weniger achtbare,

Madonna in der Klosterkirche von Kemnade

dort um der Damen willen massakrierten, soll des öfteren zu unerträglichen Ruhestörungen ausgeartet sein, so daß die Äbtissin Judith schließlich von höchster Stelle abgesetzt, die Nonnen des Klosters verwiesen und die Anlage in die Obhut von Corvey gegeben, also nun zu einem Mönchskloster umgewandelt wurde. Zur Ehre Judiths und ihrer Leidensgefährtinnen sei aber hinzugefügt, daß neuerdings vermutet wird, Corvey habe die nicht ganz jugendfreien Geschichten von Kemnade nur erfunden, um durch diesen Rufmord in den Besitz des reichen Klosters Kemnade zu kommen. Wie dem auch sei, die Geschichte dieses frommen Ortes ist nicht ohne Pikanterie.

Die Kirche birgt bemerkenswerte Kunstwerke, z.B. ein meterhohes Grabdenkmal, eine sogenannte Tumba, eines Grafen von Homburg und seiner Gemahlin, dessen Entstehung um 1390 geschätzt wird. In einer Nische der Westwand steht eine Muttergottes aus Sandstein, die etwa um 1430 geschaffen worden ist. Aus dem Beginn des 13. Jahrhunderts stammt ein hölzernes Kruzifix, und 100 Jahre später entsteht aus dem gleichen Material der Altarschrein mit Verkündigung, Geburt Christi und Darstellung im Tempel, das alles offensichtlich nicht in der ursprünglichen Aufstellung und mit einer Bemalung, die nach vorhandenen Resten derb erneuert worden ist. Von der Südwand des Querschiffes aber lächelt die schönste Madonna des Weserberglandes, eine Krone auf dem Haupt, in der einen Hand das Zepter, auf dem anderen Arm das Kind, alles von einem goldenen Strahlenkranz umgeben.

Und hier begegnet man noch einmal dem Freiherrn von Münchhausen: in der Klosterkirche von Kemnade wurde er 1797 begraben. Als man gegen Ende des 19. Jahrhunderts Ordnung in die übelriechenden Grüfte unter dem Sandsteinboden brachte, öffnete man auch den Sarg Münchhausens. Da soll er wohlerhalten gelegen haben, ein schlafender, bäuerlicher Mensch mit Haar, Haut und einem breiten runden Gesicht, mit einer starken Nase und einem beinahe lächelnden Mund. Als aber aus den geöffneten Kirchenfenstern der Zugwind über ihn herfuhr, soll er augenblicks zu Staub zerfallen sein. Das Grab wurde mit Sand zugeschüttet, ohne daß seine Stelle genau gekennzeichnet wurde. So ruht er weiter in der Kirche von Kemnade, aber niemand weiß genau, wo.

Die Schiffahrt auf der Oberweser

Bevor das erste Dampfschiff auf der Oberweser verkehrte, wurden Kähne flußaufwärts getreidelt, d. h., von Menschen gezogen, und zwar bis ins 18. Jahrhundert hinein. Das war eine unendlich mühsame und auch kostspielige Arbeit, wenn man bedenkt, daß hundert und mehr Menschen nötig waren, um einen Schiffszug gegen die Strömung zu bewegen. So ein dreiteiliger Schiffszug (= Mast) bestand aus einem „Bock" (34 bis 36 m lang), einem „Hinteranhänger" (31 bis 34 m) und einem „Bullen" (22 bis 25 m), der notwendig wurde, wenn die beiden anderen Kähne wegen abnehmender Tauchtiefe geleichtert werden mußten. Erschwerend war, daß sich bis zu Beginn des 19. Jahrhunderts die Territorialhoheiten an den Weserufern bis zu 33-mal änderten und deswegen noch im Jahre 1816 die Leinpfade zwischen Münden und Bremen 24-mal das Ufer wechseln mußten. Jeder der Anliegerstaaten war verpflichtet, die Treidelpfade innerhalb seiner Grenzen in Ordnung zu halten. Natürlich waren die Ansichten über einen ordentlichen Treidelpfad zwischen denen, die ihn zu unterhalten hatten, und denen, die ihn entlangtrotten mußten, geteilt, so daß zwischen den Anliegerstaaten ein dauernder Austausch von diesbezüglichen Beschwerden gepflegt wurde, der manchem damaligen Beamten sein kärgliches Brot gesichert und einige Aktenschränke gefüllt haben mag.

Nach jahrzehntelangen Verhandlungen zwischen den Anliegerstaaten mit dem Ziel, das Treideln durch Menschen abzuschaffen, erlaubte das fortschrittliche Preußen 1702 das Treideln mit Pferden. Aber in den kleineren Territorien wurde mit Rücksicht auf den Verdienst, den die Kötter und Häuslinge von dieser Arbeit hatten, erst Anfang des 19. Jahrhunderts der Leinzug mit Pferden erlaubt. Die Bauern, die von der nun notwendigen Verbreiterung der Leinpfade nichts wissen wollten, und die sich in ihrem Verdienst geschmälert fühlenden Kötter stellten sich mancherorts den Pferden der Treidelzüge mit Gewalt entgegen. Erst die Mindener Weserschiffahrtsakte von 1823 verbot endgültig den Menschenzug. Aber noch 1831 mußte in diesem Zusammenhang eine letzte Bauernrevolte von hannoverschem Militär unterdrückt werden. Manche der Leinpfade sind heute noch gut erhalten und laden zu Spaziergängen oder zu Radwanderungen längst des Flusses ein.

Nicht genug mit den Beschwernissen der Treidelschiffahrt. Zwischen Hann. Münden und Bremen warteten 24 Zollstationen auf ihre Opfer, von den Stapelrechten der Hamelner, Höxteraner und Hann. Mündener ganz zu schweigen. Für unsere Augen muß damals die

Schiffahrt auf der Weser ein ärgerliches Abenteuer gewesen sein. Erst im 17. Jahrhundert verpflichtete sich die Mündener Schiffergilde aus ureigenem Interesse, den Strom zwischen Münden und Hameln schiffbar zu halten. Bis dahin machten Erdrutsche, Felsabbrüche, Kiesbänke und Klippen den Schiffern oft das Leben sauer.

Fragt man nach dem ersten Dampfschiff auf der Weser, so taucht immer wieder die Geschichte vom französischen Physiker Denis Papin auf, die zwar hübsch zu erzählen, aber leider nicht wahr ist.

Daß sie entstand, ist den phantasievollen hessischen Archivaren Landau (1843) und Piderit (1844) zu danken – daß sie sich hartnäckig behauptet, ist auf einen Maler zurückzuführen, der das Rathaus in Hann. Münden mit Bildern aus der Stadtgeschichte geschmückt und dabei auch das angebliche Dampfschiff des Herrn Denis Papin auf einigen Quadratmetern Fläche monumental verewigt hat. Dieser Herr Papin, Erfinder des nach ihm benannten und von allen Hausfrauen hochgeschätzten Dampfdrucktopfes, war als Hugenotte aus Frankreich geflüchtet und Professor an der Universität Marburg geworden, wo er vor allem mit Dampf experimentierte und sogar schon eine Art Dampfmaschine, wenn auch eine herzlich unrentable, zustande gebracht hatte. Aber wie es Erfindern von jeher vorbestimmt ist: er fand für seine zweifellos genialen und deshalb natürlich unzeitgemäßen Ideen am Kasseler Hof wenig Verständnis. Nachdem er auf der Fulda Versuche unternommen hatte mit einem Boot, dessen Schaufelräder durch Handkurbeln in Bewegung gesetzt wurden, beschloß er 1707, per Schiff mitsamt seinem Schiffchen über Fulda und Weser nach England zu reisen, um dort Dampf zu machen. Sein Modell wollte er im Schlepp eines Frachtschiffes an der Drei-Flüsse-Stadt vorbeimogeln. Jawohl – mogeln! Denn erstens hatte es die Regierung in Hannover – wie wir einmal unterstellen wollen – genossen, die korrekt erbetene Durchfahrt des Versuchsmodells strikt abzulehnen, und zweitens genossen nach verbrieftem Stapelrecht von 1247 nur Mündener Schiffer das eifersüchtig gehütete Privileg, Schiffe aus Fulda und Werra in die Weser zu bringen und umgekehrt – selbst eine solche Nußschale. Papin geriet also mit den protestierenden Mündener Schiffern lautstark aneinander, wobei sie ihm schließlich am 25. September 1707 im Laufe der Unterhaltung sein Schiff zerschlugen. Aber es war keinesfalls schon ein Dampfschiff, das da in die Brüche ging. Wenn einem jedoch der Fremdenführer im Mündener Rathaus angesichts des dramatischen Bildes anderes erzählen sollte, so halte man sich taktvoll zurück und widerspreche nicht, denn was hat eine gute Geschichte schon mit der Wahrheit zu tun?

Das erste Dampfschiff auf der Weser – nur der Korrektheit halber sei es erwähnt – wurde nach langwierigen und ermüdenden Schriftwechseln mit vielen, sich selbst ungemein ernst nehmenden Behörden von dem Bremer Kaufmann Friederich Schröder in Auftrag gegeben und lief am 30. Dezember 1816 in Grohn bei Vegesack an der Unterweser vom Stapel. Es erhielt den Namen „Die Weser" oder „Weser" und war eine kuriose Fehlkonstruktion insofern, als es zu kurz war und deshalb zu tief im Wasser lag. Dieser Tiefgang nahm noch peinlich zu, weil sich die hölzernen Planken allmäh-

Die „Karlshafen" der Oberweser Dampfschiffahrts Gesellschaft

lich voll Wasser sogen und das Schiff dadurch schwerer wurde. Mit etwa 4 m Breite und 24 m Länge war das Dampferchen gut viermal so lang wie ein Zweier-Paddelboot und halb so lang wie ein modernes Schiff der Oberweser-Dampfschiffahrt in Hameln. Wie und wo man bei der feierlichen Eröffnungsfahrt am 6. Mai 1817 die angeblich 250 geladenen Gäste verstaut hat, wird immer ein Rätsel bleiben. Es fällt heute schwer, sich so ein kleines Boot überhaupt als Dampfschiff vorzustellen. „Die Weser" verkehrte, abhängig von Ebbe und Flut, zwischen Bremen, Vegesack und Brake, wagte sich sogar einmal – alle Achtung! – auf Weser und Aller bis nach Verden, wurde aber 1834 schon wieder abgewrackt und hat die Oberweser nie gesehen. Schwamm drüber!

Dasjenige Dampfschiff jedoch, das sich erkühnen würde, auch in die Wesergewässer oberhalb der Allermündung vorzustoßen, hing sozusagen schon in der leicht verqualmten Luft. Es war der hölzerne Heckraddampfer „Der Herzog v. Cambridge" – ein Schwesterschiff der „Weser", aber schon ein wenig besser konstruiert – getauft auf den Namen des Herzogs Adolph Friedrich v. Cambridge, der seit 1816 Generalgouverneur von Hannover war. Dieses und alle weiteren Schiffe wurden der Weser sorgfältig angepaßt, denn schließlich mußte man sich nach der vorhandenen Wassertiefe richten und ebenso nach der Breite der Brückendurchfahrten und der Breite der Hamelner Schleuse. Einfach war so eine Konstruktion also nicht.

„Der Herzog v. Cambridge" legte am 8. März 1819 in Bremen ab, erreichte Minden am 12., Hameln am 15. und Hann. Münden am 20. März. Einen Tag später, an einem Sonntag, schreibt das „Münden'sche Intelligenzblatt": „Mehr als 50 Kanonenschüsse, welche dasselbe erwiderte, und ein allgemeines Hurrah! wurde demselben zum Willkommen gebracht". Wer freiwillig für die Armen spendete, durfte das Schiff sogar besichtigen. Elf Tage hatte das Schiff für die Bergfahrt gebraucht – vier Tage brauchte es zurück nach Bremen. Das war zweifellos eine Pioniertat sondergleichen; wobei den argwöhnischen Skeptikern der Trost blieb, daß auch dieser qualmende Teufelskram noch gelegentlich mit Pferden gegen die Strömung gezogen werden oder ein Segel zur Hilfe nehmen mußte. Aber was sollte man verlangen von einer mächtig stampfenden englischen Schiffsmaschine, die mit ihren 14 PS etwa die halbe Leistung eines alten Volkswagenmotors erbrachte und in der Stunde knapp 2 Zentner Steinkohle fraß?

Leider sind sich Hann. Münden und „Der Herzog v. Cambridge" nie wieder begegnet; denn auch dieser Dampfer – 33,56 m lang und schlanke 4 m breit – tauchte leer schon 0,72 m und damit für die Oberweser immer noch zu tief ein. Das hat ihm die Lust an Hann. Münden sichtlich verleidet. Ehre seinem Andenken!

Erst 17 Jahre später, 1836, schaufelte sich von Bremen her abermals ein Dampfschiff die Weser aufwärts und erreichte mit einiger Mühe immerhin Minden. Der hölzerne Raddampfer trug nach dem Gatten der preußischen Königin Luise den stolzen Namen „Friedrich Wilhelm III". Sonst hatte er aber wohl mit den forschen Preußen nichts gemein. Seine Geschwindigkeit stromauf war so mäßig, daß ein Fußgänger bequem mit ihm Schritt halten konnten, und bei den Liebenauer Steinen mußten sogar „20 Menschen als Vorspann eingesetzt" werden. Und das auch noch an einem 29. Februar! Immerhin konnte sich die deutsche Kleinstaaterei diesem revolutionären Einbruch des Maschinenzeitalters nicht verschließen. Sie rang sich in dreijährigen Verhandlungen dazu durch, die Anzahl der Zollstationen an der Weser von 25 auf 9 herabzusetzen. Aber auch diese letzten Hindernisse einer überholten Bürokratie fielen schließlich: 1843 wurde von Hameln aus ein planmäßiger Personen- und Frachtverkehr auf der Weser eröffnet, nun aber mit eisernen Schiffen, und damit wurde auch die Schleppschiffahrt von Lastkähnen verbunden, den sog. „Bremer Böcken".

Zu diesem löblichen Zweck ließ die in Hameln gegründete „Vereinte Weser-Dampfschiffahrt" eine ganze Flotte die Weser aufwärts dampfen. Ihr erstes Schiff – nach dem Cheruskerfürsten „Hermann" genannt und sicher genauso kraftvoll schnaufend – fährt am 3. Oktober 1843 in Bremen ab, wird in Hoya mit Kanonenschüssen begrüßt, ist in Nienburg sichtlich gerührt über die Fahnen und Blumen einer jubelnden Menschenmenge, revanchiert sich in Minden für den musikalischen Empfang der Garnisonskapelle mit einem Solo seiner dumpf dröhnenden Dampfpfeife, genießt in Hameln das schier endlose Spalier einer Menschenmauer am Ufer, läßt sich in Holzminden festlich feiern und erreicht am Sonntag, dem 8. Oktober 1843, gegen 17 Uhr das erwartungsvolle Hann. Münden, wo sein Empfang „auf eine Wichtigkeit des Erfolges würdige Art" begangen wurde. Dieser eiserne „Hermann" gilt als das erste Dampfschiff, das sich auf der Oberweser als halbwegs brauchbar erwiesen hat.

In seinem Kielwasser folgten mit schäumender Bugwelle die Schwesterschiffe „Wittekind" (1844) und „Germania" (1844), wobei der Pechvogel „Wittekind" anfangs unrühmlich von sich reden machte. Der zerriß am 26. Mai 1844 das straff gespannte Seil der Vlothoer Fähre, die Enden schnellten an die Ufer, töteten eine Person und verletzten eine andere. Nach diesem Schreck lief das Schiff in der Vlothoer Gosse auf, kam frei und blieb dann endlich auf den Liebenauer Steinen hängen. Dabei sprang es leck und sank, wobei sich 200 Passagiere – wahrscheinlich Auswanderer – mit ihrem Gepäck gerade noch in Sicherheit bringen konnten. Schon einen Tag später wird das Schiff gehoben und dann wieder repariert. Zur Ehre der „Wittekind“ sei aber gesagt, daß sich in den folgenden Jahren gerade dieses Schiff auf den problemreichen Wassern der Oberweser hervorragend bewährt hat. Qualmender Höhepunkt dieses Jahres 1844 ist eine Art Flottenparade. Am 10. Oktober treffen sich in Hameln vier Raddampfer: „Hermann“, „Germania“, „Wittekind“ und „Blücher“ – letztere auf ihrer Jungfernfahrt. Welch ein Tag!

Kaum, daß den Holzmindenern der Steinkohlenruß der Hamelner Dampfer in die Nase gestiegen war, regte sich auch in ihnen der Unternehmungsgeist. Im Oktober 1843 gibt der rührige Kreisbaumeister F. Ludwig Haarmann zusammen mit seinen Brüdern Wilhelm und Friedrich das erste an der Oberweser aus Eisen gebaute Dampfschiff bei Friedrich Wüstenfeld in Hann. Münden in Auftrag. Im November 1844 drängt sich diese „Herzog Wilhelm“ – genannt nach dem seit 1831 regierenden Herzog von Braunschweig – als sechstes in die Flotte der bis dahin fünf Weserdampfer, wobei von der bisher nicht erwähnten „Eduard“ noch gesprochen werden muß. Das Holzmindener Flaggschiff fährt erst zwischen Hameln und Bremen, dann zwischen Minden und Bremen. Mit der Bremer Konkurrenz müssen sich die Eigner lange herumschlagen wegen der Benutzung eines Anlegeplatzes, wobei sogar der neue Hochdruckkessel der „Herzog Wilhelm“, von Henschel & Sohn in Kassel geliefert, als eine angeblich explosive Gefahrenquelle ins Feld der Argumente geführt wird. Später fährt das Schiff zwischen Hameln und Karlshafen, danach zwischen Hameln und Holzminden. Im Frühjahr 1851 rammt es den steinernen Pfeiler der Weserbrücke in Nienburg, sinkt, wird gehoben, flottgemacht, verkauft und auf den Namen „Einigkeit“ umgetauft, worauf es nun doch, und zwar im Herbst 1851, mit einer heftigen Kesselexplosion reagiert. Damit geht die Ära der Holzmindener Dampfschiffahrt in Knall und Rauch auf.

Auch in Hann. Münden blieb man in diesen aufregenden und ereignisreichen Jahren 1843/44 nicht müßig; denn es lag nahe, den Schiffsverkehr über Hann. Münden hinaus auf der Fulda bis nach Kassel weiterzuführen. So legte man bereits im Januar 1843 in der Drei-Flüsse-Stadt das erste Dampfschiff auf Kiel, das überhaupt an der Oberweser gebaut wurde – also noch vor der eisernen „Herzog Wilhelm“ der Holzmindener. Im Juli schleppte man den hölzernen Schiffsrumpf nach Kassel, wo ihn die Firma Henschel mit ihrer ersten Schiffsmaschine ausrüstete. Bei diesem Schiff hatte man an alles gedacht, nur nicht an das Wichtigste: nämlich vor Baubeginn ein „Gesuch um Erteilung der Höchsten Erlaubnis“ für eine Dampfschiffahrt auf dem hessischen Teil der Fulda an den Kurprinzen Friedrich Wilhelm, den Mitregenten von Hessen-Cassel, zu richten. So erfuhr der hessische Landesherr erst auf Umwegen von dem rüstig fortschreitenden Schiffsbau und den damit verbundenen Plänen und fühlte sich nicht nur übergangen, sondern auch in seiner landesherrlichen Bedeutung empfindlich gemindert. Als das Gesuch endlich einging, lehnte es der Kurprinz prompt ab, obgleich sich sein Verkehrsministerium im Interesse der Allge-

Die „Kaiser Wilhelm" passiert Brevörde (31. August 1968)

meinheit wohlwollend für die neue Verkehrsverbindung aussprach. Auch das Angebot, das Schiffchen auf den Namen des Kurprinzen zu taufen, konnte die verletzte Eitelkeit nicht in Wohlwollen verkehren. Serenissimus schmollte. Am 2. August dampfe das Schiff, nun gutbürgerlich „Eduard" geheißen, nach Hann. Münden, wo sich fast die gesamte Bevölkerung zu seiner Begrüßung eingefunden hatte. Anschließend begab man sich auf große Fahrt flußab, und nach der einmaligen Reise der „Herzog von Cambridge" im März 1819 war die „Eduard" das zweite Dampfschiff, das die gesamte Weser von Münden bis Bremen befuhr, wobei es sich ob seiner Behäbigkeit den Beinamen „Lahme Ente" verdiente. Als die optimistischen Schiffseigner einen Fahrplan für die Personenschiffahrt nach Kassel veröffentlichten und das Schiff am 26. August 1843 zum erstenmal planmäßig in Kassel eintraf, wurde das Anlegen durch die dortige Polizeidirektion mündlich untersagt und der unerbetene Rat erteilt, sich nicht wieder in kurhessischen Gewässern blicken zu lassen. Als die „Eduard" dessen ungeachtet im Dezember wieder in Kassel erschien, um im Mühlenkanal zu überwintern, nahm man „amtlich" von ihm keine Notiz. Danach beschränkten sich ihre Fahrten auf die Strecke Hann. Münden–Karlshafen.

So scheiterte der Plan einer regelmäßigen Personenschiffahrt auf der Fulda an der Empfindlichkeit eines mäßig bedeutenden Landesherrn, der nicht wahrhaben wollte, daß der schwindende Glanz absolutistischer Größe vom Qualm des Maschinenzeitalters längst verdunkelt wurde.

Noch nach dem Zweiten Weltkrieg war es nichts Besonderes, auf der Oberweser Schleppdampfern zu begegnen mit zwei Schaufelrädern beiderseits. Diese Antriebsart hielt sich lange; denn ein beschädigtes Schaufelrad kann man reparieren, ohne das Schiff aus dem Wasser nehmen zu müssen, eine Schraube nicht. Dem Dieselmotor stand man zögernd gegenüber, weil er anfangs störanfälliger war als eine Dampfmaschine; aber letztlich setzten sich verbesserte Modelle durch wegen ihrer leichteren Bedienungsart.

Die Raddampfer hatten oft zwei Schornsteine hintereinander und schleppten bis zu fünf Lastkähne die Weser aufwärts, jeder mit 600 bis 1000 t Tragfähigkeit. Abwärts sparten die Kähne den Schlepper und ließen sich treiben; „mit kaltem Druck" nannte man das.

In den 50er Jahren schien der Schifffahrt auf der Oberweser ein glänzender Aufschwung beschieden. Viele Straßen, Brücken und Eisenbahnstrecken litten noch unter den Nachwirkungen kriegerischer Zerstörungen. Außerdem sollte man bedenken, daß vor dem Krieg die Straßen längst nicht so gut waren wie heute. Einen nennenswerten Lastwagen- bzw. Schwerverkehr auf Fernstraßen gab es kaum, und so wurden Massengüter ganz selbstverständlich auf dem Wasserweg befördert, zumal auch die Arbeitslöhne niedrig waren.

Dazu kam: Die Wesermühlen in Hameln arbeiteten nicht nur wieder, sondern wurden weiter ausgebaut; gleiches geschah mit der Industrie in Kassel, Hann. Münden, Holzminden, Hameln, Hannover und anderen Städten am norddeutschen Wasserstraßennetz. Mit dem Wiederaufbau nach dem Krieg wuchs der Bedarf an Bruchsteinen, Schotter, Kalk und Gips, und die Landwirtschaft verlangte nach Kali – die Gütermenge, die auf der Oberweser transportiert wurde, kletterte erfreulich in die Höhe. Im Jahre 1951 wurden 47 100 t Güter befördert, zehn Jahre später passierten 3191 Schiffe mit 702 000 Gütertonnen die Hamelner Schleuse. Das war der Höhepunkt. Mit allmählicher Sättigung des Bedarfs, vor allem an Baumaterial, ging die Zahl der Schiffe langsam wieder zurück.

Im Jahre 1962 wurden in Hameln 2856 Schiffe mit 577 000 Gütertonnen geschleust. Ein Jahr später ließ der niedrige sommerliche Wasserstand die Zahl der Schiffe auf 1842, die der Gütermenge auf 312 000 t sinken. Die endgültige Katastrophe brachte das Jahr 1964: das ungewöhnliche Niedrigwasser verhinderte in fünf Sommermonaten jegliche Frachtschiffahrt. Die beförderte Gütermenge sank auf ein Minimum. Viele Reedereien resignierten und stellten die Frachtschiffahrt auf der Oberweser ein, so daß man jetzt nur noch Selbstfahrern, also einzelnen Motorkähnen, begegnet. Zwar stieg die Gütermenge wieder langsam an, aber inzwischen ist manches Transportgut an die verläßliche Schiene und an wesentlich verbesserte Straßen verlorengegangen.

Die Personenschiffahrt begründete im vorigen Jahrhundert der Hamelner Mühlenbesitzer Friedrich Wilhelm Meyer. Deshalb schätzt man ihn im Weserbergland auch als den Begründer des Fremdenverkehrs; denn diese Schiffe dienen heute nur noch dem Urlaub und der Erholung. Die „Oberweser Dampfschiffahrt GmbH" unternimmt Rundfahrten, verbindet aber vor allem durch ihren fahrplanmäßigen Liniendienst nicht weniger als 17 Orte zwischen Hann. Münden und Hameln miteinander und sorgt auf diese Weise nicht nur symbolisch, sondern ganz konkret mit einer Fülle verschiedenster Programmangebote für den touristischen Zusammenhalt des Weserberglandes.

Dieser Firma gehörten nach dem Zweiten Weltkrieg u.a. noch zwei respekteinflößende Raddampfer, die „Kronzprinz Wilhelm“ und die „Kaiser Wilhelm“, mit denen man nach alter Mississippi-Weise die Oberweser à la Mark Twain befahren konnte. Aber beide hatten mit anderen Kaisern gemeinsam, daß sie hochbetagt und kaum noch wirtschaftlich waren. So überraschte es nicht, daß am 26. September 1968 in der Hamelner Lokalpresse unter „Schiffsmeldungen“ zu lesen war: „Fahrgastschiff ‚Kronprinz Wilhelm‘ nach Bremen.“ Nur wenige Menschen begriffen, was sich hinter dieser kurzen, nüchternen Notiz verbarg: der älteste Fahrgast-Raddampfer Deutschlands hatte seine letzte Reise angetreten. Er war 1881 in Dresden auf Kiel gelegt worden und hatte, vor allem aufgrund seiner unverwüstlichen Maschine, 87 Jahre lang unentwegt seinen Dienst getan; nun übernahm ihn das Schiffahrtsmuseum in Bremerhaven.

Besonders schwer fiel der Abschied dem damals ältesten Kapitän der Flotte, Fritz Kumlohn, der seine Schifferlaufbahn 1913 als Matrose auf diesem Dampfer begonnen, 1922 seine Hochzeitsreise darauf gemacht und das Schiff bis 1967 kommandiert hatte.

Als Ersatz für den qualmenden Veteranen war vorsorglich schon 1967 die „Weserbergland“ vom Stapel gelaufen – natürlich auf der Arminius-Werft in Bodenwerder, wie es sich für ein ordentliches Weserschiff eben so gehört.

Dann blieb der Gesellschaft als letzter Raddampfer nur noch die „Kaiser Wilhelm“, Baujahr 1900. Der war am Sonntag, dem 31. August 1968, eine denkwürdige Begegnung beschieden. Während sie nämlich am Nachmittag auf der Talfahrt das Dörfchen Brevörde passierte, kreuzte in derselben Minute in niedriger Höhe über ihr ein mächtiger, gasgefüllter Freiballon seinen Kurs. Dreimal brüllte die Dampfpfeife dumpf in die Höhe, aus der Höhe schrie es dreimal fünfstimmig in die Tiefe: zwei ehrenwerte Oldtimer, romantische Überbleibsel einer vergangenen Zeit, grüßten sich in nostalgischer Wehmut.

Bald schlug die blitzblanke Schiffsglocke auch der „Kaiser Wilhelm“ die letzte Stunde. An einem strahlenden Herbstsonntag, am 20. September 1970, dampfte, stampfte und qualmte das Schiff zum letztenmal von Hann. Münden nach Hameln. Und überall am Ufer nahmen Menschen bewegten Abschied von ihm: hier eine Feuerwehrkapelle, dort ein Gesangverein, dann wieder ein Posaunenchor oder auch nur eine Solotrompete. Und alle spielten das Weserlied: „Hier hab' ich so manches liebe Mal...“

Die Hamelner Firma aber, die bis dahin „Personenschiffahrt Oberweser“ geheißen hatte, nannte sich fortan, als sie nun keine Dampfschiffe mehr besaß, erinnerungsschwer „Oberweser Dampfschiffahrts Gesellschaft“, und in allen Oberwesergemeinden heißt es nach wie vor: „Der Dampfer kommt!“ – auch wenn er nicht mehr dampft.

Ungewöhnlich endete die feuchte Laufbahn des Motorschiffes „Stör“, das 1973 in Hameln gebaut und in Dienst gestellt wurde. Bei diesem Holzbau mußten die Planken regelmäßig mit Pech verfugt und abgedichtet werden. Deswegen roch die „Stör“ noch penetrant nach alten Windjammerzeiten und weckte lebhafte Sehnsüchte nach Kap Hoorn und den Inseln unter dem Winde. Ohne Zweifel: das Schiff hatte Charakter und Atmosphäre.

Am Freitag, dem 27. April 1984, wurde es von Hameln in den Hafen von Bodenwerder-Linse gebracht und dort dem Förderverein „Museumsschiff Stör e.V." übergeben. Der Besitzwechsel gipfelte in einer bemerkenswerten Zeremonie. Der Geschäftsführer der „Oberweser Dampfschiffahrt" übergab dem Geschäftsführer des Fördervereins den blankgeputzten Schlüssel der „Stör" und erhielt dafür den langwierig ausgehandelten und vertraglich festgesetzten Kaufpreis, nämlich eine einzige, ebenso blank geputzte Deutsche Mark.

Von Bodenwerder kam die „Stör" nach Holzminden und wurde dort gründlich renoviert und restauriert. Ihren letzten Liegeplatz fand sie auf einer Wiese neben dem Holzmindener Hallenbad. Sie birgt jetzt das „Erste Deutsche Touristik-Museum"; denn der Fremdenverkehr auf der Oberweser begann 1864 mit der Personenschiffahrt, mit der Gründung der „Oberweser Dampfschiffahrts Gesellschaft" und mit dem Wesergebirgsverein 1902. Und diese Geschichte soll in diesem geschichtsträchtigen Schiff dokumentiert werden. Etwas ungewöhnlich und deshalb wenig bekannt dürfte sein, daß Salon und Kombüse des Schiffchens für private Feiern gemietet werden können. Dann sitzt man zumindest drinnen nicht mehr auf dem Trockenen.

Unmittelbar nachdem sich die „Weserbergland" in ihrem feuchten Element zurechtgefunden hatte, liefen die hochmodernen Fahrgastschiffe „Karlshafen" und „Stadt Hameln" vom Stapel. Aber die alte Sorge blieb: regnet es im Sommer in Strömen, hat man zwar genügend Wasser unter dem Kiel, aber die Fahrgäste bleiben aus – lockt dagegen ein sonniger, trockener Sommer viele Gäste ins Weserbergland, dann liegen die Schiffe möglicherweise still, weil die Wassertiefe („Tauchtiefe") nicht ausreicht.

Also ließen sich die Ingenieure für die Weser etwas Besonderes einfallen. Sie schneiderten ihr zwei weitere Schiffe maßgerecht auf den Leib: die „Holzminden" und die „Höxter", sogenannte Flachgänger, die selbst bei einer vollen Besetzung mit je 400 Personen nur 0,61 m tief eintauchen, also selbst noch in ungewöhnlich trockenen Sommern eingesetzt werden können.

Schiffsanlegestellen der „Oberweser Dampfschiffahrts Gesellschaft" gibt es in Hann. Münden, Bodenfelde, Bad Karlshafen, Herstelle, Beverungen, Wehrden, Fürstenberg, Boffzen, Höxter, Corvey, Lüchtringen, Holzminden, Polle, Brille-Reileifzen, Rühle, Bodenwerder und Hameln (Stand: 1996).

Ein besonders fröhliches und festliches Ereignis für alle Dörfer und Städte an der Oberweser von Hann. Münden bis Hameln bildet in jedem Frühjahr die Talfahrt des ersten Weserdampfers nach der Winterruhe im Hamelner Hafen. Das begibt sich am letzten April- oder am ersten Maisonntag.

Dann finden sich viele Märchen- und Sagengestalten aus den Wäldern des Weserberglandes farbenfreudig am Ufer ein, um dieses erste Schiff der neuen Saison sowohl persönlich als auch mit allen ihren guten Wünschen zu begleiten.

In Hann. Münden besteigt Dr. Eisenbart das Schiff mit großem Gefolge. Dazu kommen Hans im Glück und das Mädchen mit den Sterntalern, Schnee-

Märchenfiguren des Weserberglandes (von links nach rechts): Prinzessin mit dem Froschkönig; das tapfere Schneiderlein; Dr. Eisenbart und Hans im Glück

wittchen und die sieben Zwerge, Goldmarie und Pechmarie. Die Prinzessin mit dem Froschkönig ist ebenso da wie Frau Holle und das tapfere Schneiderlein. Am Anleger in Herstelle wartet schon der Kiepenkerl. Von Schloß Fürstenberg steigt der Weiße Ritter herab, und das Bienchen von Boffzen strahlt in blonder Schönheit. Holzminden schickt den Klaus Eckenbrecher und Polle natürlich den Grafen v. Everstein mit Gattin, Edelfräulein und Knappen. In Bodenwerder hält der Baron von Münchhausen eine lügengespickte Begrüßungsrede, in der er diesem ersten und allen folgenden Schiffen viele fröhliche Fahrgäste wünscht und vor allem das, was schon an jedem anderen Anleger zuvor in zum Teil kunstvoll gereimten Ansprachen gewünscht wurde und die alte Sorge der Oberweser widerspiegelt: „... und immer eine Handbreit Wasser unterm Kiel!“

Legt das Schiff schließlich am Abend dieses traditionsreichen Tages an der Münsterbrücke in Hameln an, dann pfeift ihm noch der Rattenfänger ein munteres Liedchen, und jeder weiß: nun zieht der Sommer wieder ins Weserbergland ein.

Schloß Hehlen

Wenn die Weser das außerordentlich reizvoll gelegene Bodenwerder verlassen hat, läuft sie unter steilem Waldhang auf Schloß Hehlen zu. Was immer man bisher an adeliger Weserrenaissance gesehen hat – Hehlen ist anders.

Errichtet wurde das Schloß vom Grafen Fritz v.d. Schulenburg und seiner Gattin Ilse, geb. v. Saldern, in den Jahren 1579–84. Die Namen beider findet man über dem Eingang, im Innenhof und im Rittersaal. Wie in Bevern hat auch hier der unbekannte, aber zweifellos phantasievolle Baumeister vier dreistöckige Flügel um einen nahezu quadratischen Innenhof gestellt.

Aber während Bevern verputzt und übertüncht ist, wirken die Mauern in Hehlen durch die grobe, urtümliche Struktur von gebrochenem Sand- und Kalkstein. Den gesimslosen Außenwänden fehlt jeder Schmuck; sie werden nur durch die Reihen der Fenster gegliedert. Die Dächer, mit Sollingplatten gedeckt, lassen selbst die Zwerchhäuser vermissen. Lediglich auf der Südecke sitzt, wie aufgeklebt, ein Fachwerktürmchen mit Schlaguhr. Mauern und Dächer beeindrucken durch ihre großen Flächen.

Die gesamte Anlage würde trutzige Unnahbarkeit ausstrahlen, wären nicht die Türme. Von den beiden Treppentürmen, die sich im Schloßhof diagonal gegenüberstehen, sieht man von außen nur die Spitzen. Aber jeder von ihnen hat ein äußeres, höheres Gegenstück, einer an der Ost-, der andere an der Westecke, und was die beiden als schiefergedeckte Helme tragen, erinnert an die Sturmhauben mittelalterlicher Landsknechte, ist schlichtweg abenteuerlich und wandelt allen vordergründigen Ernst in hintergründiges Lächeln. Keinem anderen Schloß an der Weser, auch nicht dem von Varenholz, geben die Türme so viel Atmosphäre wie hier in Hehlen, wie immer man die Anlage betrachtet, ob von der Dorf-, ob von der Wasserseite her. Dieser Blick mag auch darüber hinwegtrösten, daß man Schloß Hehlen nicht betreten bzw. besichtigen kann. Fast alle diese Schlösser befinden sich in Privatbesitz und werden, wenn auch manchmal nur in Teilen, von den Eigentümern bewohnt.

Rustikal wie das Äußere wirkt auch der Südwest-Eingang, zu dem eine schlichte Steinbrücke über die breite Graft führt – rustikal auch deshalb, weil sich dahinter eine Halle öffnet, deren unverputzte Kreuzgewölbe von niedrigen Pfeilern gestützt werden. An diesen Teil, wohl für Kutschen und Wagen gedacht, schlossen sich früher die Pferdeställe an. Heute ist ein großräumiges Jagdzimmer abgetrennt, aus dem ein repräsentatives Treppenhaus in den ersten Stock führt.

Das Weserrenaissanceschloß Hehlen

Dort nimmt der zweistöckige Rittersaal fast den gesamten Nordwestflügel ein, der der Weser parallel läuft. Und was man hinter den ungefügen Bruchsteinmauern nie vermuten würde: hier wird Schloß Hehlen intim – trotz der überwältigenden Ausdehnung des Raumes. Die innere Längs- und eine Schmalseite tragen eine breite Balustrade mit geschnitztem Geländer, die andere Schmalseite beherrscht ein Prunkkamin, und die prächtige Kassettendecke ist geometrisch vielfach gegliedert. Wo in der Weserrenaissance gäbe es noch eine so mächtige Halle in ähnlich ausgewogener Harmonie?

Und aus diesem Saal schwingt sich eine Freitreppe mit zwei asymmetrischen Bögen über die Graft hinunter in den Park – ein letzter Akzent architektonischer Vollkommenheit.

Was Hehlen von Hämelschenburg unterscheidet: Hämelschenburg zeigt festlichen Stolz, Hehlen dagegen gemessene Zurückhaltung. Beide Schlösser künden vom Selbstbewußtsein des Renaissancemenschen – beide Schlösser sind unvergleichlich. Die Grafen v.d. Schulenburg besaßen Schloß Hehlen bis in die Gegenwart. Ein Angehöriger dieses Geschlechts, Johann Matthias Freiherr v.d. Schulenburg, ist in die europäische Geschichte eingegangen, indem er nicht nur als General für August den Starken gekämpft und die Infanterie des Prinzen Eugen kommandiert hat, sondern indem er vor allem als Feldmarschall der Republik Venedig die Insel Korfu 1716 heldenhaft und erfolgreich gegen die Türken verteidigte. Die Republik San Marco verlieh ihm Ehrensold und Ehrendegen, setzte ihm auf Korfu ein noch vorhandenes Denkmal und ließ ihm zu Ehren eine Münze prägen mit der Inschrift: „Ehre und Namen und Ruhm, sie werden auf ewig dir bleiben."

Ein weiteres Denkmal, und zwar ein literarisches, setzte ihm ein Nachfahre seines Geschlechtes, Werner v.d. Schulenburg, mit seinem breit angelegten, unerhört fesselnden Roman „Der König von Korfu", in dem er das ungewöhnliche Leben seines Ahnherrn in venezianischen Diensten vor dem farbigen Hintergrund jener Zeit mit wissenschaftlicher Genauigkeit schildert und zu deuten sucht.

Katerhajen und Grohnde

Unterhalb von Hehlen wird deutlich, weshalb die Landschaft seit geraumer Zeit einen merklich unruhigen Charakter zeigt. Das Kalkwerk Hehlen, unmittelbar in den linken Uferhang gesetzt, beweist, daß wir uns nicht mehr im Bereich des Buntsandsteines befinden, der bisher auf weite Strecken die gerundeten Rücken der Berge ausbildete. Der Kalkstein, der schon um Steinmühle Hügel und Berge aufbaut, neigt zu einem schärferen, vielgestaltigen Relief.

Halbwegs zwischen Hehlen und Grohnde genießt das Dorf Hajen am rechten Weserufer ungestörte idyllische Ruhe; denn es ist schon ein Unterschied, ob ein Ort auf der linken Uferseite liegt, die von der Bundesstraße begleitet wird, oder ob es auf der rechten nur über eine der wenigen Brücken oder mittels einer umständlichen Fähre zu erreichen ist, zumal es dort keine durchgehende Straße gibt. So ist auch der Eindruck, den man bei einer Fahrt auf Straßen längs der Oberweser gewinnt, auf beiden Seiten durchaus verschieden.

Hajen ist ungewöhnlich alt. Ausgrabungen haben bestätigt, daß es anstelle der heutigen Kirche schon im 8. Jahrhundert, also zur Zeit der Christianisierung durch die Franken, ein Gotteshaus gegeben haben muß. Urkundlich wird der Ort zum erstenmal 1004 erwähnt.

Die kleine Dorfkirche inmitten malerisch gruppierter Häuser scheint aus einem Guß zu sein, hat aber seit dem 11. Jahrhundert eine verwickelte Baugeschichte hinter sich. Romanisch sind der Turm und ein Teil des Kirchenschiffes. Im Jahre 1653 bekam die Kirche nach einem letzten Umbau ihr heutiges Aussehen. Die Bruchsteinmauern und die Bedeckung von Turm, Längsschiff und kleiner Apsis mit Sollingplatten tragen zur Harmonie des gesamten Baukörpers bei.

In die Nordwand des Kirchturms ist links neben dem unteren Fenster eine steinerne Kanonenkugel eingemauert. Sollte dem Besucher erzählt werden, die Artilleristen des Generals Tilly hätten sie im Dreißigjährigen Krieg hineingeschossen, so mag er das bitte nicht bezweifeln.

Von zwei Kreuzsteinen aus dem 13. Jahrhundert, die bei Restaurierungsarbeiten im Turm und im Pfarrgelände gefunden wurden, ist einer hinter der Kirche aufgestellt worden. Wahrscheinlich ist es ein sogenannter Sühnestein, wie sie früher für eine Bluttat errichtet wurden. Auf dem v. Korff'schen Gut in der Mitte des Straßendorfes stammen alle Baulichkeiten aus dem 17. Jahrhundert, darunter ein schöner Renaissance-Brunnen.

An der Hajener Uferseite führte früher der Treidelpfad entlang, und die Treidler richteten es lange Zeit so ein, daß sie im Hajener Gasthof übernachte-

Die alte Fähre von Grohnde

ten. Als sie eines Nachts das Haus nach Eßbarem durchstöberten, entdeckten sie in der Speisekammer einen gebratenen Hasen, der ihnen nicht übel mundete. Der Wirt bemerkte den schmerzlichen Verlust erst, nachdem sie längst weitergetrottet waren. Wochen später kam derselbe Trupp wieder, erinnerte sich mit Unschuldsmiene und Behagen des Hasens, fand zur freudigen Überraschung einen gleichen knusprigen Braten und hatte keine Skrupel, sich auch den einzuverleiben, obgleich er ihnen etwas zäh erschien. Als morgens jedoch der lachende Wirt ein Katzenfell schwenkte und schadenfroh erklärte, daß sie diesmal seinen alten Kater verzehrt hätten, machten sie sich mit grünlichen Gesichtern davon und kehrten nie wieder in Hajen ein. Aber immer, wenn sie am Dorf vorbeizogen, miauten sie gräßlich wie eine Meute liebestoller Kater, so daß an dem Ort schließlich der Spitzname „Katerhajen" hängenblieb.

Gegenüber von Hajen träumte am anderen Weserufer noch lange ein winziger Kleinbahnhof von alten Dampfroßzeiten. Er ist inzwischen verschwunden. Aber auf der Bahnstrecke, an der er einst lag, wird jetzt gelegentlich eine Museumseisenbahn betrieben. Dann faucht der „Feurige Elias" wieder qualmend, zischend und dampfend mit einigen gemächlich rumpelnden Wägelchen über die Bahnstrecke Hameln–Emmerthal–Bodenwerder–Eschershausen–Vorwohle und zurück. Derartige dampfende Leckerbissen werden außerdem serviert auf den Bahnstrecken Voldagsen–Salzhemmendorf–Duingen und Einbeck–Dassel.

Ebenso wie Polle war auch Grohnde früher ein Amt, d.h., Verwaltungsmittelpunkt für mehrere Ortschaften, wo u.a. auch der Zehnte in Naturalien gesammelt wurde; „Zehntscheunen", z.T. aus der Zeit vor dem Dreißigjährigen Krieg, kann man noch in manchen Dörfern finden. Diese Ämter gehen meist auf uralte Anlagen zurück, sogar auf Königshöfe des hohen Mittelalters, und sind heute vielfach Domänen. In Grohnde überragt ein rechteckiger Torturm aus dem 14. Jahrhundert die anderen, aus dem 16. und 17. Jahrhundert stammende Gebäude. Angeschlossen ist das ehemalige Forstamt mit einem kleinen Tor, durch das man die Fähre erreicht. Auf der anderen Weserseite breiten sich die Gebäude des „Grohnder Fährhauses" aus. Von dort hat man einen malerischen Blick auf die mittelalterlich anmutende Wasserfront des Dorfes.

Schon an anderen Stellen, z.B. in Polle, pendelten Seilfähren von Ufer zu Ufer. Vor allem die kleinen Dörfer am Fluß sind auf diese altertümliche Verbindung angewiesen; denn ein Teil ihrer Gemarkung befindet sich oft jenseits der Weser, so daß jeder Heuwagen, jede Getreidefuhre, jede Rüben- und Kartoffelladung zeitraubend und umständlich übergesetzt werden muß. In einer Zeit, da die Landwirtschaft allenthalben zu kostensenkenden Rationalisierungsmaßnahmen gezwungen wird, sind die umständlichen Fährverbindungen ein arges Hindernis.

Sie sind es aber nicht nur für den bäuerlichen Bereich. Bei Nacht, bei Hoch- und Niedrigwasser, bei Eisgang müssen die Fährleute den Betrieb einstellen, so daß dadurch manche Landstraße für den Ortsunkundigen zu einer ärgerlichen Sackgasse wird und ihn zu zeitraubenden Umwegen zwingt.

Das Recht, eine Fähre zu betreiben, wurde ab 1150 unter der Bezeichnung „Fährrecht" als Lehen vergeben, d.h., auf Zeit oder sogar erblich einem Nutznießer verliehen. Abweichend vom Bürgerlichen Recht hatte das Fährrecht eine Laufzeit von 44 Jahren, war also ein altes Königsrecht, weil es direkt vom König vergeben wurde. Deshalb waren auch die Fährmeister hochangesehene Leute, denen an der Weser sogar eine Fährgerichtsbarkeit zugestanden wurde, indem sie Straftaten ahnden durften, die in einem bestimmten Gebiet um die Fährstelle herum begangen worden waren.

So hat der Fährmann von Grohnde im Frühjahr 1741 einen Raubmörder verurteilt. Auf halber Platanenallee zwischen Grohnde und Hajener Fähre kündet auf der bergseitigen Mauer eine Sandsteintafel von Verbrechen und Hinrichtung:

„Den 6. Februar 1741 ist allhie beraubet und ermordet Johan Jürgen Geis. Grohnder, Ohsener und pollischer Amtsbote, der treu in seinen Verrichtung(en) und bey jedermann beliebt war. Der grausame Thäter ist mit gluenden Zangen gerissen, mit Keulen erschlagen und auffs Radt geleget den 21. April 1741."

Die Richtstätte befand sich auf dem Ilseberg, also zwischen Grohnde, Börry

Denkmalgeschützte Platanenallee zwischen Grohnde und Hajen

und dem Dorf Latferde, das früher wegen seiner Klippen im Strom bei den Schiffern berüchtigt war.

Noch 1793 wurde ein anderer Raubmörder vom Grohnder Fährmann gerichtet. Andererseits waren die Fährleute aber auch verpflichtet, sechs Wochen lang das sogenannte Fährasyl zu gewähren. Noch heute haben an der Weser Fährverträge Gültigkeit, die teilweise auf jahrhundertealtem Recht beruhen, und es wird berichtet, daß der König von Hannover, wenn er die Grohnder Fähre benutzte, jedesmal ins Haus trat und einige Worte mit den Fährleuten wechselte, um ihre besondere Stellung augenfällig zu betonen.

Ein paar Kilometer vom Weserdorf Latferde entfernt, im Ortsteil Börry der Gemeinde Emmerthal, schart sich um die Kirche von Niederbörry eine ländliche Gebäudegruppe, in der das „Museum für Landtechnik und Landarbeit" untergebracht ist. Die Ausstellungsstücke sind in langjähriger Arbeit durch einen eigens dafür gegründeten Verein zusammengetragen und von Fachleuten sorgfältig restauriert worden. Die Gründer des Vereins hatten die Notwendigkeit erkannt, jene Maschinen und Geräte zu erhalten, die aus einer Zeit stammen, in der allmählich aus Bauernhöfen landwirtschaftlich-technische Betriebe wurden. Das Museum dokumentiert diese industrielle Revolution auf dem Lande, der ehemalige Schafstall erwartet die Gäste mit einem Café und einem Informationszentrum – und einen „Bauernladen" gibt es natürlich auch.

Die benachbarte Ortschaft Frenke ist eine Art winziges Freilichtmuseum, aber ein bewohntes. Fast jedes der wenigen Häuser ist typisch für eine bestimmte bäuerliche Bauweise über einen Zeitraum von etwa 300 Jahren. Da sieht man in Fachwerk u.a. das Vierständer-Hallenhaus mit ausführlicher Inschrift, das Traufenhaus, das Querdielenhaus, ein Backhaus, wenn auch der Ofen fehlt, und eine „Zuckerrübenburg" – so genannt, weil um 1900 durch den neu aufgekommenen Zuckerrübenanbau ein gewisser Wohlstand auf die Höfe kam und man sich massive Backsteingebäude, hier sogar zweigeschossig und unterkellert, leisten konnte. Zwei typische Arbeiterhäuser sind da, eines vor, ein anderes nach dem ersten Weltkrieg gebaut. Und in der Dorfmitte steht ein winziges St. Johannes-Kirchlein von 1288; davor ein uralter Taufstein, der lange Zeit an anderer Stelle als Tränke für Kühe benutzt wurde. Wer mehr wissen möchte, der bitte im Haus Frankestraße 8 um eine kleine Broschüre, die einen kurzen Rundgang ausführlich schildert und unentgeltlich ausgeliehen bzw. abgegeben wird.

Goethe und Schiller über die Weser

Die Fähre von Grohnde benutzte auch Goethe anläßlich seines Kuraufenthaltes in Bad Pyrmont, wie denn die heutige Straße von Grohnde über Welsede und Thal den alten Postweg in die Badestadt darstellt.

Der Geheime Rat aus Weimar vermerkt darüber in seinem Tagebuch: „Sonnabend am 13. Juni (1801). Früh 5 Uhr von Einbeck weg nach Bartshausen; man kommt über einen Bergrücken nach Eimen, viel Waldung, die Leute daselbst, so wie in der ganzen Gegend, sehr höflich. Ausgebrannte hohle Bäume benutzen sie, um Brücken über Kanäle damit zu bauen. Durch einen Wald, viel Holz lag unbenutzt und verfaulte. Nach Wickensen und Eschershausen. Die Bauern hatten weiße Kittel, weiße kattunene Westen, blaue, tuchene Beinkleider und blaue Gamaschen. Die Bauernhäuser mit artigem Schnitzwerk und Inskriptionen verziert, übrigens aber große Haustüren, inwendig befand sich eine Tenne, alles beisammen unter einem Dach. Die Öfen und Rauchlöcher gingen fast alle auf der Seite des Hauses unter dem Dache, auch zur Haustüre selbst heraus. Durch Scharfoldendorf.

Die Sprache fast alles platt, z.B. In Büber mut mae nits senken. Einem Bauern muß man nichts schenken. Was saegt hae da dau. Was sagst du dazu. Dielmissen. Mittag. Schlechter Weg nach Hajen. Bei Grohnde über die Weser, schönes Schloß und Garten. Durch einen Eichenwald von einer Anhöhe herunter nach Wisa (Welsede), an welchem Dorf die Emmer vorbeifließt, im Emmertale hinauf, rechts liegen schöne, mit Wald bewachsene Berge, das Tal der Emmer ist sehr fruchtbar. Durch das Dorf Tal nach Pyrmont". Soweit Goethe. Am „Angerhof" von Dielmissen prangt seitdem auf steinerner Tafel in goldenen Buchstaben die Inschrift: „Goethe. 14. Juni 1801." Seltsam. Daß Goethe sich im Datum geirrt haben könnte, ist wohl kaum anzunehmen. Wer irrte hier? Oder fürchtete man sich, die angebliche Unglückszahl Dreizehn am Haus anzubringen?

Auch Goethes Dichterfreund Friedrich v. Schiller hat sich der Weser angenommen. Er stellte sich eines Tages die Aufgabe, über jeden deutschen Fluß einen geistreichen Zweizeiler, ein Epigramm, zu verfassen. Er schrieb eines über den ihm bekannten Rhein und dessen Nebenflüsse, wobei er vor allem den Neckar liebevoll bedachte, und irgendwann stieß er, vielleicht in seinem zerfledderten Schulatlas, auf die Weser. Die kannte er nur vom Hörensagen. Er wußte nichts von ihrem flimmernden Lauf unter buchendunklen Hängen, nichts von den sattgrünen Flußauen mit ihren grasenden Rinderherden, nichts von den roten Sandsteinwänden und grauen

Die Weser bietet dem Wasserwanderer reizvolle Landschaftserlebnisse

Kalkfelsen, nichts von geweißten Fachwerkhäusern, sandsteingedeckten Renaissanceschlößchen und zeitlosen Kreuzgängen, er wußte nichts von den weißen Sommerwolken darüber im seidigen Blau. Er wußte nichts von den herbstbunten Wäldern im Glanz letzter, warmer Mittagssonne, wenn sich die schweren Nebelschwaden der Nacht von den dunkel ziehenden Wassern verflüchtigt haben; er wußte nichts vom Schneegeglitzer auf den winterlichen Bergen und ihrem Spiegelbild im Strom, auf dem die Eisschollen treiben.

Aber sollte Schiller deshalb die Weser unerwähnt lassen? Sollte eine Lücke klaffen in seiner Epigrammsammlung deutscher Wasserläufe? Mitnichten! Und so griff er zu einer Verlegenheitslösung, indem er schrieb:

Die Weser

Leider von mir ist gar nichts zu sagen:
auch zu dem kleinsten Epigramme,
bedenkt, geb' ich der Muse nicht
Stoff.

Nach allem, was bisher auf der Reise durch das Weserbergland zu sehen und zu erfahren war, schüttelt man verständnislos den Kopf; und bei allem Respekt vor dem großen dramatischen Dichter behaupten wir entschieden: Hier irrte Schiller!

Ohsen, Hastenbeck und der Ohrbergpark

Wo die Emmer, aus dem Lipperland kommend, in die Weser mündet, sind die drei Dörfer Kirchohsen, Emmern und, am rechten Ufer des überbrückten Stromes, Hagenohsen in die größere Verwaltungseinheit Emmerthal aufgegangen; früher hießen nur Bahnhof, Post und ehemalige Zuckerfabrik so.

Die im Kern gotische Kirche von Kirchohsen, St. Petri, dem Stil nach um 1300 entstanden, wird gern Karl dem Großen zugeschrieben; der aber schloß schon 814 die Augen. Ob das heutige Gebäude einen Vorläufer gehabt hat, kann zwar mit hoher Wahrscheinlichkeit vermutet, aber nicht bewiesen werden. Bis zu einem Kirchenumbau 1581 soll sich jahrhundertelang in einem Chorfenster noch ein Bild des fränkischen Kaisers befunden haben mit der Unterschrift: „Carolus Magnus fundator ecclesiae in Osen MCLX" (Karl der Große, Gründer der Kirchen in Ohsen 1160). Eine Urkunde von 1765 im Turmknauf berichtet davon. Das Bild selbst ging leider verloren.

Bis zur Reformation war Kirchohsen Sitz eines großen und bedeutenden Mindener Archidiakonats mit über 50 Kirchspielen von Polle bis Rinteln; auch andere Anzeichen weisen darauf hin, daß in Kirchohsen innerhalb der späteren Diözese Minden ein früher Mittelpunkt für die Verbreitung des Christentums zu sehen ist.

Eng verbunden mit diesen sagenhaften Bruchstücken alter Überlieferung ist die ehemalige Wasserburg Ohsen am rechten Ufer unmittelbar unterhalb der Valentini-Brücke. Da Kaiser Heinrich II. hier in „ohsen" der Äbtissin von Fischbeck am 12.4.1004 eine Schutzurkunde ausstellt, kann mit Sicherheit ein älterer, karolingischer Königshof angenommen werden. Daß aber Karl der Große einst seinen sächsischen Widersacher, den Herzog Widukind, im Turm gefangen gehalten haben soll, ist zwar hübsch zu erzählen, aber kaum zu glauben; denn das massive Bauwerk stammt erst aus dem Anfang des 12. Jahrhunderts.

Auf der früheren Weserinsel – der zweite Flußarm zeichnet sich noch teilweise im Gelände ab – errichteten die Grafen v. Everstein vor 1259 an einer Furt die Wasserburg Leuen- oder Lewenwerder (= Löweninsel), in der sie nach der Zerstörung ihrer Stammburg (1284) auf dem Burgberg beim Kloster Amelungsborn zeitweise als Grafen v. Ohsen gewohnt haben; denn der neue Name setzte sich nicht gegen den alten durch, obgleich mit dem Begriff „-werder" die Insellage trefflich gekennzeichnet wurde.

Die Burg, alsbald Sitz eines Amtes, ging 1409 an die Grafen v. Spiegelberg aus Coppenbrügge über, die sie mit kurzen Unterbrechungen bis 1533 besaßen,

Schloß Hastenbeck

dabei ein schönes steinernes Wappen hinterließen, dann aber in die Grafschaft Pyrmont umsiedelten, die sie seit 1525 erhalten und in der sie 1526 mit dem Bau der Festung und des ersten Schlosses begonnen hatten (vollendet 1562).

Unter den Braunschweiger Herzögen saßen u.a. auch 1597–1634 die v. Münchhausen aus Apelern auf Ohsen. Das Amt wurde 1810 westfälisch; 1814 kam es zum Königreich Hannover. Seine wechselvolle Geschichte endete, als es 1859 im Amt Hameln aufging.

Um den quadratischen Hauptturm aus Bruchsteinen, der aus dem Querflügel herausragt, kreisen Raubvögel. Die beiden Seitenflügel schließen mit spitzem und stumpfen Winkel an, so daß durch diese schiefe Anordnung eine ungemein lebendige Anlage entstand, deren Innenhof sich nach Norden öffnet. Die unmittelbar ansetzende Vorburg hat früher tiefer gelegen; man erkennt das an der spitzbogigen ehemaligen Durchfahrt eines kleinen Torturmes, die durch Aufschüttung unpassierbar geworden ist.

Dieser Turm ist ebenso alt wie der Bergfried und wurde im 16. und 17. Jahrhundert als Gefängnis benutzt; Inschriften von Gefangenen und Jahreszahlen sind reichlich in den Mörtel gekratzt. Seinen Namen „Das schwarze Laster" erhielt das Bruchsteingemäuer, weil an der Außenseite der eichenen Bohlentür noch die reliefartig hervortretende Inschrift: „Verabscheue das schwarze Laster!" zu erkennen ist. Man bringt das in Verbindung mit zwei Frauen aus Tündern, die hier 1583 eingesperrt waren, bevor man sie wegen Zauberei zum Feuertode verurteilte und als Hexen auf dem Scheiterhaufen verbrannte. Und Zauberei wurde damals als „Schwarzes Laster" bezeichnet; die Inschrift sollte also warnen und abschrecken.

Vom Bückeberg, dessen Steilhang die Häuserzeile von Hagenohsen gegen die Weser drängt, hat man eine umfassende Sicht auf das Gelände um das Dorf Hastenbeck. Aber nicht vom gleichnamigen Schloß soll erzählt werden, sondern von der merkwürdigen Schlacht, die hier im Verlauf des Siebenjährigen Krieges, am 26. Juli 1757, stattgefunden hat.

Gegenüber standen sich unter dem Befehl von Wilhelm August, einem Sohn des Kurfürsten Georg II. von Hannover und Herzog von Cumberland, 18 000 Hannoveraner, 12 000 Hessen, 2000 Gothaer, 6000 Braunschweiger, dazu Bückeburger und einige preußische Regimenter – und unter dem Befehl des Marschalls d'Estrées 74 000 Franzosen. Am frühen Nachmittag dieser Schlacht bei Hastenbeck wähnte der Herzog das Treffen verloren und gab den Befehl zum Rückzug, während jedoch, ohne sein Wissen, die Franzosen tatsächlich geschlagen waren und zurückfluteten. Als der Herzog seinen Irrtum erkannte, waren die Franzosen bereits wieder auf das Schlachtfeld zurückgekehrt und behaupteten es, ohne eigentlich gesiegt zu haben. Die Folge dieser Niederlage war die Kapitulation der Festung Hameln, deren Kanonen keine Gelegenheit gehabt hatten, entscheidend einzugreifen, und der Verlust des Kurfürstentums Hannover an die Franzosen.

Kurz vor Hameln liegt in der Talaue das Dörfchen Tündern, gekennzeichnet durch eine gut erhaltene Windmühle. Hier lebte in der ersten Hälfte des 18. Jahrhunderts der Bauernsohn Jobst Heinrich Meier, der sich nicht nur durch seine schnelle Auffassungsgabe, sondern vor allem durch eine ungeheure Körperkraft ausgezeichnet haben soll. Als er einmal an einem Pferd, das er kaufen wollte, ungewöhnlich viel auszusetzen hatte, fertigte ihn der verärgerte Händler schließlich ab mit den Worten: „Ihr bekommt den Gaul geschenkt, wenn Ihr ihn wegtragt!“ Daraufhin stemmte sich Meier das Tier auf die Schultern und spazierte davon. Die Geschichte wird in der Dorfmitte durch ein Denkmal verewigt, das Tündern seinem „Kraft-Meier“ nach den Zweiten Weltkrieg gesetzt hat.

Gegenüber von Tündern, am anderen Weserufer, liegen Dorf und Gut Ohr und der Ohrbergpark, der seine Entstehung angeblich einem sonderbaren Vorkommnis während der Schlacht von Waterloo verdankt.

Seit 1307 gehört das Rittergut der freiherrlichen Familie v. Hake, auch wenn sie nicht immer dort gewohnt hat. Ein Angehöriger dieser Familie, Christian Ludwig v. Hake (1745–1818) war Gartenmeister des hannoverschen Königs und betreute auch die Herrenhäuser Gärten. In Ohr verlegte er einen Bauernhof, weil der ihm die Aussicht vom Gutshaus auf die Weser versperrte. Zu dieser Zeit überzog eine dürftige Heidevegetation die Kuppe des Ohrberges, der gerade noch als Schafweide zu nutzen war. Christian Ludwig führte vom Gut eine Straße hinauf, die alleeartig mit Eichen und Buchen bepflanzt wurde, er baute dort oben ein kleines Lusthaus und legte die ersten Spazierwege an.

Sein einziger Sohn Johann Christoph Georg Adolph v. Hake (1779–1840), kurz Georg Adolph genannt, studierte in Göttingen, bereiste u.a. England, wurde Offizier, und der Herzog von Cambridge ernannte ihn zum Flügeladjutanten der hannoverschen Kavallerie. In den Freiheitskriegen gegen Napoleon bewährte er sich als tapferer Offizier, aber mitten in der Schlacht von Waterloo (18.6.1815) verließ er unverständlicherweise sein Regiment. Eine momentane geistige Verwirrung, ausgelöst durch eine Reihe vorangegangener schwerer psychischer Belastungen, und die Annahme, die Schlacht sei verloren, könnten die Gründe dafür gewesen sein. Per Kriegsgerichtsurteil wurde er unehrenhaft aus der Armee ausgestoßen. Das alles stimmt. Es wird aber nun weiter behauptet, er wäre auch zu lebenslänglichem Hausarrest auf seinem Gut Ohr verurteilt worden und hätte deshalb in einer Art Weltflucht dort den Ohrbergpark angelegt. Das stimmt nicht, auch wenn der Dichter Börries Freiherr v. Münchhausen darüber die Ballade „Der Eid derer von Lohe“ geschrieben hat.

Georg Adolph Freiherr v. Hake lebt nach dem Ende seiner Offizierslaufbahn erst auf seinem Gut Buchhagen bei Bodenwerder, auf Gut Ohr erst ab 1818, nach dem Tode seines Vaters. Er hat sein Leben lang unter dem harten Kriegsge-

Azaleenblüte im Ohrbergpark

richtsurteil gelitten. Und als später einmal der Herzog v. Cambridge, nun Vizekönig von Hannover, in Ohr vorfuhr, um seinen ehemaligen Adjutanten zu besuchen, verließ der sein Haus durch eine Gartentür, eilte in die Feldmark und entzog sich so der sicher versöhnlich gemeinten Begegnung.

Georg Adolph wird nun – angeregt von den früheren Maßnahmen seines Vaters – zum eigentlichen Schöpfer des Ohrbergparkes, und zwar zur selben Zeit, da auch Hermann Fürst Pückler-Muskau seinen berühmten Park anlegt. Georg Adolph entfernt von dem Gelände zwischen Gutshaus, Weser und Ohrberg acht Gehöfte durch Tausch und läßt es zu einer großen Wiese planieren; er baut Glashäuser für Ananas, Kamelien und Pelargonien und eine Orangerie. Auf dem steil zur Weser abfallenden Ohrberg verwandelt er in einem Zeitraum von 23 Jahren eine Fläche von 14 ha in einen weitläufigen Parkteil „nach englischem Geschmack", also in einen Landschaftsgarten, der heute immer noch mit seinem artenreichen alten Baumbestand, einer Fülle vielfarbiger Rhododendren, mit schönen Spazierwegen und weiten Ausblicken in die Landschaft, vor allem ins Wesertal, die Besucher anlockt.

Daß Georg Adolph sich in der Gartenkunst hervorragend auskannte, beweist er mit seinem Buch „Fragmente aus den Tagebüchern eines alten Gärtners", dessen druckfertiges Manuskript in seinem Nachlaß gefunden und postum herausgegeben wurde. Er nimmt darin kritisch Stellung zu Theorie und Praxis der großen Gartenkünstler seiner Zeit – z.B. Pope, Repton, Kent, Brown und Laudon in England, Ludwig v. Sckell und Hermann Fürst Pückler in Deutschland – und scheut sich durchaus nicht, ihnen gelegentlich zu widersprechen oder ihren Ideen noch eigene hinzuzufügen, und dabei zeigt er eine ungewöhnliche Allgemeinbildung und ein umfangreiches Fachwissen.

Dem letzten Wunsch des Georg Adolph zufolge wurde sein Herz am Ohrberghang beigesetzt in einem Denkmal, das der Bildhauer Ernst v. Bandel, der Erbauer des Hermannsdenkmals, geschaffen hat. Es enthält außer den Lebensdaten die Inschrift „Dem Gründer dieser Anlagen".

Der Erbe, sein Vetter Georg Ernst Adolf Freiherr v. Hake (1786–1865) wurde 1841 Besitzer von Ohr und lebte dort seit 1852. Er vollendete die Anlagen auf dem Ohrberg, ebenso den Pavillon neben dem Gutshaus. Im Juli 1856 besuchten König Georg V. und seine Gattin Marie mit großem Gefolge den Ohrbergpark. Am 10. Mai 1860 besichtigte ihn der Kronprinz Ernst August v. Hannover.

Wer den Park heute verstehen will, muß ihn aus dem Blickwinkel des Georg Adolph betrachten als Einheit von Gutshaus, Wiese, Weser und Ohrberg. Die gleiche Staffelung ebensolcher Parkteile zeigt auch der Park des Fürsten Pückler zu Muskau an der Neiße. Die beiden Gartenschöpfer kannten sich. Damit offenbart sich also der Ohrbergpark im deutschen Raum als eines der letzten großartigen Zeugnisse adliger Gartenkunst des 19. Jahrhunderts, deren Schwanengesang der Pücklerpark von Branitz bei Cottbus ist.

Den hochgelegenen Parkteil erreicht man von der Dampferanlegestelle aus über einen Treppenweg hangaufwärts oder mit dem Auto am Solarinstitut vorbei bis zum Parkplatz am ehemaligen, jetzt aufgegebenen Gasthaus.

Die Rattenfängerstadt Hameln

An manchem Kleinod der Weserrenaissance ist der Strom inzwischen vorübergeflossen. Wenn man jedoch die Vielzahl der Bauten und die Vielfalt der Formen zugrunde legt, so bildet den bürgerlichen Höhepunkt dieses Baustiles unzweifelhaft die alte Rattenfängerstadt Hameln, mit der man in dieser Beziehung höchstens noch die lippische Stadt Lemgo vergleichen kann. Wer sich für die Weserrenaissance begeistert, sollte beide Städte besuchen.

Hameln hat seine Entstehung und seine Entwicklung zum wirtschaftlichen Schwerpunkt des Weserberglandes vorwiegend seiner geographischen Lage zu danken. Die Weserinsel und die dadurch erleichterte Flußüberquerung, weiterhin der Vorteil, diesen Übergang vom steilen Klüt notfalls verteidigen zu können, haben hier schon früh eine Siedlung wachsen lassen, wenn auch der Fluß zu jener Zeit einen anderen Lauf nahm als heute. Um 850 wurde durch die Benediktinerabtei Fulda unweit eines schon bestehenden Dorfes ein Nebenkloster dort gegründet, wo jetzt das Münster St. Bonifatius steht: durch Grabungen in der Krypta wurden 1955 die Fundamente der karolingischen Erstanlage wieder aufgedeckt. Als der Welfenherzog Heinrich Julius von Braunschweig sich 1585 in der Stadt als Landesherr huldigen läßt, gewährt er als Zeichen besonderer Gunst die Wahl zwischen der Gründung einer Universität oder der Verleihung des Stapelrechtes. Natürlich entscheidet sich Hameln für das ertragreiche Recht. Diese Episode aus der Stadtgeschichte ist in der Überlieferung insofern abgewandelt worden, als die Alternative zur Universität nicht das Stapelrecht, sondern ein Zuchthaus gewesen sein soll. Und die Ratsherren hätten sich für das Zuchthaus entschieden, weil sie, sämtlich besorgte Väter blühender Töchter, die lockeren Sitten der Studiosi glaubten fürchten zu müssen. Man hört sich in Hameln nicht gern an diese Anekdote erinnert, obgleich sie der Schönheit Hamelenser Bürgertöchter ein ungemein heiteres Denkmal setzt.

An dieser Stelle sei vermerkt, daß sich noch heute etwa 60 000 Einwohner der Stadt scheiden in Hamelenser und Hamelner. Letztere sind zugezogene Bürger. Ihnen ist für immer das Glück versagt, Hamelenser zu werden. Ihren Kindern aber wird es zuteil, sofern sie in der Stadt geboren werden. Daraus erhellt, daß gemeinhin Hamelenser Hamelenser und Hamelner Hamelenser, nicht aber Hamelenser Hamelner zu Nachkommen haben können. Daß es sich im letzten Fall um Hamelunken handelt, entbehrt des Beweises.

Im Mittelalter gereichte die verkehrsgünstige Lage der Stadt am Fluß und an

Hameln: Blick auf Münsterkirche und Altstadt

verschiedenen Handelswegen oft zum Vor-, manchmal auch zum Nachteil. So zieht man, begünstigt durch die Insel und andere natürliche Hindernisse, Wehre durch den Fluß und zwingt dadurch fremde Schiffer, ihre Waren umzuladen, wenn sie nicht das Wagnis auf sich nehmen wollten, Schiff und Ladung bei der lebensgefährlichen Überwindung des berüchtigten Hamelner Loches aufs Spiel zu setzen. Obgleich Bremen und Minden immer wieder beharrlich den Einbau einer Schleuse verlangen, stellt sich Hameln diesen Bitten gegenüber taub, denn die Stauwehre bringen zu dieser Zeit steigenden Wohlstand und 1426 sogar den Beitritt zur Hanse.

Die Stadt führt anfangs den Namen Quern-Hameln, wobei „Quern" eine einfache Handmühle bezeichnet. Später erlauben die Wehre dann nicht nur die Flutung des schützenden Stadtgrabens, sondern 1635 auch den Bau der ersten städtischen Wassermühle auf der Insel, dem Werder, und das Mühlengewerbe wird wichtig für die wirtschaftliche Entwicklung der Stadt. In den Jahren 1878/86 entstehen die Großmühlen, die dem Stadtbild von der Wasserseite her das Gepräge geben; 1949 wird am Hafen die neue Weizenmühle errichtet, eine der größten Europas, deren hohe Silotürme 50 000 t Getreide fassen und schon von weither den Blick auf sich ziehen.

Schnitzereien am Stiftsherrenhaus

Nächtliche Stimmung in der Großen Hofstraße

Das Rattenfängerspiel auf der Terrasse des Hochzeitshauses

Mühlstein, Quereisen und Münsterkirche fügen sich zum Stadtwappen zusammen. Unverhältnismäßig viele Straßennamen betonen die enge Verbundenheit zwischen Stadt und Fluß: Brückenkopf, Flößergang, Hafenstraße, An der Kaimauer, Schifferweg, Mühlenstraße. Man kann auch „Auf den Gänsefüßen“ gehen oder im „Entengang“.

Zwei Straßenbrücken überspannen den Strom; trotzdem hat sich die Stadt nach dem Zweiten Weltkrieg nur zögernd auf das linke Ufer ausgedehnt. Oberhalb der alten Weserbrücke beim Münster, neben der Rattenfängerhalle, legen heute die Fahrgastschiffe der „Oberweser Dampfschiffahrt“ an.

Die Lachsfischerei unterhalb der Wehre von Hameln, wo sich die flußauf wandernden Tiere stauten, da sie erst durch einen kraftvollen Sprung das Hindernis überwinden konnten, war noch gegen Ende des 19. Jahrhunderts die ergiebigste am ganzen Weserstrom. Hier wurden jährlich etwa 7000 kg Lachse gefangen, von denen manche bis zu 20 kg schwer sein konnten. Wegen des Lachsreichtums in Fulda, Werra und Weser bestanden Knechte und Mägde in den Uferdörfern früher bei Dienstantritt auf der Bedingung, nicht öfter als zweimal in der Woche Lachs essen zu müssen.

Um den Verlust auszugleichen, der dem Lachs und der jungen Brut durch

Die Osterstraße in Hameln mit reichen Fachwerkfassaden und dem mächtigen Hochzeitshaus

die Wellen der Dampfschiffe, durch Flußverunreinigungen und durch die natürlichen Feinde Otter und Reiher zugefügt wurde, richtete Hameln 1857 sogar eine Lachsbrutanstalt ein, die jeweils im Frühling bis zu 400 000 dieser jungen Edelfische in die Weser setzte. Nachdem man jedoch 1911 bei Bremen-Hemelingen eine Staustufe durch den Strom gezogen hat, um seine rückschreitende Vertiefung aufzuhalten, blieb der Lachs aus. Nur die Lachstreppe am Hamelner Wehr und der Lachsbrunnen am Münster erinnern noch daran.

Dafür finden andere, zum Teil neu eingewanderte Fischarten gute Lebensbedingungen. Der Zufluß von Emmer, Hamel und Humme oberhalb von Hameln verbessert die Wasserqualität, und die Hamelner Wehre reichern das Wasser merklich mit Sauerstoff an. Dadurch zeigt der Fischbestand oberhalb und unterhalb von Hameln zwar geringe, aber doch deutlich erkennbare Unterschiede. Insgesamt werden in der Oberweser gefangen Aal, Forelle, Rotauge (Plötze), Brassen, Karpfen, Döbel, Barsch, Hecht, Barbe, Zander, Schlei und seit kurzem auch der Wels. Ein Riesenexemplar dieser Art wurde im Dezember 1994 von einem passionierten Sportfischer oberhalb von Latferde aus der Weser gezogen: Der Fisch hatte eine Länge von 2,03 m und ein Gewicht von mehr als einem Zentner.

Aber wenden wir uns wieder der Stadtgeschichte zu. Von der Blütezeit der Stadt Hameln im 16. und 17. Jahrhundert zeugen die Bauten im mittelalterlich engen Stadtkern, der weitgehend zu einer Fußgängerzone umgewandelt worden ist. Naturstein und Fachwerk bestimmen den Charakter von Oster- und Bäckerstraße, von Ritter-, Wenden- und Fischpfortenstraße. Durch das Ebenmaß der alten Bürgerhäuser meint man, die Sehnsucht der Renaissance nach verlorenen klassischen Formen durchscheinen zu sehen. In der Osterstraße bilden das Stiftsherrenhaus (1556–1558), das mit der Traufseite zur Straße steht und dessen Fachwerk überreich mit Schnitzereien verziert ist, und daneben das Leisthaus (1585–1589), das seinen prächtigen Giebel der Straße zuwendet, ein einzigartiges kunsthistorisches Ensemble. Die beiden Renaissance-Bauten bergen das Museum, das die Kulturgeschichte der Oberweserregion zwischen Münden und Minden und natürlich eine ausführliche Dokumentation über die Rattenfängersage zeigt. Der Rattenkrug (1568), das Rattenfängerhaus (1603) und vor allem das Hochzeitshaus (1610–1617) sind nur einige weitere Beispiele für den architektonischen Reichtum, den Hameln zu bieten hat. Außerhalb der engen Altstadt verdient die breite Deisterallee der Erwähnung, von der man jenseits des Bürgergartens das Theater und das Tagungszentrum sieht.

Jahrhunderte hindurch ist die Stadt Festung gewesen. Obwohl sich die Chronik über den Mangel an kriegerischen Episoden nicht beklagen kann, hat die Festung Hameln – zeitweise für uneinnehmbar gehalten und deshalb das „Gibraltar des Nordens" genannt – im Laufe der Geschichte nie eine hervorragende Bedeutung gewonnen. Es wurde ihr eher zur mehr oder minder klugen

Die Pfortmühle in Hameln

Gewohnheit, rechtzeitig zu kapitulieren und dem Feinde, wer immer es sein mochte, die Tore zu öffnen, wobei zwar die Bürgerschaft selten ungeschoren, die Stadt aber immer unzerstört blieb. Selbst Tilly, wohlerfahren und nicht gerade zimperlich in Brandschatzung und Plünderung von Städten, die auf seinem Wege lagen, schien in Hameln die Lust an derartigen Zerstreuungen verloren zu haben, faßte aber dafür – man sagt, im Hochzeitshaus – den Entschluß, Magdeburg schrecklich heimzusuchen.

Der Dreißigjährige Krieg vernichtet den Wohlstand der Handelsstadt. Eine spürbare wirtschaftliche Erholung tritt erst 100 Jahre nach dem Friedensschluß ein, als man die längst erbetene Schleuse baut und damit der Weser neue Anziehungskraft für den Warenverkehr verleiht. Daß sich aber nun weitere 150 Jahre die Mündener taub stellen, als Hameln dort eine Schleuse wünscht, sei nur am Rande erwähnt.

In der Mitte des 18. Jahrhunderts läßt König Georg III. auch noch den Klüt mit drei starken Festungswerken versehen, was aber nicht verhindern kann, daß 1806 die preußischen Festungstruppen kampflos vor den anrückenden Franzosen kapitulieren. Auf Befehl Napoleons werden im selben Jahr sämtliche Befestigungen zerstört. Ein Teil des anfallenden Materials wird 1843 verwendet, um den Aussichtsturm auf dem Klüt zu errichten.

Ein herzogliches Privileg erlaubt 1690 französischen Hugenotten, sich auch in Hameln anzusiedeln. Ebenso wie die Niederlassungen im nordhessischen Raum hat auch die Hamelner Kolonie lange Zeit ihre eigene französisch-reformierte Kirche und ihre eigene Sondergerichtsbarkeit. Der Fleiß der Flüchtlinge gibt der Stadt einen starken wirtschaftlichen Auftrieb, der ein sichtbares Zeichen in einer Woll- und Baumwollmanufaktur findet, die von Hugenotten gegründet wird und erfolgrreich arbeitet. Zweihundert Jahre später (1889) bekommt Hameln seine erste Teppichfabrik.

Mit liebevollem Eifer hegt die Stadt ihre Rattenfängersage, die, in viele Sprachen übersetzt, inzwischen in aller Welt bekannt ist und zweifellos auf einem tatsächlichen Ereignis beruht. Ob ihr aber die Schlacht von Sedemünder bei Springe zugrunde liegt, wo 1260 ein großer Teil der waffenfähigen Jugend von Hameln bei einem Treffen mit den Söldnern des Bischofs von Minden fiel, ob ein Bußprediger die Kinder mit sich lockte, ob sie von einer hysterischen Tanzwut ergriffen wurden – wir wissen es nicht.

Wahrscheinlich ist, daß die jungen Leute einem Werber folgten, den der Bischof von Olmütz im Zuge der Ostkolonisation in seine Heimatstadt geschickt hatte, um Siedler für die Erschließung von Ödland zu gewinnen.

Die älteste Aufzeichnung der Sage findet sich in einer lateinischen Handschrift der Lüneburger Ratsbibliothek, die etwa 1437/50 geschrieben wurde. In Hameln überliefern zwei Inschriften das merkwürdige Ereignis, eine davon am Hochzeitshaus. Die andere an der Seitenwand des Rattenfängerhauses sei hier wiedergegeben:

Anno 1284 am Dage Johanni et Pauli,
war der 26. Junii,
dorch einen Piper, mit allerlei
Farve bekleidet gewesen
CXXX Kinder verledet,
binnen Hameln geborn
to Calvarie bi den Koppen verloren

Wenn man bedenkt, daß Hameln damals etwa 1500 Einwohner hatte, so war der Verlust von soviel Jugend eine ungeheure Katastrophe für die Stadt.

Der Auszug soll damals durch eine schmale Gasse erfolgt sein, die man heute die Bungelosenstraße nennt. Bunge ist das mittelalterliche Wort für Trommel, in übertragenem Sinne meinte es auch das Spiel von Trommeln und Pfeifen. Die Bungelosenstraße ist also diejenige, in der kein Spiel mehr gerührt werden durfte als Zeichen der Trauer über den Verlust der Kinder.

Heute lockt die Flöte des Rattenfängers wieder eigentümlich schrill durch die Gassen der Altstadt: am Giebel des Hochzeitshauses wird die Sage durch Glockenspiel und umlaufende Figuren mehrmals am Tage in farbenfreudiger Dämonie dargestellt, und an Sommersonntagen führt mittags eine Theatergruppe das Geschehen von 1284 unter dem Giebel des Hochzeitshauses auf – die Geschichte vom Rattenfänger in Hameln.

Die Schlösser Schwöbber und Hämelschenburg

Fährt man von Hameln durch das Hummetal über Groß Berkel in das Tal des Beberbaches, trifft man zwischen Königsförde und Grupenhagen auf das Schloß Schwöbber. Hier legte der Söldnerführer und kaiserliche Oberst Hilmar von Münchhausen (1512–1573), der Ururgroßvater des Lügenbarons, nach seinen abenteuerlichen Feldzügen nicht nur eine einträgliche Gutswirtschaft an, sondern er ließ auch ab 1570 den Hamelner Baumeister Cord Tönnis mit dem Bau des drei Stockwerke hohen Schlosses beginnen, das aber erst nach Hilmars Tod unter seiner Witwe Lucia v. Reden vollendet wurde. Der Küchenkamin in der Halle mit der Jahreszahl 1576 ist so groß, daß man dort früher einen ganzen Ochsen am Spieß braten konnte; der Mechanismus dafür ist noch vorhanden. Ob man es aber je getan hat, ist ungewiß.

In der hohen zentralen Halle des Erdgeschosses, aus der ein dekorativer Treppenaufgang in die oberen Stockwerke führt, zeigt ein Prunkkamin von 1606 in der Bekrönung eine dramatische Darstellung der Auferstehung Christi.

Dem Mittelbau seiner Eltern fügte Hilmar der Jüngere 1588 den Torflügel und 1602/04 den Teichflügel hinzu. Die drei Baukörper sind durch zwei charakteristische Treppentürme miteinander verbunden. Das hervorragend restaurierte Schloß reizt zu Vergleichen: scheint Bevern nach außen abweisend, Hehlen spröde und Hämelschenburg von festlichem Stolz, zeigt Schwöbber unbestreitbare Heiterkeit.

Jenseits eines breiten Wassergrabens, der das Schloß an zwei Seiten umgibt und sich an der dritten zu einem Teich weitet, hat Otto v. Münchhausen (1716–1774) – den botanischen Liebhabereien seines Vaters Johann Friedrich (1668–1722) folgend – einen kleinen englischen Landschaftsgarten anlegen lassen, dessen alter Baumbestand einen zweiten Teich umschließt und in dem auch Angehörige des Geschlechts derer v. Münchhausen beigesetzt worden sind.

Vom Innenhof des Schlosses führt eine breite steinerne Freitreppe in einen kleinen viereckig umgrenzten Garten hinunter, der 1922 im geometrischen Stil angelegt wurde. Die lebensgroßen Figuren an der Ostseite sind Kopien nach Kasseler Vorbildern. Beachtenswert ist nicht nur die originelle Sonnenuhr; beachtenswert sind auch die beiden Puttengruppen, deren eine die vier Elemente mit je zwei, deren andere die vier Jahreszeiten mit je einer Figur und entsprechenden Attributen darstellt. Am Giebel des Teichflügels führt eine eigenartige Steintreppe, durch eine halbhohe Mauer zweigeteilt, hinunter auf eine kleine Terrasse am Wasser. Die oberen Stufen der

Das Weserrenaissance-Schloß Schwöbber

Treppe sind konkav gerundet, unterhalb eines ovalen Absatzes zwischen den Mauerteilen konvex. Diese Treppenform ist ein typisches Stilelement in Renaissance-Anlagen; man findet es in Italien z.B. am Eingang zum Palazzo Farnese in Caprarola und als Springbrunnenanlage im Garten der Villa Lante bei Viterbo. Die eine Schmalseite der Terrasse schmückt eine Grottenanlage mit zwei lebensgroßen Darstellungen der römischen Jagdgöttin Diana. Eine weitere Skulptur stellt den Jäger Actaion dar, der Diana beim Baden belauschte, deswegen von ihr in einen Hirsch verwandelt und von seinen eigenen Jagdhunden zerrissen wurde.

Folgt man von Hameln aus nicht dem Humme-, sondern dem Emmertal in Richtung Bad Pyrmont, so überrascht unmittelbar an der Straße das mächtige Schloß Hämelschenburg, das aber trotz des Namens mit einer wehrhaften Anlage nichts gemein hat. Der Name soll von

Das Weserrenaissance-Schloß Hämelschenburg

einer älteren „Hemerschen Burg" übernommen worden sein, die etwa am selben Platz 1544 einer Feuersbrunst zum Opfer fiel. Urkundlich erwähnt wird ein wehrfähiges Haus schon 1405 als Hermenschenborch. Zu der Zeit besitzen es die Grafen von Everstein, die es den Braunschweigern überlassen, als die letzte Eversteintochter einen Welfenherzog heiratet. Von den Braunschweigern erhalten es 1437 die Freiherrn v. Klencke als Lehen. Eine andere Lesart will wissen, daß die Klenckes es den Welfen beim Würfeln abgenommen haben.

Nachdem 1556 die Wirtschaftsgebäude errichtet worden waren, wurde der Bau des heutigen Schlosses 1588 begonnen von Jürgen v. Klencke, dem wohl letzten großen Söldnerführer seiner Zeit, der sich fast ein Jahrzehnt lang als Rittmeister für Wilhelm v. Oranien geschlagen hatte. Am 22. Oktober 1587 heiratet er im neuerbauten Schloß des Heilwig v. Münchhausen in Hess. Oldendorf Anna

v. Holle, eine vermögende, ungewöhnlich schöne und feinsinnige Nichte des Bischofs Eberhard v. Holle in Verden, an dessen kultiviertem, geistig regen Hof Jürgen v. Klencke nach seinem Kriegsdienst eine Zeitlang gelebt hatte. Mit dem Schloß Hämelschenburg gedachte er sich nun einen würdigen Rahmen für sein späteres Leben zu schaffen.

Die Baumeister können nur vermutet werden. Der Tatsache, daß der Südflügel eine andere Hand verrät als der Nordflügel, entsprang die Sage, daß ein mißgünstiger Geselle den Baumeister vom Gerüst gestoßen haben soll. Man nimmt an, daß sowohl Cord Tönnis als auch Johann Hundertossen am Bau beteiligt waren – beide Namen sind bekannt von den Bauten der Weserrenaissance in Hameln. In Hämelschenburg hat sich jedoch bisher keines ihrer Steinmetzzeichen finden lassen. Den dreiflügeligen Bau überragen zwei vergleichsweise schlanke, achteckige, kupfergedeckte Treppentürme, die in die beiden inneren Winkel eingefügt sind. Von der Hoffront des Nordflügels wurde die dreiteilige, eingeschossige Utlucht an den Mittelflügel versetzt. Sie diente wahrscheinlich als Verkündigungslaube, da Jürgen v. Klencke die hohe und niedere Gerichtsbarkeit ausübte. Über dem Eingang zum Mittelflügel, der ehemaligen Marstalltür, verkündet unter dem Relief eines Reiters und zweier Köpfe eine Inschrift:

DISEN STALL MVS DER MEIDEN
WER STERCKER DEN 4 PFERDE
WILL REIDEN

Im Giebel des Nordflügels ergeben sich Übereinstimmungen mit den Giebeln des Schlosses der Familie v. Kerßenbrock in Barntrup, das der Hamelner Eberhard Wilkening gebaut hat. Der Innenhof öffnet sich gegen einen kastaniengesäumten Teich, in dem sich Giebel und Treppenturm malerisch spiegeln.

Der 61 Meter lange, dreigeschossige Südflügel an trockener Graft wurde 1599 vollendet und erstickt fast in der Fülle zierender Details bis hinauf zu den weit herausragenden, kupfernen Wasserspeiern und vier dichtgereihten Zwerchhäusern, wie sie auch an den anderen Seiten mit mehreren Stockwerken aus den großen Dachflächen hervorspringen. Die Zwerchhäuser erinnern an das Hochzeitshaus in Hameln, das darüber hinaus den gleichen Kerbschnitt in den Sandsteinquadern zeigt wie Hämelschenburg. Über die Graft führt eine ansteigende feste Brücke in den Hof, geschützt durch ein wirkungsvoll schräggestelltes Tor von 1608 mit einem Standbild des heiligen Georg.

Hämelschenburg macht einen glanzvollen, festlichen Eindruck, zumal der dunkle Wald hinter den helleren Gebäuden einen wirkungsvollen Kontrast bildet. Das Schloß gilt unbestritten als der Höhepunkt adliger Weserrenaissance. Gäbe es nicht die Sababurg im Reinhardswald, so hätte Dornröschen sicher hier ihre hundert Jahre verschlafen – mit Genuß, versteht sich.

Am Hang hinter dem Schloß liegt das Mausoleum der Familie v. Klencke in Form einer 9 m hohen Pyramide. Derartige Grabpyramiden treten im 18. Jahrhundert des öfteren in Parkanlagen adeliger Schloßbesitzer auf (Rheinsberg, Branitz b. Cottbus). In Hämelschenburg läßt sie 1855 Leopold v. Klencke für seine 1854 in Frankreich verstorbene Gattin Friederike errichten. Bis zum Zweiten Weltkrieg ist sie die letzte Ruhestätte der Familie v. Klencke. Dann wird sie nicht mehr genutzt und steht heute leer. Baumeister ist Georg Ludwig Friedrich Laves, der eine ähnliche Grabpyramide in Derneburg bei Hildesheim geschaffen hat. Hämelschenburg gehört mit Bückeburg und Detmold zu den wenigen Renaissanceschlössern, die man auch innen besichtigen kann.

Im Zusammenhang mit Schloß Hämelschenburg scheinen drei Geschichten wert, erzählt zu werden. Irgendwann um 1700 ehelichte der damalige Schloßherr von Hämelschenburg eine sicher sehr charmante französische Hofdame der Kurfürstin von Hannover, die Comtesse de la Chatre. Nun hatte aber der in Frankreich lebende Vater zu dieser Verbindung weder seinen Segen gegeben, noch hatte er an der Hochzeit teilgenommen. Seine Vorstellungen von niedersächsischen Landjunkern scheinen etwas verschwommen gewesen zu sein, und so ein richtiges Schloß konnte er sich wohl nur an der Loire vorstellen. Nach einiger Zeit plagte ihn jedoch die Neugier, zu sehen, in welchen abgelegenen Erdenwinkel es seine geliebte Tochter verschlagen haben mochte, und so machte er sich zu Pferd aus dem fernen Frankreich her auf den nicht gerade kurzen Weg nach Hämelschenburg. Tatsächlich langte er dort irgendwann an. Aber nicht, daß sich Vater und Tochter nun glücklich in die Arme gefallen wären – nein, es kam ein wenig anders. Der gräfliche Vater ritt auf das Schloß zu, zügelte an Graft und Allee sein Pferd, beäugte Schloß Hämelschenburg aus dieser gehörigen Entfernung ein paar Atemzüge lang, nickte schließlich erleichtert und zustimmend mit dem Kopf, wendete seinen Gaul und ritt wieder nach Frankreich zurück, ohne daß man im Schloß sein kurzes Gastspiel überhaupt bemerkt hätte.

Einer anderen Geschichte zufolge soll 1775 eine bettelnde Zigeunerin – unzufrieden mit der empfangenen Gabe – den Schloßbewohnern gewünscht haben, daß ein Jahrhundert lang der Familie keine Tochter geschenkt werden, kein erstgeborener Sohn den Vater beerben sollte. Die Verwünschung ging tatsächlich in Erfüllung: von 1775 bis 1875 wurden den Freiherrn v. Klencke kein Mädchen geboren, und im selben Zeitraum starben in der Familie alle ältesten Söhne vor ihren Vätern.

Neben dem Schloß führt ein Haus den ungewöhnlichen Namen „Im Kaiser von Fez und Marokko". Man erzählt, daß zwischen 1700 und 1730 einer aus dem Geschlecht derer v. Klencke im Mittelmeerraum in die Hände nordafrikanischer Seeräuber gefallen und als Sklave an den Hof eines marokkanischen Herrschers gebracht worden wäre, mit dem er sich angefreundet hätte. Als er nach sechs Jahren in die Heimat zurückkehren durfte, lud er den Muselmanen beim Abschied beiläufig ein, doch gelegentlich in Hämelschenburg vorbeizuschauen. Das Unerwartete geschah: der Kaiser von Fez und Marokko reiste – wenn es ihn je gegeben hat – tatsächlich eines schönen Tages an, aber leider unangemeldet, so daß er den Schloßherrn nicht antraf und erst einmal mitsamt seinem bunten Gefolge im Gästehaus nebenan untergebracht werden mußte. Was sich begab, nachdem der eilends zurückgerufene Schloßherr von Hämelschenburg seinen einstigen Sklavenhalter endlich willkommen heißen konnte, ist leider nicht überliefert.

Gegenüber dem Schloß fällt ein kleines Kirchlein eher als Verkehrshindernis denn als Gotteshaus auf. Wahrscheinlich haben an derselben Stelle schon zwei

Das Mariengärtlein in der Kirche Hämelschenburg

Vorgänger gestanden; denn die bereits erwähnte Urkunde von 1405 weist auf eine Kirche hin, die zum Kirchspiel Kirchohsen gehörte. Der Altar wurde 1409 vom Bischof von Minden geweiht. In der heute noch benutzten Altarplatte sind die eingemeißelten Weihekreuze zu sehen. Um 1450 wird eine neue Kirche gebaut, die eine Familiengruft enthält, aber durch Feuer zerstört wird. Ludolf v. Klencke errichtet dann 1563 die heutige Marienkirche, die wahrscheinlich die erste evangelische Kirche ist, die nach der Reformation in Deutschland neu gebaut wurde. Der Sohn des Jürgen v. Klencke übereignet sie 1652 der von Kirchohsen abgetrennten Kirchengemeinde Hämelschenburg.

Außen nahezu schmucklos, überrascht doch der Innenraum, der sogar noch eine Orgel und eine Empore birgt, durch seine Intimität. Das Mittelbild in einem Epitaph von 1619, dem Grabdenkmal des 1609 verstorbenen Jürgen v. Klencke, ist mit hoher Wahrscheinlichkeit ein Werk von Lucas Cranach. Es stellt in starker Farbigkeit die Kreuzigung Christi dar. Davor knien der Schloßherr und seine 1630 verstorbene Frau Anna mitsamt ihren 14 Kindern. Der Renaissance-Deckel des Taufsteins kann gehoben werden mittels eines Gegengewichts, das sich auf dem Boden darüber befindet. Die Kanzel stammt aus der Renaissance-Zeit und zeigt die Wappen des Schloßerbauers und seiner Frau. Den Altar schmückt ein geschnitztes Paradiesgärtlein – die Madonna mit dem Jesuskind inmitten heiliger Jungfrauen in einer Gartenlandschaft. Es dürfte um 1485 von einem unbekannten Meister geschaffen worden sein; der spätgotische Faltenwurf der Gewänder erinnert an Tilman Riemenschneider. Das Thema tritt in der Malerei des 15. Jahrhunderts häufig auf; hingewiesen sei auf das Paradiesgärtlein des Matthias Grünewald in der Pfarrkirche zu Stuppach bei Würzburg. Als hölzernes Schnitzwerk wie hier in Hämelschenburg ist es einmalig.

Hämelschenburg und Schwöbber liegen an der ausgeschilderten „Straße der Weserrenaissance", die im Weserbergland und noch ein wenig darüber hinaus viele Bauwerke dieses Stiles miteinander verbindet, Bauwerke aus Stein und aus Fachwerk.

Im Heilgarten Deutschlands

Das Weserbergland ist so reich an Mineralquellen der verschiedensten Zusammensetzungen und anderen natürlichen Heilmitteln wie Moor, Sole und Kohlensäure (CO_2), daß ihm darin keine andere deutsche Landschaft gleichkommt. So haben die Bäder Driburg, Eilsen, Karlshafen, Lippspringe, Meinberg, Münder, Nenndorf, Oeynhausen, Pyrmont, Rothenfelde, Salzuflen, Seebruch und Senkelteich dieser ohnehin schon so reizvollen Mittelgebirgslandschaft den treffenden Beinamen „Heilgarten Deutschlands" eingetragen. Werfen wir einen Blick auf Bad Pyrmont.

Genau so wenig, wie es stimmt, daß Alexander v. Humboldt gesagt hat, Hann. Münden zähle zu den sieben schönstgelegenen Städten der Erde, genau so wenig stimmt es, daß Gottfried Herder – Theologe, Philologe und Philosoph – aus Bad Pyrmont an seine Verlobte geschrieben hat: „Ich bin jetzt in der schönsten, kühnsten, deutschesten, romantischsten Gegend der Welt!" Aber es klingt nicht schlecht.

Das niedersächsische Heilbad liegt zusammen mit dem nordrhein-westfälischen Schwesterstädtchen Lügde in einem weiten Talkessel. An dessen Nordrand errichtet 1183 der Erzbischof v. Köln, Philipp v. Heinsberg, auf dem Schellenberg eine Burg, die er 1184 in einer lateinischen Urkunde „petri mons" („Berg des Petrus") nennt, ein andermal aber auch „castrum piremont" („Burg Piremont"); das Wort „piremont" könnte althochdeutscher Herkunft sein. Auf der Burg herrscht anfangs ein Graf Widukind II. v. Schwalenberg; daß sich sein nachfolgender Sohn Gottschalk I. „v. Peremunt" nennt, läßt vermuten, daß der heutige, eher französisch klingende Name auf die bisher nicht geklärte Bezeichnung „piremont" zurückzuführen ist.

Unter dem Eindruck der Kreuzzüge wählen die Pyrmonter Grafen als Wappenzeichen das Ankerkreuz, dem man 1682, als Georg Friedrich zu Waldeck und Pyrmont in den Fürstenstand erhoben wird, die Fürstenkrone hinzufügt.

Schon im 13. Jahrhundert verlegen die Pyrmonter Grafen ihren Wohnsitz von der Burg auf dem Schellenberg in das von ihnen gegründete und befestigte Städtchen Lügde. Die Burg verfällt. Auf ihren Trümmern wird 1824 der Schellenturm errichtet.

Mit Moritz II. stirbt 1494 der letzte Pyrmonter Graf aus dem Hause Schwalenberg. Die Nachfolger, die Grafen v. Spiegelberg aus Coppenbrügge, bauen ab 1526 in der sumpfigen Emmerniederung eine Festung. Von einer breiten Graft viereckig umschlossen, enthalten mächtige Wälle unterirdische Gänge und Räume und schützen einen 6 m tief gelegenen Innenhof vor den Kugeln der

Festung und Schloß Pyrmont

damals nur flach schießenden Kanonen. Die Wälle überragt ein einfaches Renaissance-Schloß, von dem es keine authentische Abbildung gibt.

Nach dem Tode des letzten Spiegelbergers 1557 übernehmen die Edlen Herren und Grafen zur Lippe aus dem nahen Detmold die Herrschaft, die sie 1583 an die thüringischen Grafen v. Gleichen weitergeben.

Im Dreißigjährigen Krieg wird die für uneinnehmbar gehaltene Festung 1629/30 vom Kaiserlichen General Pappenheim durch eine 10monatige Belagerung mehr ausgehungert als erobert. Das Schloß wird durch Beschuß stark in Mitleidenschaft gezogen. Die Festung wechselt noch dreimal den Besitzer (1633, 1636, 1646) bis zum Friedensschluß von Münster und Osnabrück (1648). Aber schon 1625 haben die Grafen v. Waldeck aus Arolsen bei Kassel die Grafschaft Pyrmont mitsamt der Festung übernommen. Als Fürsten zu Waldeck und Pyrmont behalten sie sie bis nach dem Ersten, die Schloßinsel sogar bis nach dem Zweiten Weltkrieg.

Ab 1706 bauen sie in einem für den norddeutschen Raum typischen barocken Klassizismus das gegenwärtige Schloß auf die militärisch längst bedeutungslos gewordene künstliche Festungsinsel als Sommerresidenz. Darin befindet sich heute auch das „Museum im Schloß“, das die Stadt- und Badgeschichte und abwechslungsreiche Sonderausstellungen zeigt.

Die Pyrmonter Quellen waren schon Römern und Germanen bekannt. Als man 1863/64 den Brodelbrunnen auf dem Brunnenplatz aufgrub, weil man ihm eine neue Quellfassung verleihen wollte, fand man in 4 m Tiefe mehr als 200 germanische Fibeln (Gewandnadeln) aus dem 1.–3. Jahrhundert. Die Menge der Fibeln läßt den Schluß zu, daß die Germanen, in diesem Falle wohl die Cherusker, sie als Opfergaben für die Quellgottheiten in die Quelle geworfen haben. Gefunden wurde dabei auch eine aus Bronze gegossene emaillierte und ziselierte römische Schöpfkelle aus dem 2. Jahrhundert n. Chr.

Der heidnisch-heiligen Verehrung der Quellen durch die Germanen hat die Hauptquelle unter dem Säulentempel auch ihren Namen zu verdanken; denn als sie durch den Benediktinermönch Heinrich v. Herford († um 1350) ihre erste Beschreibung findet, nennt er sie „fons sacer“ = Heilige Quelle = Hylliger Born.

Die planmäßige Entwicklung des Badeortes beginnt nach dem Dreißigjährigen Krieg. Georg Friedrich zu Waldeck und Pyrmont, erst Graf, dann Reichsfürst, läßt 1667 über dem Hylligen Born einen Brunnentempel bauen, dann die darauf ausgerichtete Brunnenstraße abstecken und schließlich rechtwinklig dazu vom Brunnenplatz abwärts die Hauptallee anlegen. Nachdem die erste Anpflanzung mit Eichen fehlgeschlagen ist, wird sie 1670 mit Linden wiederholt. Diese Allee ist bei den Gästen als Spaziergang derart beliebt, daß ihr nach Westen hin weitere Alleen angefügt werden. Mit den heutigen Namen bezeichnet, sind es die Schloßallee, die Springbrunnenallee, die Hylligen-Born-Allee und die Klosterallee (zwischen Schloßallee und Bismarckstraße). Zwei weitere Alleen zweigen von der Klosterallee ab und bilden mit Teilen von ihr den sogenannten Dreistrahl. Viel später – 1883 – wird jenseits der Bismarckstraße die Bombergallee angepflanzt, die bis zur aussichtsreichen „Kurklinik am Bomberg“ hinaufführt – früher sogar bis zum Spelunkenturm, von dem man bis zum Köterberg und bis zum Hermannsdenkmal sehen kann. Dieses Alleenetz ist – noch ohne Bombergallee – 1781 vollendet und in einem kolorierten Kupferstich von Dammert-Cöntgen (1790) mit hoher Genauigkeit dargestellt.

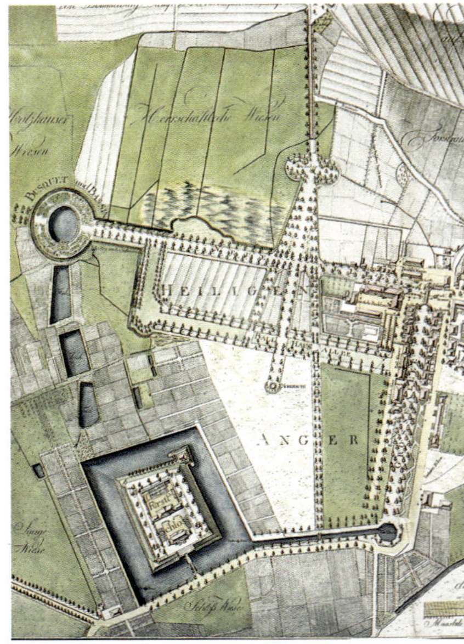

Die Pyrmonter Barockalleen 1790

Überall in Europa haben jetzt die Jahrhunderte alten Alleen aus der Ba-

Der Brunnenplatz in Bad Pyrmont

rockzeit das natürliche Ende ihres Lebens erreicht. Will man sie auch für die Zukunft erhalten, so gibt es, um wieder den barocken Charakter zu erreichen, nur die vollständige Erneuerung. Wenn mehr als 60 % der alten Bäume ausgefallen und die anderen zwar noch gesund, aber auch schon überaltert sind, entfernt man sämtliche Bäume und pflanzt einheitlich neu mit eigens dafür geschultem Material gleicher Art und gleichen Alters.

Eine derartige einheitliche Erneuerung erfährt seit 1995 in Bad Pyrmont die Klosterallee und der damit verbundene sogenannte Dreistrahl – angeregt und über Jahre hartnäckig gefordert und schließlich durchgesetzt vom Verfasser, der von vielen Fachleuten, vom Stadtrat und von den Denkmalschutzbehörden verschiedener Ebenen unterstützt wurde – trotz der unverständlichen Querelen des Staatsbades. Einheitliche Neupflanzungen von abgängigen Barockalleen erfolgten inzwischen in bedeutendem Ausmaß in Hannover-Herrenhausen, am Schloß Neuhaus bei Paderborn, im Schloßpark Wilhelmstal bei Kassel-Calden, im Schloßpark von Schwetzingen bei Heidelberg und am Schloß Schleißheim bei München.

Kaum, daß 1667 der Brunnentempel steht und 1670 die kleinen Bäumchen der Hauptallee grünen, strömen schon 1681 hochvornehme Gäste ins Pyrmonter Tal. In diesem sogenannten „Pyrmonter Fürstensommer“ sind, wenn auch nicht gleichzeitig, 34 adlige und hochadlige Häupter am Hylligen Born versammelt und machen nicht nur Kur, sondern auch ein wenig europäische Politik.

Blättert man in alten Berichten, dann findet man den Badeaufenthalt berühmter Häupter vielfach mit Begebenheiten verknüpft, die anekdotenhaft erscheinen.

So traf im Sommer 1716 Zar Peter der Große, aus seiner fernen Residenzstadt St. Petersburg kommend, mit 300 Pferden in Pyrmont ein. Als sich der nahende Wagenzug mit einer langen Staubfahne ankündigte, verfehlte niemand, der vermeinte, im Pyrmonter Tal Rang und Namen zu haben, dem Herrscher aller Reußen entgegenzueilen, um ihm die schuldige Reverenz zu erweisen. Der bescheidene und zurückhaltende Zar jedoch scheute diesen Empfang und wechselte deshalb rechtzeitig seinen Platz mit dem des Hofnarren, der daraufhin die Ovationen der Pyrmonter Honoratioren huldvoll entgegennahm. Als der Zar anderntags am Brunnen erschien, wurde die Täuschung offenbar, aber man trug dem liebenswürdigen Herrscher aller Reußen den Spaß nicht lange nach.

Die Hauptalleefontäne in Bad Pyrmont

Im Jahre 1744 langte Friedrich der Große in Pyrmont an, um rheumatische Beschwerden behandeln zu lassen, die ihn im Ersten Schlesischen Krieg befallen hatten. Anfangs zwang ihn sein Leiden, zum Brunnen zu reiten, später, bei sichtlich fortschreitender Genesung, kam er zu Fuß. Die heutige Kurmusik erlaubt die Bemerkung, daß es damit zur Zeit des großen Friedrich anscheinend nicht weit her gewesen ist; denn den empfindsamen Ohren des Königs waren die Weisen der damaligen Musikanten ein Greuel, so daß er sie als Tagediebe bezeichnete, ihre Musik des öfteren mit einer Handbewegung zum Schweigen brachte und ihnen bei seiner Abreise nur eine Gratifiktion von einem Dukaten zubilligte, während der Brunnenarzt Dr. Seip deren 50 als Ehrengeschenk erhielt. Als der König im Jahre 1746 wiederkehrte, befanden sich in seinem stattlichen Gefolge allein 90 Diener und Lakaien. Diesmal durfte die Musik in der Hauptallee überhaupt nicht spielen, wenn sich der König dort erging, und die armen Musikanten erhielten abermals nur einen Dukaten als Abschiedsgeschenk. Seitdem hat die Pyrmonter Kurmusik bis heute nie mehr „Preußens Gloria" gespielt, so sagt man.

Daß Goethe Pyrmont über Grohnde per Postkutsche erreichte, wurde bereits erwähnt. Er brachte seinen elfjährigen Sohn August und einen Sekretär namens Geist mit, und kaum, daß sie über die Brunnenstraße gerumpelt waren, spottete man halblaut hinter vorgehaltener Hand: „Vater, Sohn und heil'ger Geist."

Viel später bekannte Goethe seinem letzten Sekretär Eckermann gegenüber: „Eine kleine Liebschaft ist das einzige, was uns einen Badeaufenthalt erträglich machen kann; sonst stirbt man vor Langeweile!"

Paul Lincke, der Komponist mit den Glühwürmchen und den Schlössern im Mond, fühlte sich geschmeichelt, als er unmittelbar nach seiner Ankunft seinen Namen auf dem Programm des nächsten Kurkonzertes entdeckte. Aber was er dann hörte, war zu seiner Überraschung eindeutig Dvořák.

Es gab einen Heidenkrach, und schließlich versöhnte man den Meister, indem man ihn das Kurorchester dirigieren ließ, solange er in Pyr-mont weilte. Und der Programmzettel stimmte wieder: Lincke dirigierte Lincke, bis den Kurgästen die Glühwürmchen aus den Ohren kamen.

Zeichnete sich Bad Pyrmont noch nach dem 2. Weltkrieg durch eine typisch ländliche Atmosphäre aus, die ehemals von Angehörigen aller Bevölkerungsschichten – vom Hochadel bis zum Landmann und später vorwiegend von sogenannten groß- und gutbürgerlichen Gästen – als angenehm entspannend und damit als wertvoller Teil der Kur empfunden wurde, so beherrschen heute die Großbauten von Versicherungsanstalten, Kliniken und Sanatorien vor allem den nordwestlichen Stadtrand.

Bad Pyrmont braucht zwar diese Sanatorien, weil von den etwa 19 000 Einwohnern der Kernstadt rund 70 % direkt oder indirekt vom Kurgast leben, aber es bleibt die Frage, ob es nicht andere Standorte gegeben hätte, es bleibt die Frage, ob man deswegen wertvolle historische Substanz an Ortsbild, Parkanlagen und Landschaft opfern mußte, die dem Kurort früher seine unverwechselbare Atmosphäre und damit seine Anziehungskraft gegeben hat.

Ungewöhnlicher Durchblick in den Landschaftsgarten im Kurpark von Bad Pyrmont

Ein historischer Kurpark

Schon die Schilderung des Ohrbergparks ließ erkennen, daß auch Gärten eine Geschichte haben können, daß sie gelegentlich Kulturgeschichte widerspiegeln, vor allem, wenn ihre Anfänge mehr als 300 Jahre zurückreichen wie die Kurparkanlagen von Bad Pyrmont. Sie sollen deshalb hier etwas ausführlicher behandelt werden.

An eines sei allerdings zuvor erinnert: Die Gartenkunst ist seit Jahrtausenden die einzige bildende Kunst, die mit lebendem Material arbeitet. Das macht sie dem Laien manchmal schwer verständlich. Ihre Werke können schnell verarmen, verkümmern, verkommen, wenn sie nicht laufend sachkundig und vor allem stilgerecht erhalten und gepflegt werden. Eine steinerne Statue kann Jahrtausende in griechischer Erde liegen, ein Schnitzaltar von Tilman Riemenschneider oder ein Gemälde von Matthias Grünewald können über Jahrhunderte vergessen auf dem Dachboden von Schloß oder Kirche verstauben – sie verlieren nichts von ihrem Wert. Nicht so ein jahrhundertealter Park. Der muß Tag für Tag sachverständig betreut werden, wobei man zwar gute, sehr gute Gärtner braucht, die aber in noch so großer Zahl keinen Gartenhistoriker ersetzen können – genauso wenig, wie man einen Rembrandt durch zehn Anstreicher ersetzen kann.

Aber nun zu Bad Pyrmont. Daß die Hauptallee 1670 als Spaziergang für Kurgäste mit Linden angepflanzt wurde, daß ihr bis 1781 nach Westen hin weitere Barockalleen angefügt wurden, ist bereits bekannt. Auf den Grünflächen zwischen diesen Alleen weideten noch lange Zeit Rinder, Schafe und Ziegen. Einen nennenswerten Barockpark oder gar einen barocken Schloßpark hat es in Pyrmont nie gegeben.

Dann griff – vor allem nach dem Siebenjährigen Krieg (1756–1763) – ein völlg neuer, als revolutionär empfundener Gartenstil von England her auf das europäische Festland über: der Landschaftsgarten. Der versuchte in der nun anbrechenden Zeit der Aufklärung, der Klassik und der Romantik, künstlich eine Landschaft aufzubauen, die natürlich wirken, aber ein Höchstmaß an Harmonie, an ästhetischem Genuß bieten sollte. Während jetzt anderswo geometrisch angelegte Barockgärten der neuen Mode zum Opfer fielen, blieb den Pyrmonter Barockalleen dieses Schicksal erspart; denn als angenehm schattige Spazierwege waren sie für die Kurgäste längst zu einem typischen Charakteristikum des Badeortes geworden.

Doch etwa ab 1790 wurden nun auch die Weideflächen zwischen den Alleen von verschiedenen, aber durchweg sachkundigen Gartenkünstlern mit großem Einfühlungsvermögen abschnittsweise im neuen landschaftlichen Stil gestaltet und bis etwa 1903 den Alleen angepaßt. Prof. Dr. Dieter Hennebo (Uni Hannover), der Begründer sowohl der wissenschaftlichen Gartengeschichte als auch der Gartendenkmalpflege, bekannte 1986: „Vom ästhetischen Standpunkt aus findet man in Pyrmont eine sehr seltene Form der stilistischen Zusammensetzung von barocker und englischer Gartenanlage."

Seine gartenkünstlerische Höchstform erreicht der Park unter dem Fürstlich Waldeckischen Hofgärtner Friedrich Dirks und vor allem unter seinem ihm nachfolgenden Sohn Werner. Friedrich Dirks (1836–1916) pflanzt 1883 die Bombergallee an, und er gestaltet nach den Plänen des hannoverschen Stadtgartendirektors Julius Trip 1903–1906 den sogenannten Wasserzug mit Seerosenteich, Malerbrücke und Malerblick. Sein Sohn Werner Dirks (1867–1957) – als Gartenarchitekt ebenso begabt wie als Landschaftsmaler – vollendet den Park im malerischen Stil. Er legt ferner ab 1912 den Palmengarten an in der Manier eines italienischen Renaissance-Gartens. Ihm verdankt Pyrmont auch den Azaleenweg. Daß ihm sogar die Leitung der Königlichen Gärten in Potsdam (Sanssouci u.a.) angetragen wurde, beweist die Genialität dieses Gartenkünstlers.

In der selbstverständlichen Überzeugung, daß großzügige, wohlgepflegte Kurparkanlagen zur Entspannung, zur inneren Ruhe und damit zur Genesung der Kurgäste wesentlich beitragen, verwandelt er den damals noch kahlen Südhang des Bomberges in den blütenreichen Bergkurpark und verbindet ihn durch den Mittleren Kurpark – einem bachdurchflossenen, idyllischen Wiesental zwischen begleitenden Waldrändern – mit dem unteren, heute umzäunten Kurpark. Damit hat er einen breiten, zusammenhängenden Grünzug geschaffen von den hochgelegenen Wäldern des Bomberges bis hinunter in die sattgrüne Park- und Weidelandschaft der Emmerniederung – für einen repräsentativen Kurort wie Bad Pyrmont ein unschätzbares Kapital.

Kurz vor Ausbruch des Zweiten Weltkrieges erreichen die Pyrmonter Kurparkanlagen unter Werner Dirks ihre künstlerische Vollendung, wobei betont werden muß, daß sowohl die Fürsten zu Waldeck und Pyrmont bis 1919, danach auch die verschiedenen Kurdirektoren bis 1945 so klug waren, die sachkundige Arbeit ihrer Gartenfachleute immer zu fördern und wohlwollend und anerkennend zu respektieren.

Das ändert sich nach 1945. Da lassen die nun Verantwortlichen das Bewußtsein für den gartenkünstlerischen Wert der Anlagen immer stärker vermissen – auch für jenen Wert, den sie für den Kurgast und damit für den Badeort schlechthin darstellen. Es kommt zu irreparablen Beeinträchtigungen, vor allem durch die unverständliche Bebauung von Kurparkteilen. So fällt 1950 der Mittelteil der Dreistrahlallee dem Neubau des Kohlensäure-Trockengasbades zum Opfer, und danach wird der Blick aus der Hylligen-Born-Allee bis hin zum Hagener Berg durch den Bau einer neuen Klinik blockiert.

Ein Gutachten, eigens von der Stadt in Auftrag gegeben, stellt fest: „Der Kurpark ist das Prunkstück von Bad Pyrmont. Seine Förderung, Erhaltung und Erweiterung stehen an erster Stelle." Auch das Planungsamt des Landkreises

Im Kurpark von Bad Pyrmont befindet sich die größte Palmenfreianlage Mitteleuropas nördlich der Alpen

Eine Vielzahl von Blumen füllt das Areal des Palmengartens

Wege, die den Besucher führen, Wasserflächen mit Wasservögeln, Brücken und weite, unverbaute Ausblicke sind typische Merkmale des Pyrmonter Landschaftsgartens

Hameln-Pyrmont weist eindringlich, nahezu beschwörend auf den Wert der Kurparkanlagen hin: „Der Grüngürtel sollte auf keinen Fall durch bauliche Anlagen eingeengt werden. Bei der Stadtplanung muß besonderer Wert darauf gelegt werden, daß die für Bad Pyrmont charakteristischen, großzügig vorhandenen Grünanlagen in ihrem Bestand nicht angetastet werden."

Aber man predigt tauben Ohren. Auch Warnungen, Hinweise und Ratschläge, vor allem von gartenarchitektonischen Fachleuten der Universität Hannover über Jahre hinweg mündlich und schriftlich gegeben, werden unverständlicherweise ebenfalls ignoriert. An der Hylligen-Born-Allee wird der Mittlere Kurpark vom neuen Königin-Luise-Bad, von einer neuen, großen Tennishalle und einem neuen Heizwerk derart stark eingeengt, daß er seine verbindende Funktion zwischen dem Unteren Kurpark und dem Bergkurpark weitgehend verliert und der inzwischen stark vernachlässigte Bergkurpark kaum noch von Kurgästen begangen wird. Als dann auf dem Gelände der Staatsbad-Gärtnerei noch eine große Klinik gebaut werden soll, mahnt der damalige Präsident des „Zentralverbandes Gartenbau“: „Anscheinend weiß man in Pyrmont nicht, welchen Wert diese Anlagen darstellen. Aber während anderswo Millionen ausgegeben werden, um historische Parkanlagen zu restaurieren, fügt Bad Pyrmont seinen Anlagen eine Beeinträchtigung nach der anderen zu.“

Die Beeinträchtigungen erstrecken sich leider auch auf viele jener kleinen Stilelemente, die die individuelle Schönheit eines Parkes ausmachen, von denen gerade in den letzten Jahrzehnten viele der Vernachlässigung, der Gleichgültigkeit zum Opfer gefallen sind. Die romantische Doppelbrücke vom Azaleenweg über die Schwaneninsel zur Schloß- und Festungsanlage ist ebenso verschwunden wie die – in der Gartenkunst seltene – Glockenfontäne in der Springbrunnenallee. Die dem Park zugewandten Arkaden des Konzerthauses werden der Spielbank geopfert, und im Kurpark wird ein Teil der Klosterallee gepflastert für den Ver- und Entsorgungsverkehr mit schweren Lastkraftwagen. Im letzten weiten Blick aus dem Park in die Landschaft – dem Malerblick – wird sogar ein Minigolfplatz angelegt.

Es fehlen inzwischen – um nur weniges zu nennen – die geschlossene Rosenrabatte um den Goldfischteich, es fehlen seit Jahren die Seerosen im Seerosenteich, es fehlt gerade bei diesem Teich die früher vorhandene Umrahmung mit blühenden Wasserpflanzen, es fehlt schmückendes Ziergeflügel auf den Wasserflächen, vor allem Schwäne, die im Frühjahr sonst immer auf der Schwaneninsel in der Graft brüteten. Es fehlen früher vorhandene Pfauen, mit denen schon die Perser ihre Gärten schmückten, weil sie das Symbol für das irdische Paradies waren – in den historischen Parkanlagen von Schwetzingen bei Heidelberg und Wörlitz bei Dessau sind sie selbstverständlich. Der Park verarmt mehr und mehr und ist heute wie eine schöne Frau, der man allmählich alle kostbaren Schmuckstücke genommen hat, mit denen sie früher ihre Schönheit dezent, aber wirkungsvoll zu unterstreichen wußte.

Lange Sichtschneisen in die Tiefe des Parkes – typisch und deshalb unverzichtbar für einen Landschaftsgarten – sind inzwischen zugewachsen oder zugepflanzt worden, und der Palmengarten, die mit Abstand größte Palmenfreianlage Mitteleuropas nördlich der Alpen, hat die frühere Eleganz eines italienischen Renaissance-Gartens durch eine stillose Aufstellung des weiter zunehmenden Pflanzenbestandes längst verloren. Dagegen hat wahllose Anpflanzung von neuen exotischen Büschen und Bäumen, vor der die Deutsche Dendrologische Gesellschaft schon vor Jahrzehnten eindringlich gewarnt hat, den malerischen Gartenstil eines genialen Werner Dirks teilweise bis zur Unkenntlichkeit verwischt. Ein Kurpark ist kein botanischer Garten – das eine schließt das andere aus.

Vieles könnte ohne besondere Kosten kurzfristig korrigiert werden, aber es gibt seit Jahrzehnten für diesen Kurpark keinen Gartenarchitekten, schon gar keinen Gartenhistoriker mehr. Es bleibt zu hoffen, daß irgendwann eine neue, verantwortungsbewußte Leitung endlich auf Fachleute hört und mit Geschichtsbewußtsein und Kunstverstand die noch möglichen Korrekturen vornimmt – dieser historische Park wäre es wert. Die inzwischen bebauten Kurparkteile allerdings sind unwiederbringlich verloren.

St. Kilian und die Osterräder von Lügde

Auf dem Weg von Bad Pyrmont in die Nachbarstadt Lügde überschreitet man eine dreifache Grenze: Die Stadtgrenze Bad Pyrmont / Lügde, die Landesgrenze Niedersachsen / Nordrhein-Westfalen und die Kreisgrenze Hameln-Pyrmont / Lippe. Der Kreis Lippe war früher Grafschaft, dann Fürstentum, zuletzt Freistaat, bis er nach dem Zweiten Weltkrieg dem Land Nordrhein-Westfalen eingegliedert wurde. Landläufig spricht man heute vom „Lipperland". Das Wappenzeichen ist von altersher die fünfblättrige Blüte der Heckenrose.

In den Fränkischen Reichsannalen (Annales Laurissenses, Nationalbibliothek Wien, Codex 473) wird über Karl d. Großen berichtet: „...et celebravit natalem Domini juxta Scidrioburg in Pago Waizzagavi super Fluvium Ambram in villa Liuhidi – ...und er feierte das Weihnachtsfest unweit der Scidrioburg (= Schieder) im Wettigau am Emmerfluß in der Bauernschaft Lügde."

Das geschah im 8. Jahrhundert innerhalb jener 30 kriegerischen Jahre, in denen der christliche Franke Karl der Große dem Sachsenführer Widukind (oder Wittekind) und seinen heidnischen Mannen fleißig auf den Fersen war, bis der sich schließlich den mächtigen Eroberern endgültig unterwarf.

So wird Weihnachten 784 im Pyrmonter Tal zum erstenmal die Heilige Messe zelebriert. Die Legende will wissen, daß Widukind, gegen den auch dieser Winterfeldzug gerichtet ist, als Bettler verkleidet heimlich daran teilgenommen habe. Der Eindruck dieses zweifellos besonders feierlichen Weihnachtsgottesdienstes soll wesentlich dazu beigetragen haben, daß er sich endlich ein Jahr später, Weihnachten 785, in Attigny an der Aisne in Nordfrankreich taufen ließ.

Der Überlieferung zufolge hat Karl der Große am Ort dieses Weihnachtsgottesdienstes den Grundstein zu einem Gotteshaus, zur ersten Kilianskirche, gelegt.

Schon der Name spricht für diese Vermutung; denn gegen Ende des 8. Jahrhunderts gehörte das Pyrmonter Tal zum Einflußbereich des Bistums Würzburg, dessen Schutzpatron der heilige Kilian ist. Selbst nach der Errichtung des Bistums Paderborn um 806 hielt man sich weiterhin an den vertrauten Würzburger Schutzheiligen, bis dann 836 die Gebeine des heiligen Liborius in den Paderborner Dom übergeführt werden und nun dieser zum Diözesanpatron erhoben wird. Von da ab erhält im Erzbistum Paderborn keine Kirche mehr den Namen des heiligen Kilian.

Es wird ebenfalls angenommen, daß es sich schon bei der ersten Lügder Kilianskirche, die zweifellos eine der ersten des Sachsenlandes überhaupt gewesen ist, um einen Steinbau gehandelt hat, dem

Blick auf die Osterräderstadt Lügde im Emmertal

die beiden unteren Drittel des heutigen Turmes zugeordnet werden. Nach einem Brand, der das Kirchenschiff und den oberen Teil des Turmes zerstörte, wurde der jetzige Bau etwa 1100–1130 im romanischen Stil errichtet und hat seitdem, von kleineren Veränderungen abgesehen, seine damalige Grundform bewahrt.

Da die erste Kirche inmitten des befestigten Königslagers entstanden war, bot sie sich auch in späterer Zeit als Verteidigungsplatz, also zur Wehrkirche, an. Mauer und Graben, die sie einst umzogen, sind teilweise noch zu erkennen.

Bemerkenswert in der Kirche sind unter anderem Fresken aus dem 12. Jahrhundert in der Chorapsis, die man 1870 entdeckte und 1939 freilegte, und die eigenartigen Skulpturen an den Würfelkapitellen der romanischen Säulen beiderseits des Mittelschiffes; ihr heidnischer Charakter erlaubt den Schluß, daß sie vor dem 12. Jahrhundert geschaffen worden sind.

Bevor die Baugeschichte der Kilianskirche entschlüsselt und ihre Bedeutung für die Christianisierung des Sachsenlandes erkannt worden war, hatte sich längst die Sage des geheimnisvollen Gotteshauses bemächtigt. So gewahrten die früheren Bewohner des Tales, daß am Fuße des heutigen Kirchberges um Mitternacht drei feuerrote Rosen aus der Erde sprossen, für kurze Zeit blühten und zum Morgen hin wieder verwelkten. Das wiederholte sich Nacht für Nacht, und die Leute in Lügde entsetzten sich darüber, weil sie die Erscheinung als böses Vorzeichen deuteten. Eines Morgens aber gruben einige Beherzte dort nach, wo die Rosen gestanden hatten und stießen tief in der Erde auf ein altes steinernes Marienbild. Es fand seinen Platz in einer äußeren Nische, aus der es aber wieder auf unerklärliche Weise verschwand. Darauf setzte man an seine Stelle eine Steinfigur des heiligen Kilian, die bis dahin das Stadttor geschmückt hatte und die heute noch an der Außenwand zu sehen ist. Das verschollene Marienbild aber wurde in Holz nachgebildet und im Chor der Kirche angebracht.

Während das Dorf Lügde früher am Fuß des Ham- und Winzenberges, etwa in der Nähe der Hamborner Mühle, lag, gründet in der Mitte des 13. Jahrhunderts Gottschalk I.; Graf von Pyrmont, die befestigte Stadt Lügde am Emmerufer, und zwar nach dem Grundplan von Lippstadt. Von Wall, Graben, Mauer und sieben Türmen ist manches erhalten.

Blickt man vom Hang des Osterberges auf Fluß, Brücke und mittelalterliches Ackerbürgerstädtchen, so erkennt man, daß diese Wehranlage einst den Südausgang des Pyrmonter Tales beherrschte und damit das Gegenstück bildete zur Burg Schell-Pyrmont, die den Nordausgang bewachte. Und man entdeckt auch, daß die Kilianskirche nicht mit in die Stadtanlage einbezogen wurde; sie liegt auf einer Anhöhe am südlichen Stadtrand außerhalb der mittelalterlichen Befestigung; als die Stadt gegründet wurde, war die Kirche schon über hundert Jahre alt.

Graf Moritz, der letzte der Pyrmonter Grafen und zugleich der letzte aus dem Geschlecht der Schwalenberger, wurde 1494 mit Schild und Helm in der Kilianskirche beigesetzt, wahrscheinlich ist sie bis dahin die Begräbniskirche aller Pyrmonter Grafen gewesen. Diese Grabstätten können jedoch nicht mehr näher bezeichnet werden; möglicherweise sind sie den Verwüstungen des Dreißigjährigen Krieges zum Opfer gefallen. Pfarrer Nußbaum, der sich ab 1624 um die Wiederherstellung des Gotteshauses bemühte, empfing zu diesem Zweck vom kaiserlichen General Pappenheim und seinen Offizieren eine ansehnliche Spende, aber 1633 fiel die Innenausstattung wieder plündernden Schweden anheim. Eine sorgsame Restaurierung, die seit 1870 schrittweise vorgenommen wurde, führte zur Ausgestaltung des Innenraumes, wie er sich jetzt dem Besucher darbietet.

Da die Stadt die weitaus ältere im Pyrmonter Tal ist und von ihrem Gründer mit mancherlei Rechten ausgestattet worden ist, hatte in ihren mittelalterlichen Mauern auch der Scharfrichter seinen Wohnsitz, in der Kilianskirche sogar seinen Scharfrichterstuhl. Vor dem Turmeingang ist noch ein entsprechendes Grabmal, das Scharfrichterkreuz, zu sehen. Seine Inschrift lautet: „Alhier ist in Gott selig entschlafen der ehrbare Meister Mathias Bröckers, Scharf- und Nachrichter zu Lida und Bermund (= Lügde und Pyrmont). Ist geboren anno 1628, den 13. Sept. in Osnabrik. 1691 den 6. Januar selig gestorben, seins alt. 63 Jahr." –

Teile der mittelalterlichen Stadtmauer boten Schutz gegen die Hochwasser der Emmer, die den Ort noch bis vor kurzem gelegentlich bedroht haben. Die letzte Katastrophe ereignete sich in der Nacht zum 9. Februar 1946. Da drückte bei einfallender Dunkelheit das jäh steigende Hochwasser die schützende Stadtmauer ein. In weniger als einer halben Stunde stand die Innenstadt bis zu 2,40 m unter Wasser. Die Bewohner retteten sich in die oberen Stockwerke ihrer Häuser, deren Fachwerkwände zum Teil eingedrückt wurden. Über 200 Pferde und Kühe ertranken angekettet in den Ställen. Nach einer schrecklichen Nacht, in der zeitweise auch noch der elektrische Strom ausfiel, ging das Wasser allmählich zurück. Am späten Nachmittag des 9. Februar waren die Straßen wieder frei, aber bis zu 5 cm hoch mit Schlamm bedeckt, der auch Keller und Erdgeschosse füllte und erst in wochenlanger Mühe beseitigt werden konnte. Über 30 Lastwagen brauchte man, um allein die Tierkadaver fortzuschaffen. Nach der Katastrophe baute man eine Hochwasserschutzanlage, die zusammen mit dem neuen Emmerstausee Schieder eine Wiederholung derartiger schrecklicher Ereignisse hat unwahrscheinlich werden lassen.

Noch aus heidnischer Zeit pflegt Lügde einen Osterbrauch, der jährlich bis zu 30 000 Besucher anzieht, nämlich den Lauf der Feuerräder. Dieser Brauch ist über 2000 Jahre alt, und niemand weiß zu sagen, welcher Sinn ursprünglich darin gesehen wurde. Es kann ein alter Sonnenkult sein und das Feuerrad Symbol für die Sonnenscheibe; es kann eine Ehrung der Ostergöttin Ostara gewesen sein, ebenso aber auch ein Abwehrzauber gegen Hagel und Unwetter. Früher entzündete man drei Osterfeuer und ließ von jedem zwei Räder talabwärts laufen. Aber als dann 1872 die Eisenbahnstrecke Hameln–Pyrmont–Altenbeken gebaut worden war, schnitten die Gleise die Laufstrecken vom Schiefen Grund und vom nördlichen Kirchberg, so daß sie aufgegeben werden mußten.

Seit der Christianisierung feiert man im Feuerräderlauf die Auferstehung Christi. Allerdings scheint sich im Volk das Bewußtsein um die heidnische Wurzel des Festes noch lange gehalten zu haben, denn 1743 erteilt der Generalvikar von Wiedenbrück dem Bürgermeister und dem Rat der Stadt den Befehl, den Brauch abzuschaffen und beauftragte den Richter in Lügde, die Osterräder einzuziehen. Als Begründung wurde u.a. „Glaubensversündigung" genannt. Ob man sich um das Verbot gekümmert hat, ist nicht bekannt.

Hüter dieses Brauches sind die Dechen (von lat. decem = zehn; also Zehnerbund), deren Vereinigung einzig diesem Osterräderlauf dient. Die mannshohen Räder bestehen aus mehreren Lagen miteinander verschraubter Eichenhölzer, zwei gekreuzte Balken bilden die Radspeichen. Diese Räder werden während der Karwoche angekettet in die Emmer gelegt, damit sie sich mit Wasser vollsaugen und so der Hitze besser widerstehen können, und am frühen Nachmittag des Ostersonntags zusammen mit großen Strohmengen auf den Osterberg gefahren. In das faustgroße Loch der Radspeichen wird eine vier Meter lange Buchenstange gekeilt, die verhindern soll, daß das Rad im Lauf umkippt. Dann stopfen die Dechen in mühsamer Arbeit das Stroh büschelweise in das Rad und befestigen es mit gedrehten Haselnußruten an der sogenannten Kranzweide. Ungefähr 15 bis 20 Bunde Stroh werden für jedes Rad gebraucht, bis es schließlich ein Gesamtgewicht von über zehn Zentnern bekommt. Jedesmal, wenn ein Rad fertig ist, hallen drei Böllerschüsse über das Tal. Nach Einbruch der Dunkelheit flammt neben dem erleuchteten Holzkreuz das Osterfeuer auf. Dann wälzen die Dechen das erste Rad zum Ablaufpunkt. Wieder ein Böllerschuß! Das Kreuz erlischt. Mit zwei Pechfackeln entzündet ein Deche das Stroh des Rades. Knisternd lecken die Flammen empor. Mit langen Stangen stoßen die Männer das Rad über den Steilhang. Zischend, fauchend, immer

Brennendes Osterrad

Die romanische Kilianskirsche

schneller werdend, funkensprühend und brausend rast der Feuerball abwärts, springt über Geländewellen, stiebt über den Wiesenhang und verglüht schließlich im Tal. Bei trockenem Wetter fängt die Grasnarbe Feuer, der Wind treibt Flammen und Rauch über den ganzen Osterberg.

Sechs Räder laufen – sechsmal dasselbe, unvergleichliche Schauspiel. Jedes Rad wird aufmerksam verfolgt; je länger der Lauf, desto besser das kommende Erntejahr, sagt ein alter Volksglaube.

Früher liefen die Feuerräder von vielen Hängen ins Pyrmonter Tal, und jeder Bauer achtete sorgsam darauf, daß sich auch über sein Land eine solche feurige, verheißende Spur zog. Es wurde eine löbliche Gepflogenheit, daß die Dechen ausgediente Osterräder an interessierte Museen vergeben. So kann man heute Lügder Osterräder sehen in Kiel (1936), Berlin (1937), Hannover (1938); im Niedersächsischen Heimatmuseum in Hannover (1936), im Westfälischen Freilichtmuseum in Detmold (1964), im Bauernmuseum „Stümpelhof" bei Hildesheim (1967) und im Museum für Deutsche Volkskunde in Berlin-Lichterfelde (1971). –

Folgt man von Lügde aus in Richtung Höxter erst der Emmer und dann deren Nebenbach Wörmbke, so kommt man in den Lügder Ortsteil Elbrinxen, in dem man neben dem kleinen romanischen Kirchlein auf die – sofern man dem „Guinness-Buch der Rekorde" glauben mag – älteste Kirchenlinde der Welt trifft. Viel bekannter wurde das Dorf jedoch, weil man hier in jüngster Zeit mehrmals ein Internationales (!) Schweinerennen veranstaltet hat – ein rustikales, in diesem Falle wohl Speck-takel für alle, die an so ausgefallenen Späßen ihre deftige Freude haben.

Eine andere Besonderheit hat der kleine Ort noch zu bieten: Hier betreut ein „Verein zum Schutze des Weißstorches" eine Storchenstation mit Alt- und Jungstörchen. Ungewöhnlich dabei ist, daß die Vögel im Herbst nicht mehr ins ferne Afrika ziehen, sondern auch den Winter über in Elbrinxen bleiben. Ein Beweis dafür, wie schön es in dem Dorf ist!

Der Hagen und Schloß Barntrup

Verläßt man Bad Pyrmont durch den Ortsteil Holzhausen in Richtung Barntrup–Lemgo–Bielefeld, so windet sich die Straße in engen Kehren aus dem Talkessel auf die aussichtsreiche Höhe. An mehreren Stellen haben steilwandige Steinbrüche den Hang halbrund aufgerissen, jahrhundertelang wurde hier der anstehende Muschelkalk zum Straßen- und Häuserbau, auch zum Kalkbrennen, abgebaut. In der Nähe des Brunsmeyerschen Steinbruches stand bis vor einigen Jahrzehnten noch ein solcher Kalkofen. Dieser Steinbruch hat im Laufe der Zeit eine Fülle wertvoller und teilweise sehr seltener Versteinerungen freigegeben. Hier wurde auch der Eingang zu einer kleinen Tropfsteinhöhle, der Brunsmeyerhöhle, angeschnitten, sie ist aber nicht begehbar. Danach erreicht man den frei auf der Höhe gelegenen Pyrmonter Ortsteil Hagen. Man fährt nicht nach Hagen, sondern man fährt „zum Hagen" oder „auf den Hagen", ebenso, wie man „vom Hagen" kommt. Dieser heute immer noch übliche Sprachgebrauch läßt vermuten, daß ein älterer Flurname, der ehemals den gesamten Bergrücken bezeichnete, auf das ehemalige Dorf übergegangen ist. „Hagen" bedeutet zudem „Wald"; das Gelände einschließlich des Ham- und Winzenberges ist also früher bewaldet gewesen.

Vor dem Jahre 1447 bestand hier auf der Höhe, unmittelbar westlich der heutigen Kirche, das Dorf Plattgersten. Man kann es sich mit wenige Häusern bzw. Höfen in einer Waldlichtung vorstellen. In der Soester Fehde wurde die kleine Siedlung, wie viele andere in dem Grafschaften Waldeck-Pyrmont und Lippe auch, zerstört und nicht wieder aufgebaut. Der Wald wird sich wieder der verlassenen Wüstung bemächtigt haben.

Die Überlieferung möchte die Gründung des späteren Bergdorfes verknüpfen mit den Ereignissen in Lügde zu Weihnachten 1624, als die ehemals protestantische Stadt wieder katholisch wurde. Einige Bauern sollen mit dieser Rückführung nicht einverstanden gewesen sein und Lügde deshalb verlassen haben. Da sie aber in der heimatlichen Grafschaft bleiben wollten, siedelten sie „auf dem Hagen". Um 1670 gab es dort 6 Halbmeierhöfe, deren jeder 40 bis 60 Morgen umfaßte. Noch 1840 trug die Gemeinde den Namen „Hagen to Lügde", und bis zum 1. April 1908 wurde die Post für den Hagen von Lügde aus zugestellt.

Der Siedlungsraum war unwirtlich. Der Winter zieht auf dem Hagen früher ein und währt länger als im Pyrmonter Tal. Ständige Schwierigkeiten bereitete jahrhundertelang die Wasserversorgung, da sich auf dem Bergrücken keine Grundwasservorkommen erschließen

ließen. Man hatte Flachbrunnen, in denen Regenwasser zusammenlief, die aber im Sommer rasch versiegten. Daneben legte man viele kleine Teiche an, in die Regenwasser geleitet wurde; damit tränkte man das Vieh, damit bekämpfte man ausbrechende Brände. Das tägliche Frischwasser jedoch schafften die Kinder des Dorfes heran, und zwar aus einer Quelle am Biekeberg, die etwa eine halbe Stunde weit entfernt lag. An einem Querholz, das die Kinder auf der Schulter trugen, hingen zwei Eimer, und jeder Tag begann damit, daß sich eine Rotte von Kindern vor Schulbeginn auf den Weg zur Quelle machte und dann die gefüllten Eimer wieder bergauf nach Hause schleppte. Später stellt der Kreisarzt fest, daß auf dem Hagen unverhältnismäßig viele Kinder an Tuberkulose, Skrofulose und Rückgratverkrümmungen leiden. Erst am 3. Juli 1925 bekommt der Hagen endlich eine Wasserleitung. Ein Pumpwerk an der Hamborner Mühle drückt das Wasser 200 m höher in einen Hochbehälter, von dem es in Häuser und Hydranten verteilt wird. Nach Jahrhunderten täglicher Sorge um das Wasser für Mensch und Tier ist es verständlich, daß die Bewohner des Bergdorfes den Choral anstimmen: „Nun danket alle Gott...“, als der erste Wasserstrahl aus der neuen Leitung sprudelt.

Aus dem Staub der Gemeindeakten wirbelt manche kuriose Geschichte. Im Protokoll der 50. Gemeinderatssitzung, die am 5. März 1854 stattfindet, ist als einziger Punkt der Tagesordnung aufgeführt: „Nichts.“ Vom selben Gemeinderat wird im selben Jahr die Anschaffung einer Feuerspritze abgelehnt mit der Begründung, daß man sich im Brandfalle eine leihen könne: „...so haben wir eine gute Feuerspritze in unserer Nähe im Dorf Hiddensen, eine Viertelstunde vom Hagen, welche beinahe so schnell hiersein kann, als wenn wir selbst eine hätten.“ Da es damals noch kein Telefon gab und man also einen Boten nach der Spritze schicken mußte, so taucht der gräßliche Verdacht auf, daß die damaligen Gemeindeväter vielleicht mehr um ihr Wasser als um ihre Häuser gebangt haben mögen.

Auf besondere Weise wird auf dem Hagen die Fastnacht, der „Fass'l-Oabend“ gefeiert. Das geschieht nicht regelmäßig, sondern nur alle 2 bis 3 Jahre, und auch der Tag für das Fest wird innerhalb der Karnevalszeit willkürlich festgesetzt. Als sich der Brauch vor etwa 150 Jahren herausbildete, wollte man erreichen, daß die gesamte Dorfbevölkerung, ob arm, ob reich, an dem Fest teilnehmen konnte. Und so zog am betreffenden Tag ein Trupp junger Burschen von Haus zu Haus, um auf einer Astgabel Würste zu sammeln, die beim abendlichen Fest gemeinsam verspeist wurden. Daraus entwickelte sich das heutige „Gaffelfest“.

Die Männer des Ortes marschieren vom frühen Morgen an mit einer Musikkapelle herum, allen voran der Gaffelträger mit seiner Gabel, der „Gaffel“, die man 1881 aus Eisen schmieden ließ und die zum Symbol des Festes geworden ist. Vor jedem Haus sagt der Gaffelträger seinen Spruch auf, bekommt eine Wurst auf die Gaffel gesteckt oder eine Flasche „Schluck“, und einer der Hausbewohner darf sich von der Kapelle ein Ständchen wünschen. Dieser Umzug dauert den ganzen Tag, nur unterbrochen durch die Mittagspause, in der die Männer Brot und Wurst traditionsgemäß „über den Daumen frühstücken“. So sind an manchen Gaffelfesten bis zu 350

Das Weserrenaissance-Schloß Barntrup

Würste und 70 Flaschen Schnaps zusammengekommen. Das abendliche Fest wurde früher auf den Dielen der Bauernhäuser gefeiert. Heute trifft sich die ganze Gemeinde mit vielen auswärtigen Gästen im Wirtshaus. Als Wahrzeichen des Ortes plätschert jetzt an der Hauptstraße der neue Gaffelbrunnen.

Im Pyrmonter Tal und seinen Randbereichen trifft man sich im Herbst aber auch gern zu einem anderen Fest, nämlich zum traditionellen „Kartoffelbraten". Das kann im geselligen Kreis mehrerer Familien geschehen, wird aber auch gern als Vereinsfest begangen. Die Teilnehmer versammeln sich am Nachmittag im Freien um ein großes offenes Buchenholzfeuer. Wenn es heruntergebrannt ist, schüttet man rohe Kartoffeln in die heiße Glut. Gegessen werden die derart gegarten Kartoffeln aus der Hand, und zwar mit Leberwurst, vor allem aber mit Judensülze, einem feingeschnittenen Gemisch von sauren Gurken, Zwiebeln und ein wenig Apfel, dessen alter, volkstümlicher Name nicht abfällig gemeint ist, aber wohl darauf hinweisen soll, daß diese „Sülze" kein Schweinefleisch enthält.

Fährt man vom Hagen über die lippische Kreis- und damit auch über die nordrhein-westfälische Landesgrenze in Richtung Lemgo–Lage–Bielefeld, dann kommt man in das Städtchen Barntrup, dessen Name insofern typisch ist für das Lipperland, als dort viele Ortsnamen mit der Silbe -trup enden: Hüntrup, Höntrup, Hiddentrup, Hillentrup, Krentrup, Bentrup, Wellentrup, Wissentrup, Grastrup, Göstrup, Dörentrup, Oelentrup, Ehrentrup, Schwelentrup, Brüntrup, Tintrup, Istrup, Leistrup und Herrentrup. Diese Endung geht wahrscheinlich auf das Wort „Drubbel" zurück; damit

Schloß Wendlinghausen

bezeichnete man früher eine kleine Gruppe benachbarter Gehöfte.

In Barntrup gibt es, etwas versteckt am Ortsrand, das zweitkleinste Schloß der Weserrenaissance. Es gilt jedoch als die vollendetste Schöpfung dieses Baustiles in Lippe, weil es angeblich alle Schmuckformen der adeligen Weserrenaissance in sich vereinigt. Außer dem schlanken Treppenturm, dessen Portal überreich verziert ist, hat man dem einflügeligen Schloß noch drei massige Wohntürme angefügt. Diese Mode kommt aus Frankreich und rückt Schloß Barntrup in die Nähe der Renaissance-Schlösser an der Loire.

Der Bau geht zurück auf den lutherischen Söldnerführer Franz v. Kerßenbrock, der es im französischen Hugenottenkrieg zu Reichtum gebracht hatte. Allerdings verhinderte sein Tod 1576 die Ausführung seiner Baupläne. Aber seine Ehefrau, die 1536 geborene Anna v. Canstein, die er 1567 geheiratet hatte, wollte sich und vor allem ihren Kindern einen festen Wohnsitz geben und tat das im Flecken Barntrup, wo ihr Vetter Gerlach v. Kerßenbrock, der Vormund ihrer Kinder, bis 1562 in einer lippischen Stadtburg gesessen hatte. Der Schloßbau begann 1584 durch den Hamelner Baumeister Eberhard Wilkening. Die vorliegenden Rechnungen besagen, daß das Baumaterial aus den Obernkirchener Sandsteinbrüchen stammt. Heinrich Overkotte schuf die Büste der Bauherrin über dem Treppenturmportal. Im Relief des Weinschenken über dem Kellereingang der Schauseite vermutet man den früh verstorbenen Ehemann der Bauherrin. Gemäß der Jahreszahl im Westgiebel wird das Schloß 1588 vollendet. Schon drei Jahre später stirbt Anna v. Canstein.

Die Schmuckformen des Barntruper Schlosses erlauben den Schluß, daß Meister und Handwerker von Barntrup auch am Schloß des Jürgen v. Klencke in Hämelschenburg, am Teichflügel von Schwöbber und am Hochzeitshaus in Hameln mitgewirkt haben.

Wenige Kilometer von Barntrup entfernt, findet man in Wendlinghausen ein weiteres, und zwar das kleinste Schloß der Weserrenaissance.

Auch das besteht nur aus einem Flügel und einem Treppenturm und spiegelt seine Rückseite malerisch in einer Graft. Die Inschrift über dem Turmeingang berichtet, daß es von Hilmar v. Münchhausen und Dorothea v. Münchhausen gebaut wurde – von jenem Hilmar dem Jüngeren, der Schloß Schwöbber vollendet hatte. Hier liegt übrigens der einmalige Fall vor, daß ein Münchhausen aus der „Weißen Linie" eine Münchhausen aus der „Schwarzen Linie" geheiratet hat.

Die Verzweigung dieses niedersächsischen Uradelsgeschlechtes erfolgt bereits im 14. Jahrhundert. Unser Lügenbaron gehörte der schwarzen, der Lyriker Börries Freiherr v. Münchhausen (1874–1945) einem Zweig der weißen Linie an. Das Geschlecht ist immer noch im Weserbergland ansässig, aber in seine verwickelte Familiengeschichte wollen wir uns nicht weiter verirren.

Die Fachwerkstädtchen Schwalenberg und Blomberg

Hält man sich, von Bad Pyrmont über Lügde kommend, weiterhin flußaufwärts an das breite, malerische Wiesental der Emmer, so passiert man hinter dem kleinen Dorf Harzberg links der Straße den alten, markanten Grenzstein zwischen dem Königreich Preußen und dem Fürstentum Lippe und erreicht dann den Emmerstausee Schieder, der weitgehend Erholungszwecken, dem Hochwasserschutz und der Stromerzeugung dient. Die Gesamtlänge des Gebietes beträgt 3500 m, die Seebreite 150–500 m. Mit einer Fläche von etwa 100 ha ist dieser Stausee vor dem Norderteich bei Belle das größte stehende Gewässer des Lipperlandes, auch wenn die Emmer hindurchfließt. Hier kann man auf befestigten Wegen bei jedem Wetter rund um den See wandern, hier können viele Arten von Wassersport betrieben werden: Rudern, Paddeln, Segeln, Surfen. Wasserfahrzeuge mit Motor – ob Elektro-, Benzin- oder Dieselantrieb – sind allerdings nicht zugelassen. Eine Personenschiffahrtslinie verbindet die drei Gaststätten an den Seeufern miteinander und bietet sich vor allem für einstündige Rundfahrten an.

Nicht zuletzt die phantasievolle Spiellandschaft nahe dem Wassersportzentrum Kronenbruch hat mit Spielteich, Booten, Fähren, Fischkutter, Goldwäscherei (!), Schaukeln, Wippen, Seilbahnen, Rutschen, Sandkästen und noch anderen Unterhaltungsmöglichkeiten für Kinder jeden Alters der Gesamtanlage ihre ungewöhnliche Anziehungskraft verliehen.

In Schieder, der ehemaligen Sommerresidenz der Edlen Herren zur Lippe, verzweigt sich die Straße: ein Zweig führt nach Schwalenberg, ein anderer nach Blomberg und ein dritter ins lippische Staatsbad Meinberg, und auf allen Wegen kommt man geradewegs ins Lippische Berg- und Hügelland. Es hebt sich aus dem größeren Raum des Weserberglandes durch seinen besonderen Landschaftscharakter heraus und ist gekennzeichnet durch die sanftgeschwungenen Linien des Horizontes, durch begrenzte Ebenheiten, durch das mächtige Rückgrat von Eggegebirge und Teutoburger Wald. Felder und Wälder, Wiesen und Weiden, oft von Bächen durchflossen und von Baum- und Buschgruppen durchsetzt, verzahnen sich zu Parklandschaften intimer Kleinräumigkeit. Malerische Städte und Dörfer von behäbiger Größe zeigen immer noch reichverziertes Fachwerk. Selbst die vielfältig aufgeblühte Industrie hat sich voller Zurückhaltung der Landschaft angepaßt, so daß deren Harmonie nirgends gestört oder gar zerstört worden wäre.

Inmitten dieser Landschaft führt das Städtchen Schwalenberg ein nahezu ver-

Der Emmerstausee Schieder

träumtes Dasein. Graf Volkwin III. von Schwalenberg verließ die alte Burg (= Oldenburg) oberhalb der Benediktinerabtei Marienmünster und baute sich eine neue auf einer Kuppe über dem jetzigen Ort, der dann nach dieser Burg seinen Namen Schwalenberg (= Schwalbenberg) bekam. Auf den Fundamentsresten der ersten Anlage wurden zu Anfang des 17. Jahrhunderts die heutigen Gebäude aufgeführt. Die Siedlung unter der schützenden Burg ist wahrscheinlich schon im 13. Jahrhundert vorhanden gewesen. Aus dem Volkwinbrunnen, der mit einem Phantasiebild des Grafen geschmückt ist, plätschert heute in der Ortsmitte das Stadtwasser; zwei Gefangene sollen sich mit der Erschließung der starken Quelle die Freiheit erkauft haben. Bis ins 19. Jahrhundert steht die ehemalige Grafschaft Schwalenberg unter der Mitverwaltung des benachbarten Fürstentums Lippe; erst in der napoleonischen Zeit fällt ein Teil derselben,

Das Rathaus in Schwalenberg

Fachwerk-Detail am Rathaus

nämlich das Amt Schwalenberg, endgültig an Lippe. Andere Teile der Grafschaft, so auch Marienmünster, werden der damals preußischen Provinz Westfalen angegliedert. Noch heute spricht man innerhalb des Lipperlandes vom „Schwalenberger Zipfel".

Der Dreißigjährige Krieg vernichtet zwar den Wohlstand des Städtchens, verschont aber eine Fülle malerischer Fachwerkbauten, die dem Ort heute den treffenden Beinamen „Lippisches Rothenburg" eingetragen haben. Geblieben ist u.a. als wertvolles Baudenkmal das Rathaus von 1579 mit einem Anbau von 1603, dessen Erdgeschoß früher eine offene Laube bildete, in der Rat und Markt abgehalten werden konnten. Im Saal darüber zeigen Gemälde des Malers Eike Szenen aus dem lippischen Volksleben.

Als Schwalenberg 1906 in Anwesenheit des lippischen Fürsten Leopold IV. zum zweiten Male zur Stadt erhoben wurde, fügte man dem Rathaus mit architektonischem Einfühlungsvermögen einen Erweiterungsbau an, dessen Obergeschoß den Ratsfestsaal enthält.

Sein malerischer Charakter ließ Schwalenberg ab etwa 1900 zu einem sommerlichen Aufenthalts- und Studienort für Maler werden. Der „Schwalenberger Malkasten" und die „Künstlerklause" – dieses Haus auch außen vollständig bemalt – sind innen reichlich mit Bildern der verschiedensten Künstler jener Epoche ausgestattet, da Schwalenberg auch ein lippisches Worpswede gewesen ist.

In allen geraden Jahren veranstaltet Schwalenberg im August sein „Internationales Trachtenfest" – ein Verdienst der örtlichen Trachtengruppe, die die Tradition der ehemaligen Brauergilde in Trachten und Tänzen bewahrt hat. Zu dem Fest schicken viele Länder der Erde, z.B. Frankreich, Italien, Spanien, die Türkei, Polen, Holland, ihre besten Folkloregruppen nach Schwalenberg, wo nach einem farbenprächtigen Umzug durch die Fachwerkgassen der Stadt dann sehenswerte Nationaltänze aufgeführt werden.

Die wehrhafte Stadt Blomberg leitet ihren Namen ab von „Blumenberg", also vom Wappenzeichen der lippischen Rose, die der Einheimische kurz als „Blume" bezeichnet. Die Stadt wird 1283 zuerst urkundlich erwähnt, ist aber, ebenso wie die Burg, die zum Schutz und zur Beherrschung dreier mittelalterlicher Fernhandelsstraßen von den Schwalenberger Grafen erbaut worden war, wesentlich älter.

In dieser Befestigung verteidigen sich während der Eversteinschen Fehde (1404–1409) die Lippischen Edelherren Simon III. und sein Sohn Bernhard VI. erfolgreich gegen die Belagerer. Dagegen wird 1447 während der Soester Fehde die Stadt völlig zerstört bis auf das Niedere Tor, das letzte mittelalterliche Stadttor von Lippe, und zwar durch böhmische Heerhaufen, die man damals nach ihrem 1414 in Konstanz verbrannten Reformator Johannes Hus „Hussiten" nannte. Aber schon 1448 werden die Stadtrechte vom neunzehnjährigen Edelherrn Bernhard VII. erneut bestätigt. Dessen Sohn Simon V. verlegte die Residenz der Grafen und Edlen Herrn zur Lippe 1511 von Blomberg nach Detmold.

Ihre Blomberger Burg jedoch wurde in jüngster Zeit hervorragend restauriert und ist eines Besuches wert. Über dem alten Eingang zum Weinkeller gibt es da ein rührend einfältiges Relief aus der Zeit der Weserrenaissance: Josua und Caleb, zwei Kundschafter Moses, die er in das Gelobte Land Kanaan schickte, kehren mit einer überdimensionalen Weintraube zurück, und man hört sie förmlich berichten: „Wir sind in das Land gekommen, darin Milch und Honig fließt..." Das könnte auch für Lippe gelten.

Das Niederntor in Blomberg

Nahe dem Marktplatz steht noch der romanische Turm der Martini-Kirche, deren Längsschiff wegen Baufälligkeit abgerissen werden mußte. Aus eben dieser Kirche entwendete die Bürgerin Alheyd Pustkoke im Jahre 1460 einige Hostien, um – wie man sagt – damit nach guter, alter Hexenart einige störende Warzen wegzuzaubern. Die Missetat wurde jedoch beobachtet, Alheyd flüchtete in klappernden Holzpantinen aus der Kirche und über den Marktplatz und entledigte sich, bevor man ihrer habhaft werden konnte, der belastenden Beweise, indem sie die Hostien in den Marktbrunnen warf. Es scheint ein Widerspruch zu sein, daß einerseits die arme Alheyd für schuldig befunden und gräßlich zu Tode gefoltert wurde, daß man aber andererseits nun das Wasser des Brunnens für wundertätig erklärte und dadurch über ein Jahrhundert lang kranke und gebrechliche Pilger in unübersehbaren Scharen anlockte. Aus ei-

Innenhof der Burg Blomberg

ner Kapelle über dem Brunnen entwickelte sich – von Möllenbecker Augustinermönchen erbaut – das Kloster „Zum Heiligen Leichnam“. Die gotische Klosterkirche, heute Gotteshaus der reformierten Gemeinde, war 1495–1769 Erbbegräbnisstätte des Lippischen Hauses; in zwei niedrigen Gewölben stehen hier über 40 Sarkophage teilweise übereinander. Wertvollster Schmuck des Kirchenschiffes darüber ist das Grabmal für Bernhard VII. († 1511) und seine Gemahlin. An einer Schmalseite der Tumba ist die Freveltat der Alheyd Pustkoke zwar grob, aber doch erkennbar eingemeißelt.

Unter Graf Simon VI. wird 1587 das eigenartige Fachwerkrathaus erbaut, das in der Breitseite des Daches die für die Weserrenaissance typischen Zwerchhäuser zeigt. In gleichem Stil ist die sehenswerte Stuckdecke des Ratssaales gehalten. Im Raum daneben, dem Wilbasen-Zimmer, wurde 1862 eine Handschrift des Sachsenspiegels (Eike v. Repkow) entdeckt; das Original befindet sich heute in der Lippischen Landesbibliothek in Detmold, die farbige Fotokopie der beiden schönsten Seiten sind im Blomberger Rathaus zu sehen.

In der ehemaligen Ackerbürgerstadt entwickelte sich das Schuhmacherhandwerk zu hoher Blüte. Um 1800, als die Stadt etwa 1700 Einwohner zählte, gab es dort neben anderen Handwerksbetrieben 131 Schuhmacherwerkstätten. Kurze Zeit später – 1808 – begann der Gutsverwalter Freiherr v. Ulmenstein mit der Züchtung von Nelken; dadurch wurde Blomberg für viele Jahrzehnte in aller Welt als Nelkenstadt bekannt. Am wichtigsten ist aber bis heute die Holzindustrie geblieben. Im Jahre 1880 wurde die erste Stuhlfabrik gegründet, und 1893 stellt man hier die erste Buchensperrholzplatte der Welt her. Seitdem arbeiten in Blomberg mehrere holzverarbeitende Betriebe – ein Industriezweig, der für das gesamte Lipperland typisch geworden ist.

Die heutige Innenstadt ist ein hervorragendes Beispiel dafür, wie trotz vieler Neu- und Umbauten innerhalb des mittelalterlichen Stadtkerns der typische Charakter eines Ortes erhalten werden kann.

Zwischen Blomberg und Reelkirchen, dessen uraltes romanisches Gotteshaus vom sandsteinernen heiligen Liborius beschützt und von einer tausendjährigen Linde überschattet wird, gibt es im sogenannten Blomberger Becken neben einem Bauerngehöft einen Fleck in der Feldmark, dessen uralter und bisher ungeklärter Name „Wilbasen“ das Herz eines jeden echten Lippers höher schlagen läßt. Hier befand sich schon in fränkischer Zeit unter einer Eiche ein Freistuhl, also ein Gerichtsplatz; möglicherweise reicht er sogar in germanische Zeit zurück. Ein Kloster, im 14. Jahrhundert errichtet, zog durch ein wundertätiges Marienbild viele Wallfahrer an, verlor aber durch die Nähe des Blomberger Wunderbrunnens bald an Bedeutung. Eine um 1500 aus Eichenholz geschnitzte Muttergottes auf der Mondsichel aus der Wilbasener Wallfahrtskapelle befindet sich im Lippischen Landesmuseum in Detmold.

Seit 1430 ist ein Markt urkundlich bezeugt, der mit dem Gerichtstag zugleich abgehalten wurde. Während aber das Gericht 1777 aufgehoben und nach Blomberg verlegt wurde, hat sich aus der Tradition des mehrtägigen Marktes der größte Herbstmarkt Norddeutschlands entwickelt, der hier an jedem zweiten Wochenende im September abgehalten wird. Bis zu 30 Karussells aller schwindelerregenden Arten kreisen auf freiem Feld, über 400 Krambuden bieten ihre Waren feil. Bei gutem Wetter läuft der Betrieb die Nächte hindurch vom Freitagmittag bis zum Dienstagmorgen. 50 000 Besucher sind keine Seltenheit, zumal noch Sonderbusse Besucher aus allen Himmelsrichtungen herbeiholen. Am Montagmorgen werden Pferde gehandelt – nach alter Sitte mit drei Handschlägen. Nur wegen dieses Pferdehandels kamen früher bis zu 100 Zigeunerfamilien nach Wilbasen und waren schon wegen ihrer Sachkunde gern gesehen. Wilbasen gilt auch als Heiratsmarkt; mit einer Karussellfahrt beginnt es, und mit einer glücklichen Eheschließung hört es noch lange nicht auf.

Viele Firmen, nicht nur aus Lippe, benutzen die Gelegenheit, ihre vorwiegend der Landwirtschaft dienenden Erzeugnisse auszustellen. Schlepper und Mähdrescher werden ebenso angeboten wie Bier und Bratwurst. Die Besitzer der angrenzenden Felder verdienen dadurch, daß sie darauf Parkplätze einrichten, weitaus mehr als mit dem Getreide, das kurz zuvor noch darauf gestanden hat.

Rathaus in Blomberg

An dieser Stelle soll auch der vorbildlichen lippischen Sparsamkeit gedacht werden; denn auf Wilbasen wurde der Kupferdraht erfunden, weil ein lippischer Bauer einen Pfennig, den er ausgeben wollte, etwas zu lange in der Hand gedreht hat. Nimmt ein Lipper ein Markstück aus dem Portemonnaie, dann blinzelt der Adler auf der Rückseite der Münze, weil er sich erst ans Tageslicht gewöhnen muß, und in Lippe hat ein Trichinenbeschauer keine Chance, weil die Lipper die Wurst so dünn schneiden, daß auch eine Trichine keine Chance hat. Das sind nur drei von Hunderten von Geschichten, die man sich über die lippische Sparsamkeit erzählt.

Südwestlich des Blomberger Beckens, nahe dem Dorfe Belle, ist der Norderteich nach dem Emmerstausee

Schieder das zweitgrößte stehende Gewässer von Lippe und hatte früher als Gegenstück noch den Süderteich, der aber längst verlandet ist. Beide Teiche wurden von Mönchen angelegt, die in der harten Fastenzeit einen fetten Karpfen nicht entbehren wollten. Das gesamte Gelände ist Naturschutzgebiet und durch befestigte Wege gut erschlossen.

Der Teich wird alle ein oder zwei Jahre abge„erntet". Dann läßt man Ende Oktober das Wasser so langsam ablaufen, daß sich der Rest und alle Fische in einem Graben sammeln, der den Teichgrund durchzieht. Eines für die Fische weniger schönen Novembermorgens öffnet man das Wehr am sogenannten Mönch vollends. Das Wasser läuft ab, Schleie und Karpfen werden in einer ausgemauerten Gitterkammer zurückgehalten und herausgeschaufelt. Unter besonderen Umständen können einzelne Karpfen ein Gewicht von bis zu 11 kg erreichen – und das ist kein Anglerlatein. Das Abernten beginnt schon im Morgengrauen und trägt volksfestähnlichen Charakter.

Das Gebiet zeichnet sich nicht nur durch besonders viele, darunter seltene Vogelarten aus, sondern auch durch ein Naturschauspiel besonderer Art. Im Herbst sammeln sich hier Zehntausende von Staren vor dem Flug nach dem Süden. Sie fallen in kleineren oder größeren Schwärmen, aus einer Entfernung bis zu 100 Kilometern kommend, im Schilf ein. Dann kann es geschehen, daß in der Dämmerung alle anwesenden Stare – es können 30 000 sein – auffliegen und wie eine Rauchwolke über dem See kreisen, bis sie eines Tages dann endgültig vom Norderteich in großen Schwärmen ihren Weg nach Süden antreten. Dieses Naturschauspiel kann in Deutschland nur noch am Bodensee beobachtet werden.

Lemgo – Hansestadt und Hexennest

Die „Alte Hansestadt Lemgo" – so nennt sie sich heute – ist nicht natürlich gewachsen, sondern um 1190 vom lippischen Edelherrn Bernhard II. im Tal der Bega für Handwerker und Kaufleute planmäßig angelegt worden. Sie ist die erste Stadt, die dieses lippische Adelsgeschlecht östlich des Teutoburger Waldes gründete, um den Herrschaftsbereich auch auf diese Seite des Gebirgszuges auszudehnen. Von einer schon vorher vorhandenen kleinen Kirchensiedlung, deren Namen übernommen wird, ist an der Peripherie der Altstadt noch der mächtige Viereckturm einer Johannes-Kirche aus dem 12. Jahrhundert erhalten; darin hängt die älteste Glocke des Lipperlandes von 1398.

Die erste Stadtanlage zeigt einen eigentümlichen lanzettförmigen Grundriß, der typisch für lippische Städtegründungen ist, z.B. auch für Barntrup oder Lügde. Vom Ostertor (= Ost-Tor) läuft die Mittelstraße schnurgerade durch die Stadt, flankiert von Echtern- und Papenstraße, die beide ebenfalls, aber mit leichter Krümmung, am Ostertor ansetzen. Charakteristischer Mittelpunkt dieser Altstadt ist die zweitürmige Kirche St. Nicolai, die um 1300 auf der Basis einer spätromanischen Basilika von etwa 1210 im gotischen Stil errichtet wird und später noch verschiedene An- und Umbauten erhält, u.a. im 16. Jahrhundert die hochgotische Chorapsis. Die beiden Turmhelme von 1569 waren ursprünglich gleich, bis der eine einem Sturm zum Opfer fiel und 1661–1663 durch den spitzen ersetzt wurde, der in sich nun schon eine barocke Drehung zeigt, während der andere seinen Renaissancecharakter bewahrt hat. Der Name dieser Nikolauskirche weist auch hier wie in Höxter und Bodenwerder auf den Schutzheiligen der Kaufleute und damit auf die wirtschaftlichen Hoffnungen der Bürger hin. Der älteste Jahrmarkt der Stadt geht auf ihre Gründung zurück und heißt nach dem heiligen Nikolaus „Kläschenmarkt". Er ist Anfang Dezember ein besonderes Ereignis im Jahreslauf der Stadt, auch für die nähere und weitere Umgebung.

Die wirtschaftlichen Erwartungen der Bürger sind durchaus berechtigt; denn die Stadt liegt genau im Schnittpunkt zweier bedeutender Handelsstraßen: Hameln–Herford–Vlotho (= Mittelstraße) und Rinteln–Detmold–Paderborn (Kramerstraße/Haferstraße).

Ausgelöst wahrscheinlich durch einen starken Zuzug von Bauern aus der näheren Umgebung, die automatisch das Bürgerrecht erhielten, wenn sie ein Jahr und einen Tag in der Stadt gelebt hatten und damit auch frei wurden von der Leibeigenschaft, entstand schon im

Der Apotheken-Erker in Lemgo

13. Jahrhundert an der südlichen Altstadtgrenze die vorerst selbständige sogenannte Neustadt mit einem rechtwinkligen Straßennetz. Ihr Mittelpunkt ist die gotische Marienkirche von 1320, die mit der berühmten barocken niederländischen Springladenorgel von 1600 ausgestattet ist. Beide Orte werden 1365 zu einer Stadt zusammengelegt. Die ehemaligen mittelalterlichen Befestigungen aus Mauer, Wall und Graben laden heute zu schönen Spaziergängen rings um die Stadt ein.

Im 13. Jahrhundert wird Lemgo Mitglied der Hanse und ist in diesem Städtebund gleichberechtigt wie etwa Paderborn, Osnabrück und Münster. Lemgoer Kaufleute reisen nach Holland, Flandern und England, nach Thorn, Reval und Stockholm und handeln u.a. mit Wolle und Wollstoffen, mit Fischen und Gewürzen. Um 1450 erreicht die Handelsstadt ihre höchste wirtschaftliche

Adelshof in der Papenstraße

Blüte, die erst durch den Dreißigjährigen Krieg vernichtet wird.

Vom einstigen Reichtum der Stadt künden viele großartige Bürgerbauten in Fachwerk und Stein, vor allem in der Mittel- und der Echternstraße. Außerdem sei besonders hingewiesen auf den spätgotischen Steingiebel des Hauses Wippermann (Kramerstraße 5) und auf das Planetenhaus von 1590–1592 im Fachwerkstil der bürgerlichen Weserrenaissance (Mittelstraße 36), in dessen Gebälk der Bauherr die römischen Göttersymbole der damals bekannten Planeten hat einschnitzen lassen. Höhepunkt der steinernen Bürgerbauten und ein bedeutendes Beispiel für die deutsche Baukunst der Renaissance überhaupt ist das sogenannte Hexenbürgermeisterhaus, vollendet 1571 (Breite Straße 19). Es bekam seinen Namen von einem seiner Besitzer, dem Bürgermeister Hermann Cothmann, der von 1666 bis 1681 mehr als 90 Menschen als Hexen zum Tode verurteilen ließ.

Den selbstbewußten Stolz der Alten Hansestadt repräsentiert der Rathaus-

Hexenbürgermeisterhaus in Lemgo

komplex. Den ältesten Teil bildet eine 46 m lange, schmale gotische Halle von etwa 1480, deren Giebel zur Mittelstraße hin ab 1565 noch eine zweistöckige Laube angefügt wird, auf der die sieben freien Künste (Grammatik, Arithmetik, Geometrie, Musik, Astronomie, Dialektik, Rhetorik) allegorisch dargestellt sind. Die dem Marktplatz zugekehrte Breitseite erhält um 1490 in der Mitte einen spätgotischen Querbau mit zinnengekröntem Staffelgiebel; rechts davon die neue Ratsstube von 1589 und links davon die Ratsapotheke (1525), die 1612 den einzigartigen Apothekenerker mit den frühbarocken Reliefs von 10 berühmten Ärzten und Naturforschern bekam, darunter Paracelsus, Aristoteles und Hippokrates. Dieser Rathauskomplex ist von der Unesco zum „schutzwürdigen Baudenkmal Europas" erklärt worden.

So sehr man es in Lemgo liebt, als „Alte Hansestadt" bewundert zu werden, so wenig liebt man es, auch das „Hexennest" zu sein. Aber in keiner anderen deutschen Stadt wurden zur Zeit der Hexenverfolgungen – in Lemgo von 1566 bis 1681, also 115 Jahre lang – so viele Menschen als Hexen angeklagt, gefoltert, verurteilt und hingerichtet wie in Lemgo, insgesamt über 200 Personen.

Darunter befanden sich sogar die Mutter des Hexenbürgermeisters Cothmann und ein Lehrer, der angeblich seine Schüler zum Teufelskult verführt haben soll. Man scheute sich nicht einmal, den protestantischen Pfarrer der Marien-Kirche nach 35jähriger Amtszeit der Zauberei zu beschuldigen, er wurde allerdings freigesprochen. Erschreckend ist dabei, daß sich unter den Opfern auch Personen höherer, gebildeter Stände befanden, die den jeweiligen städtischen Machthabern unbequem waren. Unverständlich ist heute für uns, daß sich selbst Geistliche und Gelehrte an den Denunziationen angeblicher Hexen beteiligten. Das Heimatmuseum im Hexenbürgermeisterhaus zeigt u.a. auch Folterinstrumente und Todesurteile aus jener schrecklichen Zeit. In der Schweiz wurde übrigens die Dienstmagd Anna Göldin noch 1782 als letzte Hexe verhaftet, gefoltert und hingerichtet. Der in Lemgo zuletzt als Hexe angeklagten, aber freigesprochenen Maria Rampendahl hat man, stellvertretend für alle anderen unschuldigen Opfer, in der Stadt ein Denkmal gesetzt.

Erwähnt werden soll noch das einmalige Junkerhaus (Hamelner Straße 36). Der gelernte Maler und Architekt Karl Junker (1850–1912) wurde von seiner Verlobten verlassen und hat – so sagt man – diese Trennung nie verwinden können. Er entwickelte sich deswegen – so sagt man – zu einem verschrobenen Sonderling. Er bedeckte und überlud sein Haus in 20jähriger Arbeit außen und innen, auch die Inneneinrichtung, mit ornamentalen, mit traumhaft gespenstischen, teilweise beklemmenden Schnitzereien, in denen sich ständig dasselbe Motiv wiederholt: Vater, Mutter, Kind – also die von ihm erträumte, sehnlich gewünschte Familie. Inzwischen möchte man das Haus immer mehr erkennen als „planend gestaltetes Gesamtkunstwerk im Sinne damaliger Kunsttheorien“. Die Berliner Expressionisten haben Junker in einem futuristischen Manifest von 1912 postum als einen ihrer Vorläufer anerkannt.

Die alte Ölmühle in Brake

Im Ortsteil Brake erhebt sich mit beherrschendem Viereckturm eine ursprüngliche Burg, die später mit den Stilelementen der Weserrenaissance überformt wurde und heute zu den Schlössern der Weserrenaissance gezählt wird. In dem großen Gebäudekomplex befindet sich das moderne Museum der Weserrenaissance, das zu den bedeutendsten Museen von Nordrhein-Westfalen gehört.

Die etwa 300 Jahre alte Wassermühle an der Bega neben dem Schloß arbeitete als Ölmühle noch bis 1925 und ist mit den hölzernen Kraftübertragungen als technisches Kulturdenkmal ersten Ranges zum Mittelpunkt eines größeren Mühlenmuseums geworden.

Detmold und das Hermannsdenkmal

Im Luftbild und auf dem Stadtplan zeichnet sich noch heute der kreisförmige Grundriß der ersten Siedlung ab, die vor 1265 gegründet und ringsum von Mauern, Wällen und Wassergräben geschützt wurde. Der Kreis wird viergeteilt durch ein etwa rechtwinkliges Straßenkreuz; das sind heute die Bruch-/Schülerstraße in Ost-West- und die Lange Straße in Nord-Süd-Richtung, über die früher der Warenverkehr zwischen Lemgo und Paderborn lief, und die gegenwärtig immer noch als Fußgängerzone die Hauptachse der Altstadt bildet. Durch das Straßenkreuz entstanden buchstäblich vier Stadt„viertel", deren eines fast ganz von einem großen Teich eingenommen wurde, in dessen Mitte sich bald nach der Stadtgründung eine stark befestigte Wasser- und Wehrburg erhob. An deren Stelle trat vom 16. Jahrhundert an unter Einbeziehung eines älteren gotischen Rundturmes von 1470 das Schloß. Der Bau dieser Vierflügelanlage begann 1548 in der Renaissance (Nordflügel, Treppenturm, Steingang) und wurde nach mehreren Unterbrechungen erst in der Barockzeit 1707 vollendet durch die Erneuerung des Südflügels. Bereits unter dem lippischen Edelherrn Simon V., der als erster seines Geschlechtes den Grafentitel führte, wurde Detmold 1511 ständige Residenz der Grafen und späteren Fürsten zur Lippe und ist es geblieben bis auf den heutigen Tag. Im Schloß sind u.a. Kunstschätzen acht flämische Wandteppiche (Gobelins) mit Ereignissen aus dem Leben Alexanders des Großen zu sehen. Sie wurden um 1670 eigens für diese Wandflächen in Brüssel angefertigt nach Entwürfen des französischen Malers Lebrun, der auch maßgeblich an der Ausstattung französischer Schlösser, z.B. Versailles, beteiligt gewesen ist.

Gegenüber der Hauptfront des Schlosses wurde 1825 das Hoftheater der Residenz gegründet, 1912 durch Brand vernichtet, aber schon 1914/15 in der jetzigen Form wieder aufgebaut. Es ist heute die größte Landesbühne Deutschlands. Hier wirkte u.a. 1826–1833 Albert Lortzing. Auch Johannes Brahms und Clara Schumann waren zeitweise in Detmold tätig. Geboren wurde hier der Bühnendichter Christian Dietrich Grabbe (1801–1836), den Heinrich Heine den „deutschen Shakespeare" nannte, ebenso der Dichter Ferdinand Freiligrath (1810–1876), der zusammen mit Levin Schücking „Das malerische und romantische Westfalen" schilderte und darin Detmold als „reizende kleine Stadt" bezeichnete.

Im Stadtviertel der Burg- und späteren Schloßanlage entstand nahe der damaligen Hauptstraßenkreuzung auch die erste Kirche, die auf das 9. Jahrhundert zurückverfolgt werden kann und in

Das fürstliche Schloß in Detmold

spätgotischer Zeit in eine Hallenkirche umgewandelt wurde. Das benachbarte Renaissance-Rathaus von 1547 ersetzte man 1828–1831 durch ein neues im klassizistischen Stil.

Die historische Altstadt mit ihren etwa 350 wertvollen Baudenkmälern erhielt vor einigen Jahren ebenso wie schon Hann. Münden eine Goldmedaille für hervorragende Leistungen auf dem Gebiet des Denkmalschutzes. Sie zeichnet sich durch eine überraschende Vielfalt historischer Bauwerke aus, von beispielhaft restaurierten Fachwerkhäusern ab 1500 bis hin zu auffallend zahlreichen klassizistischen Bauten des 19. Jahrhunderts. Sehenswert ist u.a. die Adolfstraße, dort bilden acht Bürgerhäuser eine geschlossene Zeile, die in der 2. Hälfte des 17. Jahrhunderts an die Innenseite der Stadtmauer gesetzt worden war. Aber es gibt noch viele weitere Häusergruppen ähnlicher Art.

Nahe dem Schloß, das 1781–1800 entfestigt wurde, indem man Wälle abtrug und Teile des Schloßteiches zuschüttete, präsentiert das Lippische Landesmuseum sowohl im ehemaligen Kornhaus (1590) von Schieder als auch in der ehemaligen Sabbenhäuser Zehntscheune (1555) des Klosters Falkenhagen und in modernen Erweiterungsbauten die lippische Kulturgeschichte. Diese Einrichtung gehört zur ersten Generation öffentlicher Museen überhaupt und hat mit ihren sechs Abteilungen überregionale, teilweise sogar internationale Bedeutung.

Im „Palais", dem ehemaligen Witwensitz der Fürstinnen zur Lippe, das 1708–1717 außerhalb der Altstadt im Stil des italienischen Barock errichtet und später aufgestockt und klassizistisch überformt wurde, ist heute die Musikhochschule untergebracht. Es gilt nach dem Schloß als das eindrucksvollste Bauwerk Detmolds. Der Palaisgarten, ursprünglich im frühen 18. Jahrhundert im französischen (geometrischen) Stil angelegt, wurde 1849–1865 vergrößert und in einen Landschaftsgarten umgewandelt. Mit seinem alten Baumbestand innerhalb der umgebenden Bruchsteinmauer steht auch er unter Denkmalschutz.

Detmold empfindet es durchaus als Lob, wenn gesagt wird, daß die Stadt durch ihren provinziellen Charme besticht. Diese Residenzstadt im Kranz vielfältiger Industrie ist noch „heile Welt".

Nur einmal gab es Aufruhr, so sagt man, als sich viele Bürger bedrohlich zu einer Demonstration zusammenrotteten. An den Grund dafür kann sich heute niemand mehr erinnern. Die Polizei dachte weder an Tränengas noch Wasserwerfer, sie schickte lediglich einen Beamten in Zivil. Als die Demonstranten sahen, was der in der Hand hielt, zerstoben sie unter allen Zeichen schreienden Entsetzens in die Nebenstraßen und haben seitdem nie wieder gewagt, an eine Demonstration auch nur zu denken. Seitdem ist Detmold wieder „heile Welt". Was der Beamte in der Hand hielt? – Eine Sammelbüchse. Auch diese Geschichte bezeugt die bereits erwähnte, berühmte lippische Sparsamkeit.

Am südlichen Stadtrand zeigt das „Westfälische Freilichtmuseum", das größte seiner Art in Deutschland, auf einer Fläche von 80 ha über 90 wertvolle und typische Fachwerk- und Steingebäude aus allen Teilen Westfalens, die man dort aufgekauft, abgerissen und hier wieder originalgetreu in Form von Gehöften oder kleinen Dörfern („Paderborner Dorf") aufgebaut hat. Feder- und Kleinvieh beleben die Gehöfte, und selbst charakteristische Bauerngärten wurden nicht vergessen. Aber nicht nur die Gebäude machen den Reiz der Anlage aus, sondern auch ihre vollständige, historisch getreue Einrichtung. Bis zum Haus- und Küchengerät, bis zu vollständig eingerichteten Stuben und Kammern, die Mausefalle eingeschlossen, bis hin zu Wirtschafts- und Ackergerät aus der angeblich „guten alten Zeit" ist alles liebevoll zusammengetragen worden. Selbst Würste und Schinken über dem offenen Herdfeuer in der Diele fehlen nicht, und die Betten sind buntkariert überzogen. Schon am Eingang rumpelt eine Wassermühle, und in zwei Windmühlen unterschiedlicher Konstruktion kann man sehen, wie Korn gemahlen wird; denn einen Müller gibt es natürlich auch. Man kann sehen, wie gesponnen und gewebt und in der Dorfschmiede ein Hufeisen geschmiedet und ein Pferd beschlagen wird. Zwei kleine Gaststätten, hier ebenfalls original wieder aufgebaut, bieten u.a. das typische lippische Nationalgericht, den Pickert, an. Dessen Rezept beginnt in den Kochbüchern nicht mit der üblichen Formel „Man nehme...", sondern mit der typisch lippischen Formel: „Man leihe sich..." –

Oberhalb von Detmold, auf der Kuppe der 386 m hohen Grotenburg, einem Teilstück des Teutoburger Waldes, sticht das landschaftsbeherrschende Hermannsdenkmal in den Himmel. Daß unter der Führung des Cheruskerfürsten Hermann, der nie Hermann, sondern

Das Hermannsdenkmal

immer lateinisch Arminius geheißen hat, im Jahre 9 n.Chr. römische Legionen unter der Führung ihres Feldherrn Varus – insgesamt 20.000 Mann – von vereinigten germanischen Stämmen vernichtend geschlagen wurden, ist hinreichend bezeugt. Ob aber diese mehrtägige Bewegungsschlacht überhaupt im Teutoburger Wald stattgefunden hat oder sogar dort, wo sich heute das Denkmal befindet, ist bisher durch nichts eindeutig bewiesen worden.

Früher hieß der Gebirgszug Osning. Vom römischen Geschichtsschreiber Tacitus wird das Gelände der Schlacht als „saltus teutoburgiensis" bezeichnet. Und da man glaubte, annehmen zu können, daß die Schlacht im Osning stattgefunden hat, taufte man ihn um in „Teutoburger Wald". Nicht die Landschaft hat also der Schlacht den Namen gegeben, sondern kurioserweise die Schlacht der Landschaft.

Die Schlacht muß aber zumindest in Lippe stattgefunden haben, denn nur den sparsamen Lippern ist zuzutrauen, daß sie nach der Schlacht Waffen und Gerät und was sonst noch herumlag so sorgfältig aufgesammelt und weiterverwendet haben, daß davon heute nichts mehr zu finden ist.

Als im 19. Jahrhundert nach den Freiheitskriegen das deutsche Nationalgefühl mächtig erwachte, da wählte Ernst v. Bandel, am 17. Mai 1800 in Ansbach geboren und später in Hannover und Berlin als Bildhauer tätig, die Grotenburg, eine alte germanische Wallanlage, als Standort für sein Lebenswerk, für das erste deutsche Nationaldenkmal. Er hat nicht nur sein Vermögen, sondern auch seine gesamte Schaffenskraft für die Verwirklichung dieser Idee eingesetzt. Die Bauarbeiten begannen 1838, aber erst im Sommer 1875 konnte das Werk nach mühevoller Überwindung immer wieder auftretender Schwierigkeiten endlich vollendet werden. Als Fünfundsiebzigjähriger erlebt Ernst v. Bandel die Erfüllung seines Lebens: Kaiser Wilhelm I. erscheint am 16. August 1875 zur feierlichen Einweihung, die eine unübersehbare Menschenmenge auf den Berg pilgern läßt. Ein Jahr später schließt der Bildhauer die Augen für immer.

Das Denkmal ist mit dem besteigbaren Sockel, von dem man einen großartigen Rundblick hat, 54 m hoch und sieht etwa 1 Million Besucher pro Jahr. An einem der schattigen Waldwege, die zum Denkmal führen, trifft man auf die einfache Blockhütte, in der der greise Bildhauer wohnte, als es galt, die letzten schwierigen Arbeiten zu überwachen, die mit der Aufstellung der über 26 m hohen Figur des Cheruskerfürsten verbunden waren. Das Standbild besteht aus Kupferplatten, die mit 6000 Nieten auf einem verstrebten Eisengerüst zusammengehalten werden. Das sieben Meter lange und 11 Zentner schwere Schwert, das Arminius' Rechte gegen den Himmel reckt, trägt die Inschrift: „Deutsche Einigkeit meine Stärke, meine Stärke Deutschlands Macht".

Mag dem heutigen Menschen der Gefühlsinhalt des Denkmals fremd geworden sein – es verkörpert zumindest ein Stück deutscher Geschichte und ist zum Wahrzeichen Lippes geworden, das sich deshalb auch gern als „Hermannsland" bezeichnet – obgleich er doch Arminius hieß.

Zu Füßen des Hermannsdenkmals, auf einer Kuppe des Teutoburger Waldes oberhalb von Berlebeck, gründete Adolf Deppe im Herbst des Jahres 1938 die erste und damit älteste Adler- bzw. Greifvogelwarte Europas. Sein Ziel war es, vor allem Adler der verschiedenen Arten hier so heimisch zu machen, daß er sie – die immer als Symbol der Freiheit angesehen werden – frei fliegen lassen konnte in der Gewißheit, daß sie freiwillig zur Adlerwarte zurückkehren würden. Das ist Adolf Deppe weitgehend gelungen. Manche Adler waren tagelang abwesend, der Kaiseradler Sascha einmal 4½ Wochen – aber sie kamen alle wieder zurück. Wann immer für Filmaufnahmen Greifvögel gebraucht wurden, holte man sie sich aus Berlebeck, z.B. für „Schloß Hubertus", für „Die Geyerwally" und für alle Karl-May-Filme, die in Jugoslawien gedreht wurden. Als in New York auf dem Broadway der Film „Tal der Adler" uraufgeführt wurde, stand Adolf Deppe vor Filmbeginn auf der Bühne – auf jeder Faust einen seiner Adler.

Nach seinem Tode ist die Adlerwarte Berlebeck in den Besitz der Stadt Detmold übergegangen. Hier sind nicht nur viele Arten von Adlern, sondern auch andere Greifvögel zu sehen: Geier, Harpyien, Gaukler, Bussarde, Uhus, Käuzchen, Eulen – sogar Kondore aus den südamerikanischen Anden. Während der täglichen Freiflugvorführungen werden sie den Besuchern auch erklärt. Es ist schon ein seltenes Erlebnis, wenn die Vögel bis zu 1000 m aufsteigen und auf den Lockruf des Falkners in atemberaubendem Sturzflug über die Köpfe der Besucher hinweg wieder auf seine Faust zurückkehren.

Horn-Bad Meinberg und die Externsteine

Eng verbunden mit dem Schicksal der Residenzstadt Detmold ist das des Lippischen Staatsbades Meinberg, das im Verlauf der Kommunalreform mit der Stadt Horn zu einer Verwaltungseinheit zusammengelegt worden ist. Die Geschichte dieses Bades beginnt mit einem Meierhof, den sächsische Edelleute im Jahre 978 dem Kloster Corvey schenken – für ihr eigenes Seelenheil und das ihrer Vorfahren. Die Benediktinermönche, die nun das landwirtschaftliche Anwesen übernehmen, bauen auf dem Hügel oberhalb des Hofes eine Kirche, und um diese Keimzelle entwickelt sich, allerdings nur zögernd, das Dorf Meinberg, das 1767 alles in allem erst 50 Häuser und entsprechend wenige Einwohner zählt, obgleich sich schon 1709 eine Ehefrau Prasse um die Erhöhung der Einwohnerzahl verdient gemacht hatte, indem sie Vierlinge zur Welt brachte – zwei Knaben und zwei Mädchen.

Abseits vom Dorf, im feuchten Wiesental der Werre, hatte schon früher eine Quelle die Aufmerksamkeit nicht nur der Meinberger auf sich gezogen. Der Quelltopf zeigte merkwürdig gefärbte Ablagerungen, und mit dem Wasser stiegen Blasen auf. Da man sich von dem Wasser Linderung, wenn nicht gar Heilung bei verschiedenen Krankheiten versprach, war sie schon 1648 sechseckig mit Bruchsteinen gefaßt, und es gab sogar frühe Erfolgsmeldungen, z.B: „Sophia Muttengang, bürtig aus Horn, ist Küchin gewesen bei dem Förster Crusen zu Österholz. Da es aber verwichenen Herbst gleich als ein Schlag gekriegt und ganz gelähmet, daß sie nicht einmal von dem Stuhl aufstehen können, nunmehro aber wieder gesund."

Derartige Berichte veranlassen den Edlen Herrn und Grafen Simon August zur Lippe, den thüringischen Arzt Dr. Trampel mit der Untersuchung des Meinberger Wassers zu beauftragen. Das Gutachten fällt positiv aus, und zwar nicht nur, weil sich der barocke Landesvater einen Badeort à la Pyrmont wünscht als Bühne für seine repräsentativen Auftritte, und nicht nur, weil sich Dr. Trampel eine einträgliche Zukunft als Badearzt erhofft, sondern weil das Meinberger Wasser es tatsächlich in sich hat.

Über der Quelle wird ein Brunnentempel errichtet, und am 13. Juni 1767 laden die „Lippischen Intelligenzblätter" zum Gebrauch des Meinberger Gesundbrunnens ein. In der ersten Kurliste vom 25. Juli 1767 sind 413 Gäste verzeichnet, und sie kommen aus Göttingen, Iserlohn, Minden, Elberfeld, Remscheid, Aachen, Braunschweig und sogar aus Leipzig.

Der rührige Dr. Trampel entdeckt weitere kohlensaure Mineralquellen, er gibt eine Werbeschrift nach der anderen heraus und baut aus eigenen Mitteln das erste Kurhaus für anspruchsvolle Gäste, heute das moderne Hotel „Kurhaus zum Stern", dem gegenüber auf der anderen Seite des Kurparkes bald das „Kurhaus zur Rose" folgt. Auch diesen Kurpark regt Dr. Trampel an. Ein Kupferstich von 1774 zeigt ihn um den Brunnentempel, und er ist wahrscheinlich der letzte Barockpark, der in Deutschland angelegt worden ist.

Auch jetzt lassen Erfolgsmeldungen nicht lange auf sich warten, und wir lesen mit ungläubigem Schmunzeln: „Ein Lahmer schon nach dem zweiten Bad geheilt." – „Ein Schieferdecker aus Alsfeld, am grauen Star erblindet, gichtbrüchig, lahm an Hand und Fuß, wieder völlig geheilt." – „Der Amtsvogt von Hohenhausen, 20 Jahre taub, kann plötzlich wieder hören."

Nach dem Tode seines Gönners, des Grafen Simon August, verstrickt sich Dr. Trampel in Hofintrigen gegen dessen Nachfolger Leopold I. und flüchtet, um einer drohenden Verhaftung wegen Majestätsbeleidigung zu entgehen, am 27. Januar 1793 bei Nacht und Nebel über die lippische Landesgrenze in das nahegelegene Bad Pyrmont, wo er sich ebenfalls als Badearzt niederläßt, wo er ebenfalls neue Quellen entdeckt. Er hat Meinberg nie wieder gesehen, aber Bad Meinberg hat ihn als Gründer des Bades nicht vergessen und ihm im Kurpark vor dem „Kurhaus zum Stern" ein ehrendes Denkmal gesetzt.

Leopold I. löst am Wiener Hof den für ihn bereitliegenden Fürstenbrief ein. Damit wird aus der Grafschaft Lippe das Fürstentum Lippe, das bis nach dem Ersten Weltkrieg Bestand haben wird. Fürst Leopold heiratet die Prinzessin Pauline v. Anhalt-Bernburg, die nach dem frühen Tode ihres Gatten die Regentschaft übernimmt und das Fürstentum geschickt durch alle Gefährdungen der napoleonischen Zeit steuert. Sie ist oft in Meinberg gewesen. Man sagt, sie hätte dort gern auf einer Parkbank gesessen und das getan, was die lippischen Bäuerinnen um sie herum auch taten, nämlich Strümpfe gestrickt. Ob man das von der Fürstin glaubt oder nicht – auf jeden Fall ist sie in Lippe bis heute in bester Erinnerung.

Durch Fürstliche Order darf sich Meinberg dann ab 1903 auch offiziell „Bad Meinberg" nennen, und am 1. Januar 1933 wird es „Lippisches Staatsbad".

Einen spürbaren Aufschwung nimmt das Bad nach dem Zweiten Weltkrieg mit einer allgemeinen Modernisierung, mit dem Neubau von Bade- und anderen Behandlungseinrichtungen, mit modernen Sanatorien und einer ebenso modernen Gastronomie, ohne daß der Ort im lippischen Berg- und Hügelland dadurch seinen ländlichen Charakter verloren hätte.

Der Barockpark des Dr. Trampel bestand nur wenige Jahrzehnte. Dann wurde er in einen Landschaftsgarten umgewandelt. Aber die barocke Grundstruktur seines Wegenetzes ist bis heute noch erkennbar. Überhaupt zeigt Bad Meinberg im Umgang mit seinen Kurparkanlagen eine beispielhafte Weitsicht. Während die Kurparkanlagen von Bad Pyrmont in den letzten Jahrzehnten durch Umbauung und Bebauung stark beeinträchtigt wurden, erweiterte Bad Meinberg seine Anlagen, wann und wo immer es möglich war. Schon 1928 fügt man dem vergleichsweise kleinen, ursprünglich barocken Garten den Berggarten an, der vom „Kurhaus zum Stern“ aufwärts führt und dann in die Landschaft übergeht. Im Ersten Weltkrieg hatte man französische Kriegsgefangene einen Damm aufwerfen lassen, der die Werre anstaute. Das nutzt man 1955, indem man um das Gewässer den „Park am Stauteich“ anlegt, und der leitet wiederum über in das neue Sylvatikum, einen großen Länderwaldpark, der in das Beller Holz übergeht, wo der Norderteich als beliebtes Wanderziel lockt. Alle diese recht verschiedenartigen Kurparkteile sind miteinander verbunden und nehmen inzwischen eine Gesamtfläche von 60 ha ein. –

Die Schwesterstadt Horn ist wahrscheinlich nach dem später abgetretenen Lippstadt und nach Lemgo die drittälteste Stadt des ehmaligen Fürstentums Lippe; als Dorf wird der Ort 1031, als Stadt 1248 urkundlich erwähnt. Horn liegt im Schnittpunkt wichtiger Straßen und beherrscht einen Paßweg durch den Teutoburger Wald, der nach Paderborn führt. Aus der Zeit um 1326 stammt die spätgotische Hallenkirche am Rathaus, deren Turm allerdings 1819 durch Blitzschlag vernichtet und danach in anderer Form wieder aufgebaut wurde. Ein Rest der kreisrunden mittelalterlichen Stadtmauer mitsamt dem Eulenturm ist rechts der Ausfallstraße Leopoldstal-Silbermühle erhalten. Die wehrhafte Ackerbürgerstadt trotzte verschiedenen Belagerungen, zuletzt einer durch französische Truppen im Siebenjährigen Krieg. Am Marktplatz, dessen Brunnen „Pfeifenkump“ geheißen wird, errichteten 1680 die Freiherrn v. Kotzenberg als Stadtschloß den schönsten profanen Barockbau, dessen Lippe sich rühmen kann, das heutige Hotel Vialon; vor allem das Renaissance-Portal zum Markt

Die Burg in Horn

hin, aber auch die Fenstereinfassungen haben einen hohen künstlerischen Wert.

Die ehemals vorhandene landesherrliche Burg ist zu einem turmlosen Bau zusammengeschrumpft. Darin befindet sich jetzt das Burgmuseum. Seine wertvollsten Stücke sind mittelalterliche Zweihandschwerter (Bihänder) und eine Sammlung von Kettenhemden. Für einen Horner Bürger, der der 1544 als Bürgermiliz gegründeten Schützengesellschaft angehört, ist es die höchste Ehre, ins „Rott der Schlachtschwertierer“ aufgenommen zu werden, in eine Gruppe von 16 Männern, die dazu ausersehen sind, in den schon erwähnten Kettenhemden und mit einem Zweispitz aus grobem, dunklem Filz auf dem Kopf unter Führung ihres Rottmeisters dem Schützenzug die Schlachtschwerter voranzutragen. Bei der Einweihung des Hermannsdenkmals stellte das „Horn'sche Rott der Schlachtschwertierer“ die vielbewunderte Ehrenwache für den Kaiser. Woher Schwerter und Kettenhemden stammen, konnte bisher nicht eindeutig geklärt werden. Daß die Hor-

ner Bürgerschaft sie 1485 anläßlich der Befreiung eines lippischen Grafen Bernhard aus braunschweigischer Gefangenschaft auf der Feste Calenberg, einstmals bei Sarstedt zwischen Hildesheim und Hannover gelegen, von dort als Trophäen hat mitgehen lassen, ist zwar als Zeugnis bürgerlicher Treue schön zu erzählen, aber historisch leider nicht zu belegen.

Nahe Horn hat die Verwitterung über Millionen von Jahren aus der mittleren Gesteinsrippe des Teutoburger Waldes eine bizarre Felsgruppe herausgearbeitet, die sogenannten Externsteine. Die Namensdeutung „Elsternstein" hat sich nicht schlüssig beweisen lassen. Es ist ebenfalls strittig, ob sich bei den Steinen schon ein germanisches Sonnenheiligtum befunden hat, das Karl der Große im Winter 784/85 zerstört haben soll, als er mit seinem Heer nachweislich zwischen Lügde und Schieder lagerte.

Schriftlich belegt dagegen ist, daß die Felsen im Jahre 1037 mitsamt dem angrenzenden Gelände von der Witwe des verstorbenen Besitzers an das Kloster Abdinghof in Paderborn verkauft worden sind. Unter dem Eindruck der Kreuzzüge gestalteten die Mönche die bizarre Felsgruppe um zu einem Ort christlicher Gottesverehrung, indem sie die heiligen Stätten in Jerusalem nachzubilden suchten. Eine wohl schon vorhandene, zumindest von der Natur vorgebildete Höhlung wurde zur Kreuzauffindungsgrotte erweitert und an der Außenwand aus dem Stein das Felsengrab Christi gemeißelt. Als Sinnbild für die Hinrichtungsstätte Golgatha setzten die frommen Mönche auf den höchsten Felsen, in dem sich eine zweite Kapelle, das Sacellum, befindet, ein weithin sichtbares hölzernes Kreuz. Aus dem anstehenden Kalksandstein meißelte ein unbekannter Meister um 1115 überlebensgroß das Relief von der Kreuzabnahme Christi – das früheste Großrelief auf mittel- und nordeuropäischem Boden überhaupt. In der Darstellung erscheint, abgeknickt, als eine Art Tritt für Nikodemus die von anderen Darstellungen her bekannte Irminsul, das Zentralheiligtum der heidnischen Germanen im norddeutschen Raum. Die Weihe der Wallfahrtsstätte erfolgte 1115 durch den Paderborner Bischof Heinrich.

Nachdem die Felsgruppe, insgesamt sind es 13 Steine, mannigfache Ereignisse hat über sich ergehen lassen müssen – zeitweise hauste ein Förster mit seiner Familie in der Kreuzauffindungsgrotte, und ein lippischer Graf wollte die Steine zur Festung ausbauen lassen – nahm sie nach dem Zweiten Weltkrieg der Lippische Landesverband in seine Obhut und schuf die weitläufige parkartige Anlage, die die Bedeutung der geheimnisumwitterten Felstürme wirkungsvoll unterstreicht.

Natürlich hat sich auch die Volkssage der Steine bemächtigt. Der Teufel soll aus Wut über die Christianisierung versucht haben, den schlanken Hauptfelsen umzustürzen, indem er sich mit dem Rücken dagegen stemmte. Der Felsen widerstand zwar, ist aber doch, deutlich sichtbar, etwas eingebogen worden. Als der Teufel die Steingruppe mit Felsbrocken bewarf, blieb ein sogenannter Wackelstein auf einer Klippe liegen. Wenn er eines Tages herabstürzt, wird er eine lippische Fürstin erschlagen – so sagt man; deshalb hat ihn zu Napoleons Zeiten die Fürstin Pauline auch anschmieden lassen.

Stift Fischbeck an der Weser

Kehren wir wieder an die Weser zurück – dorthin, wo wir sie verlassen haben, als wir von Hameln aus über Schloß Hämelschenburg und Bad Pyrmont einen Abstecher ins Lipperland unternahmen.

Schon vor Hameln, etwa bei Emmerthal, setzt beiderseits der Weser ein überraschender Landschaftswandel ein. In kurzen Abständen münden Emmer, Humme und Hamel in die Weser, und dadurch weitet sich jetzt das Tal wie nie zuvor zu einer ausgedehnten Ackerbaulandschaft, auf deren reiche Erträge die Mühlen von Hameln schließen lassen. Zwar springt noch einmal wie eine Bastion die steile Felswand des Ohrberges gegen den Fluß vor und zwingt ihn zur Richtungsänderung, und ein gleiches widerfährt ihm kurz darauf durch den nicht minder schroffen Klüt, aber dann findet die Landschaft unterhalb von Hameln ein bisher nicht gekanntes Ebenmaß.

Während der breitrückige Süntel und danach der wellig bewegte Kamm des Wesergebirges den Strom in größerem Abstand auf der einen Seite begleiten, sind es auf der anderen nur mäßig hohe, ungeordnete Hügelgruppen, zwischen denen der Straßenverkehr bequeme Durchlässe findet.

Nach ihrem beschwerlichen Weg durch das hindernisreiche Bergland scheint die Weser träge zu werden; die Strömung verringert sich, die Neigung, in eigenwilligen Bögen durch die offene Talaue zu pendeln, ist unverkennbar. Nur zweimal noch rücken die Berge dichter an den Fluß und verengen das Tal: einmal bei Vlotho, dann an der Porta Westfalica. Nach der Kleinräumigkeit, durch die sich der Strom bisher winden mußte, atmet die Landschaft nun Großzügigkeit und Weite.

Wenige Kilometer unterhalb von Hameln behauptet sich das Stift Fischbeck seit über 1000 Jahren.

König Otto I. (936–973) schenkte einer entfernten Verwandten Karls des Großen, der Matrone (= Witwe) Helmburg, Grundbesitz an der Weser, auf dem sie das Kanonissenstift Fischbeck gründete. Die entsprechende Urkunde, die in Fischbeck aufbewahrt wird, nennt als Gründungsjahr 955. Die Kanonissen waren Damen aus adligen Familien, die keine Gelübde abzulegen brauchten und auch jederzeit die Möglichkeit hatten, das Stift zu verlassen, etwa um zu heiraten. Ihre selbstgewählte Aufgabe bestand in der tätigen Nächstenliebe, wo immer im Umkreis des Stiftes sich Gelegenheit dazu bot. Da aber im Mittelalter immer wieder von seiten des Bischofs der Versuch unternommen wurde, das Stift in ein Kloster umzuwandeln, stellten sich die Damen schließlich unter die

Stift Fischbeck

Augustinerregel, ohne daß sie jedoch ihre Kanonissenrechte aufgegeben haben.

Eine Aufhebung des Stiftes anläßlich der Reformation wurde durch den Schaumburger Adel verhindert, der sich das Refugium für seine unverheirateten Töchter und verwitweten Ehefrauen erhalten wollte. Aufnahme jedoch fanden nur Damen evangelisch-lutherischer Konfession, die 16 adelige Vorfahren und u.a. ausreichende Kenntnisse in Lesen, Schreiben und Singen vorweisen konnten.

Das Stift bewahrt einen kostbaren Wandteppich mit der eingearbeiteten Jahreszahl 1583, auf dem die fromme Geschichte, die die Jahrhunderte um die Stiftsgründung gewoben haben, in einzelnen Bildern dargestellt wird. Danach soll Helmburg ihrem kranken Gatten einen Trank gereicht haben, der nur denjenigen heilte, der ohne Mißgunst und Eifersucht war. Da der Kranke solcher menschlichen Schwächen leider nicht entbehrte, fiel er in eine tiefe Ohnmacht, der er nur mit Mühe wieder entrissen werden konnte. Kaum der Sprache mächtig, bezichtigte der Graf seine Frau des versuchten Giftmordes und bestand, da sie eine Schuld leugnete, auf einem Gottesurteil. Helmburg durchschritt darauf ein loderndes Feuer, das auf der Schulter ein nur winziges Brandmal zurückließ, über welches aber der Gatte sofort als Beweis ihrer Schuld frohlockte. Zur Strafe ließ er Helmburg mit einer Dienerin auf einen bespannten Wagen setzen und die Pferde aus dem Burgtor hinauspeitschen, so daß sie in wilder Panik mit den laut betenden Frauen davonrasten. Das Wunder geschah: ein Bach veranlaßte die durstigen Pferde, in ihrem Lauf innezuhalten. Helmburg war mitsamt ihrer Dienerin gerettet und soll zum Dank dafür an dieser Stelle das Stift Fischbeck gegründet haben.

Trotz mancherlei Veränderungen im Laufe der nicht immer friedlichen Jahrhunderte hat die Stiftskirche ihren romanischen Charakter und die gesamte Anlage ihre ursprüngliche Eigenart bewahren können.

Der Turm der Stiftskirche zeigt, wenn wir ihn mit dem Westwerk von Corvey vergleichen, eine bemerkenswerte Weiterentwicklung. Wurden dort die beiden Türme durch einen hohen Querriegel miteinander verbunden, so fehlen derartige Türme in Fischbeck, aber der Querriegel hat sich verselbständigt zu einer neuen Turmform mit rechteckigem Grundriß und wehrhafter Massigkeit, wie sie auch am Dom zu Minden wieder auftreten wird.

Der Fischbecker Wandteppich von 1583

An Turm und Langhaus lehnen sich, etwas versetzt, Wohn- und Wirtschaftsgebäude an und umschließen mit einem durchbrochenen Kreuzgang einen überaus malerischen Garten, dessen Stille den immer gern gesehenen Besucher vergessen lassen kann, daß er sich im unruhevollen 20. Jahrhundert befindet.

Die Eindrücke, die man im Westwerk zu Corvey und im Stift Fischbeck empfängt, reizen zum Vergleich, da beide Bauwerke romanischen Ursprungs sind: Corvey strahlt, Fischbeck leuchtet – und beider Abglanz zeugt von tausend Jahren christlicher Kulturgeschichte im Weserbergland.

Süntel und Wesergebirge

Vom Schweineberg nördlich Hameln, der im Frühjahr mit Märzenbechern übersät ist, schaut man auf den 12 km langen, abwechslungsreich gegliederten und bewaldeten Höhenzug des Süntel („Heiliger Wald"), der Bad Münder von Hess. Oldendorf trennt und beim weithin sichtbaren Sünteltturm an der Hohen Egge eine Höhe von 437 m erreicht. Wie schon beim Vogler nahe Bodenwerder führt auch beim Süntel keine Straße hinüber oder hindurch, so daß auch er ein Refugium für den Wanderer geblieben ist.

Wo sich die ersten Süntelhänge in der Weser spiegeln, etwa unterhalb von Fischbeck, vermutet man die Uferstelle, an der Hermann, der Cherusker, über das Wasser hinweg mit seinem in römischen Diensten stehenden Bruder Flavus gesprochen haben soll.

Die Vorgeschichte ist bekannt: Bei dem Versuch der Römer, einen Aufstand niederzuwerfen, war im Jahre 9 n. Chr. der Feldherr Varus mit seinen Legionen in einen Hinterhalt geraten, den ihm der in römischer Kriegführung wohlbewanderte Cherusker Armin gelegt hatte. Innerhalb dreier Tage werden die Römer von vereinigten germanischen Stämmen in einer Art Bewegungsschlacht vernichtet. Varus selbst stürzt sich in sein Schwert. Erst in den Jahren 14–16 n.Chr. unternimmt der römische Feldherr Gajus Julius Caesar, genannt Germanicus, als Oberbefehlshaber der am Rhein stehenden Legionen einen zweiten, ebenfalls mißlungenen Versuch, im unwirtlichen Bergland an der Weser Fuß zu fassen. Dabei berührt er auch das ehemalige Schlachtfeld im Teutoburger Wald.

Der römische Geschichtsschreiber Tacitus berichtet darüber: „Nachdem Cäcina vorausgeschickt war, um die verborgenen Schluchten des Waldgebirges zu durchspähen und Brücken und Dämme über Sumpfgewässer und trügerische Felder aufzuführen, betraten sie die trauerreichen Gegenden, die dem Blicke wie der Erinnerung grauenvoll waren.

Das erste Lager des Varus deutete durch weiten Umfang und durch die Ausdehnung des Feldherrnplatzes die Stärke dreier Legionen unverkennbar an. Weiterhin erkannte man an dem halbzerstörten Wall und an dem flachen Graben, daß der hier schon zusammengeschmolzene Rest sich festgesetzt hatte. Auf dem Felde in der Mitte lag bleichendes Gebein bald zerstreut, bald angehäuft, so, wie sie geflohen waren und wie sie Widerstand geleistet hatten. Dabei lagen Trümmer von Geschossen und Pferdegerippen... So bestattete denn das anwesende Römerheer im sechsten Jahr nach der Niederlage die Gebeine der drei Legionen, ohne daß jemand unterscheiden konnte, ob er fremde Reste oder die der Seinigen mit Erde decke."

Germanicus gelangte im Verlauf seiner Feldzüge in Germanien im Jahre 16 n. Chr. an die Weser, an eben jene Stelle, die abwärts Fischbeck vermutet wird. Da erscheint jenseits des Flusses inmitten anderer germanischer Häuptlinge Armin, der Cherusker. Sofort besetzen die Römer vorsichtshalber ihr Ufer mit Bogenschützen, da man im Erscheinen Armins nichts Gutes vermutet. Der jedoch erkundigt sich, ob Germanicus gekommen sei, unter dessen germanischen Hilfstruppen er seinen Bruder Flavus weiß. Als die Antwort bejaht wird, bittet Armin um eine Unterredung mit dem Bruder, schickt zum Zeichen seiner friedlichen Absichten seine Begleiter fort und verlangt auf römischer Seite ebenfalls die Entfernung der Bogenschützen.

Dann stehen sich die beiden gegenüber, nicht nur getrennt durch die ziehenden Wasser der Weser; der eine auf seiten der Germanen, der andere auf seiten der Römer – beide jedoch Söhne derselben Mutter. Armin begrüßt seinen Bruder und fragt nach der Ursache einer entstellenden Gesichtsverletzung, die den Flavus sogar ein Auge gekostet hat. Armin will ferner wissen, welchen Lohn Flavus empfangen hat dafür, daß er Leib und Leben derart für die römische Sache einsetze. Flavus nennt stolz eine Solderhöhung, eine Kette, einen Kranz und andere ehrenvolle Auszeichnungen. Aber Armin schilt das alles einen knechtischen Lohn, der eines freien Mannes nicht würdig sei.

Jeder der beiden versucht nun, den anderen von der Richtigkeit seiner Sache zu überzeugen. Flavus spricht von der Größe des römischen Weltreichs, von der Macht seiner Herrscher, von deren Großmut denjenigen gegenüber, die sich dieser Macht beugen. Armin dagegen erinnert an das heilige Recht des Vaterlandes, an die germanische Freiheitsliebe, an die ehemals gemeinsamen Götter und knüpft daran die Bitte der Mutter, daß Flavus sein Volk, seine Verwandten und seine Angehörigen nicht verlassen, sondern zurückkehren und über sie herrschen solle.

Da aber beide von ihrer Überzeugung durchdrungen sind, wird der Wortwechsel immer heftiger, bis Flavus schließlich zornentbrannt nach Pferd und Waffen ruft, um den Strom zu durchqueren und auf den Bruder einzustürmen. Nur mit Mühe hält man ihn zurück, während Armin sich drüben ebenso zornig verhält und den Römern eine Schlacht – die von Idistaviso – androht, die dann in der Umgebung des heutigen Gutes Stau stattgefunden haben soll. Diesmal werden die Germanen geschlagen, Armin entkommt verwundet nur mit knapper Not den römischen Legionären. –

Im Jahre 782 stoßen am Süntel Franken und Sachsen aufeinander. Ein Frankenheer, ursprünglich für eine andere Aufgabe ausgeschickt, erfährt von einem erneuten Aufstand der Sachsen, entdeckt deren Lager am Süntel und stürmt blindlings auf den Feind ein. Die Sachsen erwarten den Angriff in guter Ordnung; ein Teil von ihnen umgeht die Franken, die daraufhin fast alle erschlagen werden. Die Namen Blutbachtal und Dachtelfeld (tachteln = schlagen) erinnern noch an dieses Massaker. Karl der Große rächt sich, indem er zu Verden an der Aller 4500 Sachsen angeblich hinrichten läßt. In der lateinischen Handschrift darüber heißt es „decollavit" (= er hat enthauptet). Wahrscheinlich liegt hier ein Schreibfehler vor, es muß wohl

Der Hohenstein im Süntel

„delocavit“ (= er hat umgesiedelt) heißen. Derartige Umsiedlungen hat Karl verschiedentlich zur Befriedung unterworfener Stämme durchgeführt.

Das dritte historisch bedeutsame Treffen am Süntel findet am 28. Juni 1633 bei Hessisch Oldendorf statt, als ein Heer von Schweden, Hessen und Lüneburgern vom kaiserlichen General Merode zum Kampf gestellt wird, um das weitere Vordringen der Protestanten auf Hameln zu verhindern. Aber ein früherer Schäferknecht führt auf unbekannten Wegen den Kaiserlichen die Reiterei der Verbündeten in den Rücken und entscheidet so die Schlacht. Am Abend des Tages liegen mehrere tausend Soldaten in ihrem Blut, General Merode stirbt an seinen Wunden, Hameln kapituliert.

Bei Hess. Oldendorf zeigt der Süntel sein schroffstes Gesicht. Das Gebiet des Hohenstein ist außerhalb des Harzes das größte und zweifellos interessanteste Felsmassiv Norddeutschlands. Der Klippenweg, die Mooskköpfe, die Südwehe und der Amelungsberg sind beliebte Wanderziele; die Teufelskanzel und der Hirschsprung bieten herrlich weite Aussichten. Die Felswände und Felsköpfe aus dem harten Korallen-Oolithgestein des Oberen Jura wurden früher von Bergsteigern gern als Klettergarten benutzt. Allerdings war jeder Felshaken, den sie hier einschlugen, ein Dorn im Auge der Naturschützer, die vor allem seltene Pflanzen in ihrem Bestand bewahrt wissen wollten. Deshalb wurde der Kern des Felsmassivs, das 850 ha umfassende Hohensteingebiet, 1971 eingezäunt und zum Naturschutzgebiet erklärt. Das Betreten dieses Gebietes – aus welchem Grunde auch immer – ist strikt verboten, und man sollte sich schon aus eigenem Interesse an dieses Verbot halten.

Ein besonderes botanisches Charakteristikum dieses kleinen Mittelgebirgszuges sind die Süntelbuchen. Sie gehören zur Gattung der Rotbuchen, lassen aber deren schlanken, geraden Wuchs vermissen. In bizarrer Dreh- und Knubbelbildung streben die Äste vom Stamm fort, bilden merkwürdige Knicke und wachsen sogar wieder auf den Stamm zu. Als Grund dafür werden bestimmte, aber noch nicht erforschte Boden-, Licht- und Wasserverhältnisse angenommen. Eigenartig ist ebenfalls, daß aus den meisten Samen (Eckern) wieder normale Rotbuchen wachsen; von 500 ausgewählten Eckern bringen höchstens drei wieder eine Süntelbuche hervor. Man findet diese z.T. sehr alten Bäume nicht nur auf dem Dachtelfeld; einzelne Exemplare sind auch am Steinhof in Bad Münder, im Landschaftsgarten von Schwöbber und auf der Parkwiese des Münchhausenschen Gutes in Apelern bei Lauenau zu sehen.

Der Westabfall des Süntels leitet über zur schmalen Kette des Wesergebirges,

Dorf und Burg Schaumburg

die das Tal bis zur Porta begleiten wird. Aus seiner steilen Südflanke springt zwischen Hessisch Oldendorf und Rinteln der 225 m hohe Nesselberg gegen das Wesertal vor, auf dem etwa 1100–1115 die Schaumburger Grafen ihre Stammburg, die „Wartburg des Weserberglandes", erbaut haben. Von diesem Geschlecht weiß man seltsamerweise bis heute noch nicht, woher es eigentlich gekommen ist. Irgendwann war es da und wählte als Wappenzeichen das Nesselblatt. Die Burg wird zum erstenmal 1119 schriftlich erwähnt. Ihre Besitzer waren zugleich Grafen von Holstein und haben im Verlauf der Ostkolonisation eine bedeutende Rolle gespielt. Sie bewohnten die Burg bis etwa 1500, dann wurde sie unter einem Drosten (= Amtmann) Sitz des Amtes Schaumburg. Aber als 1821 die Verwaltungen in die Städte verlegt wurden, begann ihr Verfall. Ab 1866 nahm die Preußische Forstverwaltung sie in ihre Obhut und baute das Hauptgebäude zu einer Gaststätte aus. Kaiser Wilhelm II. schenkte 1907 die Burgruine seinem Vetter, dem Fürsten Georg Wilhelm zu Schaumburg-Lippe, zur Silberhochzeit. Damit kehrte sie in den Besitz des Erbauergeschlechtes zurück. In den Jahren 1907–1913 wurde sie wieder vollkommen aufgebaut.

Oberhalb der Schaumburg wird ein ehemaliges Forsthaus als Paschenburg bezeichnet, obgleich es nie eine Burg gewesen ist. Kurz vor dem Ende des Zweiten Weltkrieges, am 11. April 1945, kam es hier oben noch zu einer tragischen Begegnung zwischen deutschen und amerikanischen Soldaten. Als sich acht junge Reserveoffiziersanwärter, die hier zwar eine Verteidigungsstellung bezogen, aber ihre Waffen schon niedergelegt hatten, den weit überlegenen Amerikanern ergeben wollten, wurden sie von denen irrtümlich noch für bewaffnet gehalten und erschossen. Auf einem kleinen Friedhof unmittelbar neben der Paschenburg haben sie ihre letzte Ruhestätte gefunden. „Die Toten mahnen, für den Frieden zu leben" steht auf dem Gedenkstein.

Der Blick von Schaumburg und Paschenburg umfaßt das weite Wesertal mit silbrig aufblitzenden Stromwindungen und dem bunten Flickenteppich seiner Feldfluren zwischen Hameln, Hessisch Oldendorf und Rinteln, bei klarer Sicht sogar bis zur Porta.

Hessisch Oldendorf und die Baxmannsage

Der Name des Ortes unterhalb der Schaumburg läßt vermuten, daß die Keimzelle ein altes Dorf gewesen ist. Das älteste Gebäude der Stadt, der romanische Turm der gotischen Hallenkirche, deutet auf eine Stadtgründung zu Anfang des 13. Jahrhunderts hin. Rund hundert Jahre später wird der Ort auch urkundlich als Stadt bezeichnet. Stadttore werden erstmals 1320 erwähnt.

Wie Rinteln und Stadthagen ist auch Oldendorf als wehrhafte Stadt planmäßig angelegt worden, zudem war sie als gewerblicher und kultureller Mittelpunkt für die nähere und weitere Umgebung gedacht.

Der feuchte Baugrund erzwang zwar die Errichtung der ersten kellerlosen Häuser auf eingerammten Eichenpfählen, begünstigte aber andererseits die Anlage schützender Wasserläufe und Wasserflächen. Eine Stadtmauer hat es nie gegeben, statt dessen aber bis zu 4 m hohe Wälle, die früher mit Palisaden besetzt waren und auf denen man heute noch fast um den ganzen Stadtkern spazieren kann. Der Kirchturm war vor allem Wehr- und Beobachtungsturm, und es erscheint kurios, daß die Stadt ihn erst 1954/55 der Kirchengemeinde St. Marien übereignet hat.

Die Verteidigung der mittelalterlichen Stadt oblag den sogenannten Burgmannen, also Rittern und Knappen, die ihre insgesamt zwölf Burgmannshöfe innerhalb, ihren Landbesitz aber außerhalb der Stadt hatten. Der größte dieser Höfe ist gekennzeichnet durch das Weserrenaissance-Schloß derer v. Münchhausen (ab 1585), dessen Hauptflügel mit Utluchten und Zwerchhäusern der Weser zugekehrt ist. Darin befand sich eine umfangreiche Bibliothek von etwa 13 000 Bänden, die der Sammler Ludolph v. Münchhausen (1570–1640) zusammengetragen hatte, die aber nach dessen Tod versteigert und damit aufgelöst wurde.

Vor dem Dreißigjährigen Krieg blühte die Stadt auf der Basis einer vielfältigen Landwirtschaft und den einträglichen Gewerben von Schuhmachern, Schmieden, Bäckern, Schneidern, Schlachtern, Woll- und Leinewebern, Lohgerbern, Müllern und Fischern. Bürger, denen das Braurecht zustand, schlossen sich sogar zu einer Brauergilde zusammen, und auf der Grundlage des Marktbetriebes entwickelte sich ein wohlhabender Kaufmannsstand.

Ein vielbefahrener Weserarm, der unmittelbar am Ort vorbeiführte, verband Oldendorf besser als die damals schlechten, oft grundlosen Straßen mit anderen Orten am Strom, vor allem mit Bremen, das Getreide abnahm und Salzheringe lieferte, anderes sicher auch. Durch die

Das Weserrenaissance-Schloß in Hess. Oldendorf

Abdämmung dieser Wasserstraße durch Jobst v. Mengerßen wurde die Stadt 1582 schwer getroffen. Zur Strafe muß der ehemalige schaumburgische Amtmann in nebligen Nächten heute noch an der Weser herumgeistern.

Weitaus abenteuerlicher klingt die Oldendorfer Baxmannsage. Ein reicher und deshalb von vielen Bürgern beneideter Mann dieses Namens soll – wie anders war sein Reichtum zu erklären? – mit dem Teufel im Bunde gewesen sein. Nach seinem Begräbnis erschien er den heimkehrenden Trauergästen wieder leibhaftig am Fenster seines eigenen Hauses, so daß man sich entschließen mußte, ihn ein zweites Mal zu begraben. Aber kaum, daß die Trauergäste den Friedhof abermals verließen, kehrte auch Baxmann, wenn nun auch nach ihnen und mit gewissem Abstand, in sein Haus zurück. Zwei Paderborner Mönche, die den eigensinnigen Heimkehrer bereits auf einen Wagen gebannt und schon aus der Stadt gebracht hatten, entwischte er durch einen geistlichen Formfehler, bis es schließlich gelang, den munteren Geist an eine Quelle im Süntel zu bannen, die er mit einem Sieb ausschöpfen sollte. Als ihm das in einem kalten Winter tatsächlich gelang, weil die Quelle bis auf den Grund gefroren und so das Wasser auch für ein Sieb transportabel geworden war, tauchte er wiederum in Oldendorf auf. Zum zweitenmal an die Quelle gebannt, muß er sie nun mit einem Fingerhut ausschöpfen, und das ist ihm bis heute nicht gelungen. Baxmannquelle und Baxmannbaude erinnern an dieses gespenstische Stehaufmännchen, und im Bergpark ist er steinern mit seinem Sieb zu sehen.

Dreißigjähriger und Siebenjähriger Krieg (1756–63) und die sie begleitenden Notzeiten waren die Ursache dafür, daß die Stadt 1783 noch nicht wieder die Einwohnerzahl vom Jahre 1500 erreicht hatte, nämlich etwa 1300 Seelen.

Auch nach der napoleonischen Zeit erholte sich die Stadt nur langsam. Erst als 1875 die Eisenbahnstrecke Hameln–Löhne eingeweiht und danach 1899 die Weser überbrückt wurde, setzte eine fortschreitende wirtschaftliche Entwicklung ein, die trotz zweier Weltkriege heute eine blühende Einkaufs- und sich rasch ausdehnende Industriestadt hat entstehen lassen.

Die Frage nach der Herkunft des in Niedersachsen ungewöhnlichen Ortsnamens löst meistens leichte Verwirrung aus. Bis 1895 hieß der Ort „Oldendorf/Weser“. Da der Schaumburger Graf Otto V. 1640 ohne männlichen Erben verstorben war, wurde sein Besitz geteilt, und die Grafschaft Schaumburg fiel 1647 an das Kurfürstentum Hessen-Kassel. So wurden aus den Schaumburgern Hessen. Im Jahre 1866 kam das Kurfürstentum Hessen-Kassel und damit auch die Grafschaft Schaumburg an Preußen. Im Rahmen einer preußischen Verwaltungsreform wechselte am 1. Oktober 1932 die Grafschaft Schaumburg vom preußischen Regierungsbezirk Kassel zum Preußischen Regierungsbezirk Hannover. Es ist also alles ganz einfach. Aber die 275jährige Zugehörigkeit zu Hessen (1647–1932) war 1905 schließlich der Grund für die amtliche Umbenennung von Oldendorf/Weser in Hessisch Oldendorf.

Rinteln und das Weserlied

Südlich des Wesergebirges – auch Weserkette genannt – zieht der Strom an Rinteln vorüber. Das Schachbrettmuster des Stadtkerns verrät, daß auch dieser Ort, ebenso wie Karlshafen, planmäßig angelegt wurde; das geschah etwa um 1230 durch Graf Adolf IV. von Schaumburg. Eine Weserbrücke kann bereits 1223 nachgewiesen werden. Der Ort entwickelte sich bald zu einem lebhaften Handelsplatz für den Warenverkehr über die Weser. Davon zeugen noch viele guterhaltene und liebevoll gepflegte Fachwerkhäuser aus dem 16. Jahrhundert.

Aber auch die Reste früherer Befestigungen sind zu erkennen, vor allem vom Wasser her. Mauern und Türme, Wälle und Gräben wurden errichtet, als die Stadt 1647 an Hessen fiel; und sie wurden wieder geschleift, als zu Beginn des 19. Jahrhunderts die westfälische Herrschaft begann.

Im Verlauf der Graft erkennt man die Vaubanschen Befestigungsanlagen, deren sternförmig angelegte Wälle (= Escarpen und Contrescarpen) und Schanzen, deren Kasematten und Bastionen einst den Kern des Ortes umzogen, viel Geld verschlungen, der Stadt aber keinen historischen Glanz eingebracht haben. An die Festungszeit erinnern noch die zungenbrechenden Straßennamen Ostcontrescarpe, Südcontrescarpe und Westcontrescarpe.

Konnte Rinteln nicht als Festung zu nennenswerten Ehren kommen, so versuchte man es auf anderem Gebiet, wobei allerdings die Verdienste darum billigerweise dem Landesherrn Ernst von Schaumburg zugestanden werden müssen. Dieser Graf bemühte sich vor allem, die inneren Angelegenheiten seines Ländchens zu ordnen zum Wohle seiner Finanzen und zum Wohle seiner Untertanen. Darunter fiel auch die Gründung bedeutender Stadtschulen, u.a. des Gymnasiums Illustre in Stadthagen. Ein Darlehen von 100 000 Gulden, das der finanzkräftige Graf Ernst dem Kaiser Ferdinand II. gewährte, machte die katholische Majestät geneigt, der Erweiterung des Stadthagener Gymnasiums zu einer protestantischen Hochschule, einer „Pflanzstätte für Kirche und Staat“ zuzustimmen, nun aber mit dem Sitz in Rinteln, das sowohl landschaftlich als auch mit seinen Verkehrsverbindungen und seinen wirtschaftlichen Möglichkeiten für eine derartige Universität besser geeignet schien. Zum kaiserlichen Universitätsprivileg kam für den Schaumburger noch der Titel eines Reichsfürsten, sozusagen als Draufgabe.

Vor dem Hintergrund des sich ausbreitenden Dreißigjährigen Krieges entwickelt sich in der Ackerbürgerstadt Rinteln das wissenschaftliche Leben nur zögernd. Der Landesherr stellte zwar die

Der Ratskeller von Rinteln im Stil Lemgoer Weserrenaissance

Gebäude des ehemaligen Benediktinerklosters für den Lehrbetrieb zur Verfügung, forderte aber von den skeptischen Bürgern die Erneuerung der Straßen, die Bereitstellung von 200 Studentenzimmern und Wohnungen für 16 Professoren. Rudolf Feige schreibt darüber: „Auf Besserung der Gasthausverhältnisse und auf verstärktes Bierbrauen richtete man das Augenmerk. Die Häuser sollten durch Neuanstrich ein schmuckes Gewand erhalten, und es erging Anordnung, die ‚Straßen vom Wasser zu entfreien' und ‚Ordnung zu machen, daß kein Mist auf den Gassen, noch Gestanks hinter den Häusern'. Sehr wichtig waren die Vorkehrungen für die Lebensmittelversorgung: Höcker (Krämer), Bäcker, Fleischer und Fischer hatten sich auf den Bevölkerungszuwachs einzurichten. Wochenmärkte wurden angeordnet und für Studentenmittagstisch gesorgt. Schuster und Schneider, auch der Buchbinder und der Degenmacher, sollten sich bereithalten."

Am 17. Juli 1621 wurde die „Accademia" feierlich eingeweiht mit einer Festpredigt des Theologieprofessors Josua Stegmann, der das bekannte Kirchenlied „Ach, bleib mit deiner Gnade..." geschrieben hat. In seiner Eröffnungsrede bezeichnete Stegmann die neue Universitätsstadt als einen „Akademischen Lustgarten", „do nicht allein das lustig, fruchtbare und schiffbare Wasser, die Weser, an den Stadtmauern herfleußt, sondern auch die Brünnlein göttlicher Weisheit in allen Gassen fein lustig sich ergießen." Die Professoren sollten sich bemühen, „daß dieser Lustgarten in bäulichem (= erbaulichem) Wesen erhalten werde, denn da sind junge Studenten gleich als junge Bäume, daran man immer zu beugen, zu schneiden, zu pfropfen und fortzupflanzen hat, wenn sie richtig in die Höhe wachsen und nicht degenerieren und umschlagen sollen; die Professoren und Doktoren sind gleich wie Gärtner, die allen Fleiß bei den jungen Bäumen anwenden... und gehört da sonderliche Kunst dazu, wenn sie in ihrem Amte Genüge tun wollen."

Die Wirren des Dreißigjährigen Krieges, unter denen auch Rinteln, zum Teil furchtbar, zu leiden hat, verzögern die Entfaltung der Hochschule. Die Professoren erhalten jahrelang keine Gehälter, lehren aber trotzdem weiter. Der Krieg führt zur Verwilderung studentischer Sitten: „Die Straßen ertönen des Nachts von bestialischem Grunzen und feindlichem Geheul, und ein immerwährender Krieg wird gegen die Fenster(-scheiben) geführt."

Trotz aller landesherrlichen Förderung, auch nach dem Tode des Gründers, ist Rinteln immer nur eine kleine Universität geblieben, obgleich nach dem Westfälischen Frieden ein Aufschwung einsetzt, der sogar anhält, als Rinteln zu Hessen kommt. Nach genau

Archivhäuschen des Münchhausenhofs

200jährigem Bestehen wird die Universität aufgehoben und Ostern 1810 endgültig geschlossen, da sich in Jêromes Königreich Westfalen schon die größeren Universitäten Göttingen, Marburg und Halle befanden. Auch die Furcht, daß Universitäten zu Keimzellen nationalen Widerstandes werden könnten, mag für die Schließung von Rinteln bedeutsam gewesen sein.

Ein Jurist der Universität Rinteln, Professor Göhausen, gibt 1630 ein umfassendes Werk über den Hexenprozeß heraus; das wundert nicht, wenn man erfährt, daß die juristische Fakultät in derartigen Prozessen oft um Gutachten gebeten wurde. Ein Jahr darauf erscheint, in Rinteln gedruckt, die anonyme Schrift „Cautio criminalis seu de Processibus contra Sagas Liber Auctore Incerto Theologo Orthodoxo – Vorsicht in Kriminalsachen, ein Buch über die Hexenprozesse, verfaßt von einem rechtgläubigen Theologen" – eine zu dieser Zeit unerhörte Mahnung gegen den Hexenwahn. Der Philosoph Leibniz weist später schlüssig nach, daß der Jesuit Friedrich v. Spee, der Dichter der „Trutznachtigall", der Verfasser dieses Aufrufes gewesen ist und ihn deshalb ohne kirchliche Druckerlaubnis veröffentlichen mußte. Er hatte in Würzburg als Seelsorger von 1627 bis 1631 mehr als zweihundert Opfer des Hexenwahns zum Scheiterhaufen begleitet, darunter drei Domherren, vierzehn Hilfspriester, einige Ratsherren, die Witwe eines Kanzlers, ein Doktor der Theologie, ein blindes Mädchen und zwei Kinder, die noch nicht neun Jahre alt waren. Da er sich unerschrocken gegen den Hexenwahn wendete, mußte er Würzburg verlassen. Aber sein in Rinteln gedrucktes Buch war der Anfang vom Ende jener schrecklichen Zeit.

Das heutige Straßenbild läßt kaum mehr die ehemalige Ackerbürgerstadt erkennen. Das alte Rathaus aus der frühen Weserrenaissance zeigt in seinen beiden Giebeln Formen, die an Lemgoer Bürgerhäuser erinnern. Im gleichen Stil ist das Archivhäuschen des Münchhausenhofes in der Ritterstraße gehalten, erbaut von Hilmar v. Münchhausen (1633–1689), einem Sohn Hilmars d. Jüngeren und damit der Großvater des Lügenbarons. Sehenswert ist die Stadtkirche, in der die ersten Vorlesungen der Universität gehalten wurden, sehenswert sind viele noch erhaltene Fachwerkbauten, deren Inschriften verschiedentlich noch auf die verflossene Universität hinweisen, z.B. am ehemaligen Gasthaus „Zum goldenen Löwen" in der Weserstraße.

Am Haus Ritterstraße 18 erinnert eine schlichte Gedenktafel an Franz von Dingelstedt, den Dichter des Weserliedes. Sein Lebenslauf war ungewöhnlich. Er wurde zwar 1814 in Halsdorf in Oberhessen geboren, betrachtete aber Rinteln als seine Vaterstadt, weil er dort von 1822 bis 1831 als Gymnasiast gewohnt und die Stadt auch später immer wieder gern besucht hat. Er studierte in Marburg Theologie und Philosphie, wird Lehrer in Ricklingen bei Hannover, dann Oberlehrer in Kassel. Im Jahre 1841 finden wir ihn in Augsburg als Redakteur der „Allgemeinen Zeitung", die ihn auch nach London, Paris und Wien schickt. Aber schon zwei Jahre später wird er in Stuttgart Hofrat und Bibliothekar in der Privatbibliothek des Königs von Württemberg. Seine Heirat 1843 mit der damals berühmten Sängerin Jenny Lutzer scheint den bisher Unsteten seßhaft werden zu lassen. Aber nach wenigen Jahren bricht sein genialer Tätigkeitsdrang wieder durch. Er wird 1851 Intendant am Hoftheater in München, 1857 Intendant in Weimar, 1867 in Wien. Der bayerische König Max II. verleiht ihm den erblichen Adel. Im selben Jahr wird er Direktor der Wiener Oper, 1872 zusätzlich Direktor des berühmten Wiener Burgtheaters und damit Generaldirektor beider Wiener Hoftheater. Der Kaiser von Österreich erhebt ihn 1867 in den Freiherrnstand. Ein Jahr später schenkt Franz v. Dingelstedt voller Dankbarkeit dem Rintelner Gymnasium die zwölfbändige Ausgabe seiner Werke. Er stirbt 1881 und wird auf dem Zentralfriedhof in Wien bestattet. Im Wiener Burgtheater erinnert ein lebensgroßes Standbild an ihn.

Fünfzig Jahre nach seinem Tode errichtet ihm auch Rinteln ein Denkmal hoch über dem jenseitigen Weserufer neben dem Alten Zollhaus am Ortsausgang von Todenmann. Von dort hat man einen weiten Blick über seinen geliebten Strom und über seine geliebte Stadt.

Unter einem der Weser zugewendeten Giebelfenster des Alten Zollhauses verkündet eine Steintafel: „An diesem Fenster entstand um 1835 das Weserlied." Hier ist leise Skepsis angebracht.

Der Marktplatz in Rinteln

Franz v. Dingelstedt hat nie gesagt, wo er das Weserlied geschrieben hat, und das Weserwehr, von dem im Lied die Rede ist, hat es in Rinteln nie gegeben.

Das romantisch-wehmütige Gedicht erfuhr im Laufe der Zeit verschiedene Veränderungen, anfangs durch den Autor selbst, später auch dadurch, daß jede größere Stadt an der Oberweser das Gedicht auf sich gedichtet wissen wollte. Es sei in der heute geläufigen Fassung wiedergegeben:

Weserlied

Hier hab' ich so manches liebe Mal
mit meiner Laute gesessen,
hinunterblickend ins weite Tal,
mein selbst und der Welt vergessen.

Und um mich klang es so froh und hehr,
und über mir tagt es so helle,
und unten rauschte das ferne Wehr
und der Weser blitzende Welle.

Wie liebender Sang aus geliebtem Mund,
so flüstert es rings durch die Bäume,
und aus des Tales offenem Grund
begrüßen mich lockende Träume.

Und um mich klang es so froh und hehr,
und über mir tagt' es so helle,
und unten rauschte das ferne Wehr
und der Weser blitzende Welle.

Da sitz ich aufs neue und spähe umher
und lausche hinauf und hernieder,
die holden Weisen rauschen nicht mehr,
die Träume kehren nicht wieder.

Die süßen Bilder, wie weit, wie weit,
wie schwer der Himmel, wie trübe –
fahr' wohl, fahr' wohl, du selige Zeit!
Fahrt wohl, ihr Träume der Liebe.

Die Residenzstadt Bückeburg

Vom gewellten Kamm des Wesergebirges fällt der Blick nordwärts auf die kleine Residenzstadt Bückeburg, die durch den Kunstsinn ihrer Grafen und Fürsten den schmeichelhaften Beinamen „Klein-Versailles“ bekommen hat.

Bückeburgs Geschichte beginnt um 1300 mit einem Dorf der Schaumburger Grafen und einer Wasserburg, von der nur noch der Bergfried geblieben ist als Mittelturm des heutigen vierflügeligen Schlosses, das 1560 bis 1563 unter Graf Otto IV. v. Holstein-Schaumburg im Stil der Weserrenaissance entsteht.

Während der Herrschaft des Grafen Ernst, der 1619 den Fürstentitel erhält, wird 1601 bis 1608 nicht nur das Schloß prachtvoll ausgestattet mit einem Goldenen Saal und schwer vergoldeter Götterpforte, mit dem frühbarocken Interieur der gotischen Schloßkapelle, mit den Bronzegruppen von Adrian de Vries auf der Brücke über dem Schloßgraben. Das Schloß erhält auch eine repräsentative Umrahmung durch den frühbarocken Triumphbogen, der Schloß und Markt, Landesherrn und Bürger miteinander verbindet, dazu die anschließende, auf wuchtigen Arkaden ruhende Hofkammer, das Rentamt und der reichgeschmückte Pavillon der Kammerkasse: insgesamt eine reizvoll dominierende Baugruppe innerhalb der Langen Straße.

Es ist ebenfalls Fürst Ernst, der 1609 Bückeburg zur Stadt erhebt und die Universität Stadthagen gründet, die später nach Rinteln verlegt wird. Er läßt ferner 1611 bis 1615 am Ende der Langen Straße in einer Synthese von Gotik, Renaissance und Frühbarock die turmlose Stadtkirche erbauen. Über dem Portal der monumentalen Schauseite verkündet eine Inschrift: „Exemplum Religionis Non Structurae“ („Ein Beispiel der Frömmigkeit, nicht der Baukunst“). Die Anfangsbuchstaben der lateinischen Inschrift ergeben den Namen des Fürsten ERNST. Das kostbarste Stück der Innenausstattung ist ein Bronzetaufbecken von Adrian de Vries aus dem Jahre 1613. Im frühbarocken Stil ist die Orgel des Josias Compenius von 1615 gehalten, die im Dezember 1962 durch Brandstiftung schwer beschädigt wurde, aber in dreijähriger meisterhafter Kleinarbeit von Fachleuten gerettet werden konnte. Wegen dieser Kirche und seines Schlosses gilt Bückeburg als der großartige Schlußakkord der Weserrenaissance; denn 1618 bricht der Dreißigjährige Krieg aus, der nicht nur in Bückeburg eine blühende Wirtschafts- und Kulturepoche in einem schrecklichen Inferno untergehen läßt.

Von den verschiedenen Herrschern der Grafschaft soll hier nur einer näher erwähnt werden, und zwar Graf Wil-

Schloß Bückeburg mit Spiegelweiher

helm zu Schaumburg-Lippe (1724–1777). Er wurde in London geboren, wo sein Vater als Diplomat tätig war.

Er war von ungewöhnlicher Intelligenz, ein Freund Friedrichs des Großen und im Siebenjährigen Krieg (1756–1763) einer seiner Artilleriekommandeure. Er genoß nicht nur weit über die Grenzen seiner Grafschaft hinaus ein hohes Ansehen, sondern erfreute sich auch einer außerordentlichen Beliebtheit.

Das beweisen schon die vielen Anekdoten, die über ihn erzählt werden. Während er einen Teil seiner Kindheit bei seiner Großmutter in England verbrachte, soll er sich einmal sein auffallend hübsches und deswegen immer wieder bewundertes Gesicht mit Walnußschale gefärbt haben, um nicht wie ein schönes Mädchen gelobt zu werden. Als junger Mann wettete er einmal, er werde von London nach Edinburgh reiten, verkehrt auf dem Sattel sitzend, also mit dem Gesicht nach hinten. Er gewann. Zu einer Zeit, da in England eine Fußreise als mitleiderregendes Zeichen

Prachtvoller Festsaal im Schloß Bückeburg

Die Stadtkirche in Bückeburg

für Armut galt, durchwanderte der junge Graf dessenungeachtet unerkannt größere Teile des Landes und soll sich in Begleitung eines gelegentlichen Wandergefährten hier und da durchgebettelt haben.

Die schönste Anekdote beweist die weltmänische Gelassenheit des Grafen, die er zweifellos durch seine englische Erziehung erworben hatte. Er liebte es, in aller Morgenfrühe im Schloßteich zu schwimmen, und zwar splitternackt, nur mit seiner adligen Würde bekleidet. Als er sich einmal nach dem Bad in derart paradiesischem Zustand über eine mannshohe Mauer schwang, um den Weg zum Schloß abzukürzen, landete er auf der anderen Seite neben einem gedeckten Tisch, an dem sich gerade einige hochvornehme Hofdamen anschickten, das Frühstück einzunehmen. Während die Damen beim Anblick des triefenden Adonis zu Salzsäulen erstarrten und ihnen das Feingebäck im Halse steckenblieb, grüßte Graf Wilhelm zu Schaumburg-Lippe artig und gemessen und ging dann federnden Schrittes zum Schloß, ohne dabei auch nur die geringste Spur nervöser Eile zu zeigen. Wann die Damen Sprache und Haltung wiedergewonnen haben, ist nicht überliefert. –

Graf Wilhelm reorganisierte die portugiesische Armee so erfolgreich, daß man sich in Portugal noch 1962 seiner erinnerte und an seiner letzten Ruhestätte einen Staatsakt vollzog zur zweihundertsten Wiederkehr jenes Tages, da er portugiesischen Boden betreten hatte.

Nach Anregungen des französischen Festungsbaumeisters Vauban schuf er im Steinhuder Meer, einem großen See westlich von Hannover, auf künstlicher Insel das Musterbeispiel einer uneinnehmbaren Festung, den Wilhelmstein. Er richtete dort eine Akademie für Ingenieur- und Festungswesen und eine Artillerieschule ein. Der berühmteste Schüler dieser Anstalt dürfte der spätere preußische General Gerhard v. Scharnhorst gewesen sein, dem Preußen den wichtigsten Teil seiner militärischen Reformen verdankte. Man kann den „Wilhelmstein“ von Steinhude aus mit dem Schiff besuchen und besichtigen.

Graf Wilhelm berief auch den Denker, Dichter und Theologen Johann Gottfried Herder (1744–1803) als Hofprediger nach Bückeburg. Der war Goethe 1770/71 in Straßburg im „Gasthaus zum Geist“ begegnet, hatte sich mit ihm angefreundet und den jungen Dichter in seiner Entwicklung wesentlich gefördert. Graf Wilhelm schätzte es, lange und kluge Gespräche mit seinem Hofprediger zu führen. Als Goethe veranlaßte, daß der inzwischen verheiratete Herder 1776 für immer nach Weimar eingeladen wurde, sieht der geistvolle Graf diesen klugen Kopf nur ungern scheiden. Heute erinnert ein lebensgroßes Standbild neben der Stadtkirche an ihn. Als Hofkapellmeister gewann Graf Wilhelm einen Sohn des großen Johann Sebastian Bach aus Leipzig, nämlich Johann Christoph Friedrich Bach (1732–1795), der mit Herder gesellschaftlichen Umgang pflegte und einige seiner Dichtungen vertont hat.

Rathaus in Bückeburg

Was an diesen wenigen Beispielen deutlich wird: weltoffene, künstlerisch begabte Herrscher haben dieser Stadt nicht nur das Gepräge, sondern auch die Atmosphäre gegeben bis in die Gegenwart hinein.

Im 19. Jahrhundert behauptet Schaumburg-Lippe seine Selbständigkeit erst gegen Napoleon, dann gegen

Preußen. Die Dichterin Lulu v. Strauß und Torney wird in Bückeburg geboren. Hermann Löns wirkt hier eine Zeitlang als Redakteur der Schaumburg-Lippischen Landeszeitung und schreibt in der idyllischen Residenzstadt einige seiner besten Bücher.Unter dem Fürsten Georg (1893–1911) erfährt die Stadt noch einmal eine Blütezeit ersten Ranges. Das Schloß erhält die letzten Erweiterungen, das Palais der Fürstinmutter wird im Stil der Weserrenaissance vollendet. Prächtige Hoffeste sehen den Kaiser als Gast, dazu Fürstlichkeiten aus dem In- und Ausland. Kulturelle Veranstaltungen und militärische Paraden runden das Bild ab, das erst durch zwei Weltkriege an Glanz verliert. Noch 1913 bis 1915 baut Fürst Adolf in der Tiefe des Schloßparkes das größte Mausoleum Europas mit monumentaler Kuppel; die Fassade ahmt französische Romanik nach, das Innere strahlt im Glanz von Goldmosaiken.

In Bückeburg befindet sich im ehemaligen Burgmannshof (1463) das weltweit einzigartige Museum für Hubschrauber, das 1960 von dem Hubschrauberpiloten der Heeresflieger Werner Noltemeyer gegründet wurde. Es zeigt heute über 40 Exponate aus den USA, Frankreich, Großbritannien, Rußland und Deutschland, dazu Einzelteile, Bilder, Modelle, Zeichnungen, wissenschaftliche Abhandlungen, Dokumente und entsprechende Presseberichte.

Etwas abseits der Straße Bückeburg–Rinteln, in den Bückebergen bei Obernkirchen, bricht man den begehrten Obernkirchener Sandstein, der von den Schichten der Unteren Kreide aufgebaut wurde und ohne den die Weserrenaissance nicht denkbar wäre. Der Stein ist leicht zu bearbeiten, verwittert aber nur sehr langsam. Über die Hansestadt Bremen gelangte er als „Bremer Stein" in alle Welt. Er wurde verwendet beim Kölner Dom und beim Rathaus zu Bremen, beim Rathaus in Antwerpen, bei Schloß und Börse von Amsterdam; auch das Rathaus in Hannover besteht aus diesem hellgrauen, feinkörnigen Material.

Der Ehrenhof des Bückeburger Schlosses

Kloster Möllenbeck und Schloß Varenholz

Unterhalb der Weserbrücke von Rinteln taucht am linken Ufer das Erholungsgebiet „Doktorsee" auf. Es bekam seinen Namen, weil dieses Gelände früher den Professoren der Rintelner Universität als Weidefläche für Kühe, Schafe und Ziegen zur Verfügung stand. Heute ist hier um ehemalige Kiesseen ein großer Campingplatz entstanden, der Touristen aus den Großstädten des nordrhein-westfälischen Industriegebietes, aus dem norddeutschen Raum, den Niederlanden und Skandinavien anzieht und ganzjährig zur Verfügung steht.

Dann läuft der Strom auf zwei geschichtsträchtige Bauwerke zu, beide sehr unterschiedlich in bezug auf ihre Entstehung, Zweckbestimmung und historisches Schicksal, beide nicht zu trennen von den Orten, zu denen sie gehören, beide jedoch gleichermaßen bedeutungsvoll, wenn auch jedes auf seine eigene Art: das Kloster Möllenbeck und das Schloß Varenholz.

Wer Möllenbeck, unvorbereitet durch Bild oder Beschreibung, zum erstenmal sieht, hat Mühe, erst seine Verwunderung, dann seine Neugier zu verbergen. Denn die Anlage, von einem Gutsbetrieb umgeben, empfängt den Besucher mit einer deutlichen Abweichung von allem, was einem bisher an Kirchen und Klöstern im Weserbergland begegnete.

Zwei romanische Türme wie in Corvey, hier aber rund, auch ein gotisches Langhaus mit anschließendem, höher gelegenen Chor, aber dieses mächtige Kirchenschiff in keinem rechten Verhältnis zu den verhältnismäßig niedrig und zierlich wirkenden Türmen; ebenso unproportional dazu die massige, seitlich angefügte Sakristei; und als letztes unharmonisches Element ein Querriegel zwischen den Türmen, der sich zur Hälfte eines längsgeteilten Hauses ausgewachsen hat, dessen First die Türme miteinander verbindet, ihnen auch von hier aus die Beherrschung der Anlage versagt bleibt – kurzum, eine Klosteranlage, in deren architektonischen Großformen schon die Wechselfälle des Schicksals geahnt werden können, die dem Kloster im Laufe seiner Geschichte widerfahren sind.

Die älteste Urkunde, die das Kloster erwähnt, ist datiert vom 13. August 896. Darin werden der Stifterin, einer Gräfin Hildburg, vom Kaiser Arnulf v. Kärnten die Rechte des Nonnenklosters bestätigt. Bei einer Durchforschung der Krypta im Jahre 1950 wurde das Grab der Stifterin völlig unberührt und wohlerhalten aufgefunden. Die erste, sicher nur kleine Klosterkirche der Benediktinerinnen brannte ab, aber ihre Fundamente sind genauso erkennbar wie die des nachfolgenden Neubaues, der um 950 entstan-

den sein muß und auf den die beiden erhaltenen Rundtürme zurückgehen, die aber ehemals einen weitaus höheren Viereckturm flankierten, der nicht mehr vorhanden ist. Dieser ottonische Bau zeigt zweifellos architektonische Ähnlichkeiten mit der Klosterkirche von Corvey und dem Dom zu Minden.

An das Kloster lehnte sich bald eine Siedlung an, die sich um 1200 zu einer Stadt mit Rat, Gericht und Stadtkirche St. Nikolaus entwickelt hatte, dann aber wieder verödete, so hoffnungslos verödete, daß davon heute keinerlei Spuren mehr zu entdecken sind.

Auch das Kloster verfiel; 1284 wurde es abermals von einem Brand heimgesucht, notdürftig wieder aufgebaut, 1441 jedoch nur noch von einer einzigen Konventualin bewohnt. Da richtete es der Bi-

Kloster Möllenbeck

Innenansicht der Klosterkirche

schof von Minden 1441 ein als Mönchskloster für Augustiner, und eine neue Blütezeit beginnt, bis es eine Feuersbrunst 1492 zum dritten Mal heimsucht. Mit dem heiligen Florian scheint das Kloster also nicht auf besten Fuße gestanden zu haben. Im Jahre 1560 hält die Reformation ihren Einzug in Möllenbeck, und das Ende des Dreißigjährigen Krieges sieht das Kloster ohne Mönche. Es wird in eine Domäne umgewandelt und hat zeitweise zum Unterhalt der Universität Rinteln beizutragen. Unter Napoleon sollte der Bau auf Abbruch verkauft werden; zum Glück fand sich kein Käufer. Aber das Inventar samt Orgel und Altar wurde veräußert. Dann hat die Kirche zeitweise als Speicher gedient. Nachdem im 18. Jahrhundert wieder ein kleines Dorf Möllenbeck entstanden war, wurde die Klosterkirche dessen reformierter Kirchengemeinde 1836 für den Gottesdienst übergeben.

Eine Besichtigung des Klosters Möllenbeck – an die Kirche schließen sich im Viereck die übrigen Gebäude an – stimmt nachdenklich. Es erfordert einiges Vorstellungsvermögen, die ehemalige geistige und geistliche Bedeutung des Klosters zu erkennen. Viel wichtiger erscheint jedoch, daß mit Möllenbeck eine mittelalterliche Klosteranlage in ihrer Vollständigket und Unberührtheit bis in unsere Tage erhalten geblieben ist, wenn auch die verschiedensten Epochen zu einem ungewöhnlichen Gesamtbild beigetragen haben. Das Kloster Möllenbeck ist heute nur noch Kulisse, aber eine recht beredte, wenn man sich auf die Sprache versteht.

Einige Kilometer flußab grüßt noch einmal ein Prachtbau der Weserrenaissance: Schloß Varenholz. Und was niemand, der nicht die Hintergründe kennt, so fern von der Residenzstadt Detmold vermutet: in Varenholz stößt man auf die ersten geschichtlichen Grundlagen von Lippe, dem größten Fürstentum des Deutschen Reiches, das sich im Lippischen Landesverband Reste seiner Eigenständigkeit bewahrt hat bis in unsere Gegenwart.

Im Jahre 1323 erwarben die Edlen Herren zur Lippe die Burg Vornholte und die dazugehörige, an Langenholzhausen gebundene Gerichtsbarkeit. Fortan residieren lippische Burgmannen auf Varenholz; einer von ihnen, Reineke v. Wendt, verkörperte sogar im 16. Jahrhundert als Lippischer Landdrost die Spitze der Landesregierung. In einer Fehde mit dem Bischof von Minden wurde die Burg zerstört, um 1600 aber vom Grafen Simon VI., der wahrscheinlich selbst der Architekt gewesen ist, im Stil der Weserrenaissance wieder aufgebaut mit Treppentürmen, einer durch alle Stockwerke gehenden Utlucht, die im Dach in ein Zwerchhaus ausläuft, und Dachflächen, die mit Sollingsandstein gedeckt sind. Zeitweise war Schloß Varenholz Wohnsitz des Landesherrn. Der auf 1000 Morgen zusammengeschrumpfte Landbesitz wird heute vom Lippischen Landesverband als Domäne verpachtet.

Im Herbst 1945 mietet die Universum-Film AG („Ufa") das Schloß für zehn Jahre. Die Mittel dieser Filmgesellschaft erlaubten nicht nur verschiedene Restaurierungen, sondern es wurde auch manches eingefügt, was dem Betrachter heute als alt erscheint, z.B. der große schmiedeeiserne Leuchter im Tordurchgang, der überdachte Treppenaufgang und die eichenen Tore des Garagenhauses mitsamt ihren schmiedeeisernen Hespen, auch der freistehende Torbogen, der Schloßeingang und Gutshof voneinander trennt. Damals wurde der Obstgarten vor der Nordostfront in einen Park umgewandelt. Der Ufa folgte eine Privatschule, die sich noch heute im Schloß befindet.

Die Nordostfront wird von zwei massigen, untersetzten Türmen flankiert, die die Eleganz der Weserrenaissance vermissen lassen, aber zumindest in Deutschland einmalig sein dürften. Das untere Stockwerk zeigt einen dreieckigen Grundriß, der aufgesetzte Mittelteil ist viereckig und der obere, zweigeschossige Teil achteckig. Und diese verschrobene Form hat nicht nur ein Turm – das hätte durch Umbauten zu verschiedenen Zeiten erklärt werden können – diese Form haben beide Türme, und man weiß, daß sie seit ihrem Bau niemals verändert worden sind. Wahrscheinlich hat hier der holländische General-Festungsbaumeister Johann von Rijswijk seine Hand im Spiel gehabt, der um 1600 auf Schloß Varenholz gewohnt hat und in Langenholzhausen begraben liegt.

Die Schloßkapelle mit einem Orgelprospekt aus dem 17. Jahrhundert ist heute kirchlicher Mittelpunkt der drei lippischen Dörfer Stemmen, Varenholz und Erder. Ein unterirdischer Gang, der der Sage nach Varenholz mit dem Kloster Möllenbeck verbunden haben soll, wurde trotz einer ausgedehnten Grabung bisher nicht gefunden.

Durch das Schloß geistert die Weiße Frau, angeblich eine lippische Fürstin, die wegen ihrer Untreue – niemand weiß, gegen wen – keine Ruhe finden kann. Sie rasselt nachts auf Stiegen und Treppen mit schweren Ketten und bereitet der Verwaltung insofern Schwierigkeiten, als man nicht weiß, ob man sie zum lebenden oder zum toten Inventar rechnen soll.

Weserrenaissance-Schloß Varenholz

Im Schutze der ehemaligen Burg entstand das Dorf Varenholz. Dessen Bauern hatten für den Burgherrn Handdienste zu leisten, so daß ihr Grundbesitz immer klein blieb und auch heute nur den Eigenbedarf deckt. Die aus dem Mittelalter stammende Gerichtsbarkeit hielt sich bis etwa 1932, solange wurde in gewissen Abständen in Varenholz noch Gericht gehalten.

Vlotho und der blaue Dunst

Während das Kloster Möllenbeck noch beherrschend in die weiträumige Flußniederung gesetzt ist, blickt das stolze Schloß Varenholz von einer vorspringenden Kuppe auf die Weseraue hinunter; denn die begleitenden Hügel rücken von beiden Seiten wieder näher an den Fluß heran. Mit den Dörfern Stemmen, Varenholz und Erder reichte das ehemalige Fürstentum Lippe, später Freistaat und jetzt als Kreis Lippe zu Nordrhein-Westfalen gehörend, von Süden heraufgreifend bis an die Weser, allerdings liegt nur Erder unmittelbar an ihrem linken Ufer. Aber schon dieser schmale Keil lippischen Landes genügte, um auch hier eine Zollstation zu errichten und dem damals mit kleinstaatlichen Ärgernissen so reich ausgestatteten Fluß ein weiteres hinzuzufügen.

Von Erder ab zwängt sich der Strom durch die vorletzte Enge auf seinem Weg; analog zur Porta Westfalica spricht man von der „Lippischen Pforte". Der Flußkilometer mit der stärksten Strömung war vor Beginn der Dampfschifffahrt von den Weserschiffern als „Vlothoer Gosse" gefürchtet. Er konnte nur einschiffig befahren werden; im Jahre 1916 hatte man sogar einen Wahrschaudienst eingerichtet, also eine Station, die die Durchfahrt regelte.

Dort, wo die Weser den von Südwesten kommenden Forellenbach aufnimmt, liegt 10 km südlich der Porta Westfalica die Stadt Vlotho selbst, die sich auf dem Grund des trichterförmig geöffneten Seitentales die aussichtsreichen Hänge hinaufzieht. Im stumpfen Winkel von Strom und Bach drängt die Ebenöde mit dem steil abfallenden Amtshausberg gegen das Wesertal vor.

Man vermutet, daß dieser Berg, der den Stadtkern um 150 m überragt, schon vor 2000 Jahren eine Wallburg getragen hat. Eine Art Außenbefestigung dieser germanischen Anlage ist heute noch als ein doppelter Ring von Wällen und Gräben mit einem Durchmesser von 100 m etwa 500 m nordwestlich der Burg erkennbar, trägt aber den irreführenden Namen „Schwedenschanze".

Im Südteil der vermuteten Wallburg bestätigten die Ausgrabungen im Jahre 1938 einen karolingischen Königshof, der im 13. Jahrhundert von Heinrich v. Oldenburg durch eine Höhenburg ersetzt wurde. Bei diesen Ausgrabungen legte man das Fundament des Bergfriedes frei, das einen Durchmesser von 11 m aufweist, auch der 83 m tiefe Brunnen wurde wieder gefunden. Mauern der ehemaligen Burg umgeben heute den 110 m langen und 60 m breiten Burgplatz.

Um 1200 wird urkundlich eine Bauern- und Fischersiedlung Vlothowe (= Flußaue) erwähnt. Aber nicht der Weserfluß hat dem Ort den Namen gegeben, sondern der Forellenbach, der bis ins 14. Jahrhundert hinein Vlothe genannt wurde. Das erste Häuflein armseliger Hütten dürfte also zwischen der heutigen Lang- und Weserstraße gestanden haben.

Dort residierten im 12. Jahrhundert auf dem Platz des heutigen Lagerhauses die reichsunmittelbaren Herren von Vlothow in der Wasserburg Schune, die nach dem Aussterben des Geschlechtes 1214 vom Erbauer der Höhenburg den Nonnen eines Zisterzienserordens als Klosterburg überlassen wurde und den Namen Segental erhielt – acht Jahre, nachdem der Siedlung 1250 die Stadtrechte verliehen worden waren. Der Segen für das Kloster ließ jedoch auf sich warten; schlimmer noch: wie schon in Kemnade und Möllenbeck verdrängten auch hier Mönche, und zwar Benediktiner, die frommen Damen, die zur Kirche St. Stephani umsiedeln mußten. Die gelehrten Patres konnten sich aber des Triumphes über das schwache Geschlecht nicht lange freuen, da sie kurz darauf selbst der Reformation weichen mußten.

Die Grafen v. Ravensberg, zeitweise Herren des Städtchens, versäumten nicht, in Vlotho ihrerseits den Flußverkehr mit Abgaben zu belasten, so daß die abwärts kommenden Schiffer, kaum, daß sie von den Lippern in Erder geschröpft worden waren, wenige Kilometer weiter schon wieder von den Ravensbergern zur Ader gelassen wurden. Auch für die zahlreichen Nachfolger der Ravensberger müssen die Einnahmen recht lukrativ gewesen sein, denn das Zollamt bestand bis 1967, wobei man aber in letzter Zeit die Flußschiffahrt ungeschoren ließ.

In der verwickelten Geschichte der Stadt Vlotho scheint nur der Wandel beständig gewesen zu sein, was ihr leider durchaus nicht zum Vorteil gereichte. Es gab kaum ein Adelsgeschlecht ringsum, in dessen tributheischende Hände Vlotho gelegentlich nicht geraten wäre – durch Tausch oder Verpfändung, durch Kauf oder Abtretung, nicht zuletzt auch durch waffenklirrende Gewalt. Bald hatten die Bürger den schon genannten Grafen von Ravensberg, bald den von Tecklenburg, bald den von Oldenburg, von Bentheim, von Braunschweig, von Waldeck, von Jülich als Landesvater zu ehren und zu lieben. Man wechselte die hohen Herren fast schneller als die Hemden – was Wunder, wenn Vlotho den unentwirrbar verschlungenen Fäden der Politik allmählich mit stiller Resignation begegnete und sich als Spielball kleinräumiger Geschichte nur noch darauf beschränkte, den härtesten Püffen auszuweichen. Im Jahre 1558 war die ehemalige Stadt zu einem unbedeutenden Flecken mit nur 46 Bürgern zusammengeschrumpft. Schließlich fiel der Ort 1609 an Brandenburg und hätte nun unter dem märkischen Adler endlich beginnen können, einen bescheidenen Wohlstand zu entwickeln, wenn nicht der 1618 ausbrechende Dreißigjährige Krieg dieses zarte Pflänzchen aufkeimender Hoffnung abermals brutal zertreten hätte. Kaiserliche und schwedische Truppen gerben sich nahe Vlotho kräftig das Fell, und als wider Erwarten der Friede ausbricht und man erneut aufzuatmen wagt, zieht 1673 der Fürstbischof von Münster, Christoph Bernhard v. Galen, mit seinen Söldnerhaufen heran und belagert den Flecken, wobei sicher nur wenigen Einwohnern bekannt gewesen sein dürfte, was sie in den unerwünschten Genuß dieser geistlichen Aufmerksamkeit gebracht haben

Idylische Straße in Vlotho

mochte. Aber trotz allem, man behauptet sich.

Und weniger die abermalige Verleihung der Stadtrechte 1719 als der Ausbau der Hafenanlagen leitete eine ruhige, aber stetige wirtschaftliche Entwicklung ein, von der man seit Generationen kaum noch zu träumen gewagt hatte. Bis 1914 bleibt Vlotho der wichtigste Einfuhrhafen für Ravensberg und Lippe.

Beteiligt daran ist in nicht geringem Maße die 1669 gegründete Schiffergilde, die für das gesamte Weserbergland bedeutend gewesen sein muß, denn Hann. Münden wehrt sich schon früh und ernergisch mit harten Maßnahmen dagegen, daß zeitweise fast alle fremden, also nicht Mündener Schiffe auf der Weser aus Vlotho stammen und die wirtschaftlichen Privilegien der Drei-Flüsse-Stadt gefährden; so erreichen z.B. einmal die Hann. Mündener, daß den Schiffern aus Vlotho untersagt wird, Fulda und Werra zu befahren.

Einig ist man sich allerdings, wenn es um die Weser als Wasserstraße selbst geht. Die Schiffergilden beider Städte hatten sich, wohl nicht aus reinem Idealismus, verpflichtet, für die Schiffbarkeit des Flusses zu sorgen. Das Hamelner Wehr trennte die Zuständigkeitsbereiche. Ebenso teilte man bestimmte Benutzungsgebühren, das sogenannte Mastgeld, brüderlich untereinander, ängstlich, aber gemeinsam darauf bedacht, keinen Dritten, etwa Hameln, in diese ertragreiche Pfründe einbrechen zu lassen. Die Stadt Vlotho bildet mit den Gemeinden Valdorf und Exter das sogenannte Amt Vlotho, wobei zu Valdorf noch die kleinen, idyllisch gelegenen Schwefelmoorbäder Seebruch und Senkelteich gehören. Aber schon die hügelig und waldreiche Parklandschaft um Vlotho selbst macht die Stadt für den Erholungsuchenden interessant. Vom Weserkai kann man Dampferfahrten stromauf und stromab unternehmen. Der Amtshausberg gewährt einen umfassenden Blick über den Strom bis hinüber zur Porta Westfalica. Auf dieser markanten Höhe befindet sich auch in unmittelbarer Nähe der Burg der Jugendhof des Landschaftsverbandes Westfalen, dessen Hauptgebäude, ein altes Bauernhaus aus Herford, 1936 aufgestellt wurde; im Laufe der Zeit kamen noch zwei weitere Bauten dazu. Hier finden Lehrgänge für Jugendleiter und Tagungen aller Art statt.

In den letzten Jahrzehnten nahm die Eisen- und Textilindustrie von Vlotho einen erfreulichen Aufschwung. Gegenüber der Stadt arbeitet weseraufwärts eine Schiffswerft, die auch ein neues Fahrgastschiff der Oberweser Dampfschifffahrt, die „Karlshafen", ausgerüstet hat. Und wer bei diesem dieselgetriebenen Neubau den Dampf vermissen sollte, der kann ihn durch den blauen Dunst Vlothoer Zigarren ersetzen, deren Fertigung die erste Industrie der Stadt überhaupt hervorgerufen hat.

An der Porta Westfalica

Bevor die Weser die Porta erreicht, pendelt sie an Bad Oeynhausen vorüber, das seinen Namen 1848 durch preußische Kabinettsorder von König Friedrich Wilhelm IV. bekam,und zwar nach dem Entdecker der ersten Solequelle, dem Obergrat Karl Freiherr v. Oeynhausen. Von den später noch erbohrten Quellen schleudert der Jordansprudel seit 1926 in jeder Minute 6000 Liter heiße Sole 52 m hoch in die Luft und ist damit die stärkste Thermalsolequelle des europäischen Festlandes.

In unmittelbarer Nähe des Kurparkes, den 1853 der berühmte preußische Gartenkünstler Joseph Peter Lenné angelegt hat, wird das Weserbergland noch einmal märchenhaft lebendig. Im Wesersagenmuseum – das einzige seiner Art! – ist alles gesammelt, was Herz und Gemüt der Menschen beiderseits des Stromes vor dem Hintergrund der Landschaft in Jahrhunderten an Hintergründigem zusammenfabuliert haben.

In einem weiten Bogen – so, als ob sie zögerte, das Weserbergland endgültig zu verlassen – schwingt die Weser nun auf die Porta Westfalica zu. Bei Hausberge bricht die Weserkette jäh zum Strom hin ab. Von der Aussichtskanzel nahe dem Fernmeldeturm auf dem Jakobsberg hat man einen großartigen Blick hinunter in den scharfen Taleinschnitt. Jenseits der Weser beginnt, etwas sanfter ansteigend als das Wesergebirge, als fortsetzendes geologisches Gegenstück das in gleicher Richtung verlaufende Wiehengebirge.

Die Entstehung dieser Pforte zwischen den beiden Bergzügen ist noch nicht restlos geklärt. Schotteruntersuchungen haben zumindest ergeben, daß die Weser früher noch weiter nach Westen geflossen ist, und man nimmt an, daß reichliche Niederschläge, die hier auf zermürbte Gesteinsschichten trafen, vom Norden her rückschreitend ins Gebirge eingegriffen und es zerschnitten haben, bis der Weg für die aufprallenden Wasser der Weser nach Norden frei war. Die so entstandene „Westfälische Pforte" ist der natürliche Verkehrsdurchlaß zwischen Nord- und Westdeutschland und war von jeher eine alte Völkerstraße.

Bis ins vorige Jahrhundert drängte sich der Strom unmittelbar an den felsigen Steilabfall der Weserkette, so daß es auf dieser Seite keinen Weg durch die Gebirgsscharte gab. Nur ein schmaler und beschwerlicher Reit- bzw. Fußpfad, der Hausberger Stieg, lief über den Westhang des Jakobsberges. Der Straßenverkehr war ausschließlich auf die linke Weserseite angewiesen.

Im Jahre 1847 wurde die Köln-Mindener-Dampfbahn durch die Porta geführt, aber die begleitende Straße war immer noch durch Steinschlag erheblich

Die Porta Westfalica mit Kaiserdenkmal

gefährdet. Erst nach dem Zweiten Weltkrieg erweiterte man durch umfangreiche, recht schwierige Sprengungen den engen Durchlaß und baute auch auf der rechten Flußseite eine sichere Straße aus.

Heute zwängen sich vier verschiedene Verkehrsträger durch den Paß: einmal die Weser, dann beiderseits dieses Wasserweges je eine vielbefahrene Bundesstraße, in der Porta durch eine Brücke miteinander verbunden, und schließlich die mehrgleisige Bahnlinie Hannover–Köln mit starkem Personen- und Güterverkehr. Die Autobahn Köln–Hannover jedoch verschmäht die Porta und überwindet einige Kilometer weiter östlich mit einer Reihe von Brücken und Rampen das Wesergebirge in der Nähe von Bad Eilsen.

Aus dem Anstieg des Wiehengebirges springen zwei großzügig angelegte Terrassen gegen die Porta vor. Auf der oberen ist als Wahrzeichen der Westfälischen Pforte, 88 m über dem Meeresspiegel, schon aus weiter Ferne klar gegen den Horizont das Kaiserdenkmal erkennbar.

Die damals preußische Provinz Westfalen wollte mit diesem Bau Kaiser Wilhelm I. ihre Reverenz erweisen. Der Entwurf, aus insgesamt 58 ausgewählt, stammt von dem Berliner Architekten Bruno Schmidt; die erzene Figur schuf der gebürtige Westfale Prof. Zumbusch. Im Herbst 1896 wurde das Bauwerk in Anwesenheit von Kaiser Wilhelm II. feierlich eingeweiht, wobei allein 1300 Posaunenbläser lautstark mitgewirkt haben. Als die festliche Stimmung verflogen war, präsentierte man den wackeren Westfalen die Rechnung für das Denkmal: 1 000 000 Goldmark. Was Wunder, daß die Begeisterung für Preußen schnell in Ernüchterung umschlug. Auch von hier hat man einen umfassenden Blick in die Porta und u.a. auf das Städtchen Enger, in dessen Stiftskirche der Sachsenherzog Widukind begraben wurde, nachdem Sachsen unter seiner Führung den eindringenden missionierenden Franken die letzten erbitterten Kämpfe geliefert hatten und der Herzog schließlich für die neue Lehre gewonnen worden war.

Dem Denkmal gegenüber steigt als letzter Eckpfeiler des Wesergebirges der schon erwähnte Jakobsberg schroff empor. Er verdankt seinen Namen einem entlassenen Feldwebel Friedrichs des Großen, der sich hier nach dem Siebenjährigen Krieg ansiedelte und am Südhang eine Reihe von Weinbergen angelegt hat. Dieser Weinbau ist also der am nördlichsten gelegene des Weserberglandes gewesen. Jakob versäumte nicht, auch seinem allergnädigsten Kriegs-und Landesherrn in Potsdam eine Probe seiner Trauben zu schicken, nach deren Genuß der Alte Fritz einige Tage recht wortkarg gewesen sein soll. Damit nicht genug: Feldwebel a.D. Jakob schickte dem König auch eine Flasche seines selbstgekelterten sauren Weines. Der soll kredenzt worden sein, als Friedrich der Große mit dem Alten Dessauer eine Regimentsfahne begutachtete. Nachdem der greise Haudegen zuerst einen winzigen Schluck gekostet und sich davon nur mühsam wieder erholt hatte, warnte er den König: „Vorsicht, Majestät! Een Droppen uff de Fahne, und det janze Rejiment zieht sich zesammen!"

Auf dem Jakobsberg wurde ein Fernmeldeturm errichtet, der leicht mit dem Auto erreicht werden kann. Von seiner luftigen Plattform hat man zweifellos den schönsten Blick auf die Landschaft ringsum: am Nordabfall der Weserkette auf die ehemalige Residenzstadt Bückeburg, auf den Ort Hausberge, der 1841 wegen des ständigen Bevölkerungsrückganges seine Stadtrechte verlor, sich aber bis heute „Stadt" nennen darf; auf die wellenförmig zur Porta drängende Kette des Wesergebirges; auf den dunkel bewaldeten Hang des ansetzenden Wiehengebirges, dessen Kammweg bis hin nach Osnabrück dem passionierten Fußwanderer eine Fülle abwechslungsreicher Landschaftserlebnisse beschert; und schließlich läuft der Blick zurück ins Weserbergland und voraus in die dunstige Weite der Norddeutschen Tiefebene.

Die Domstadt Minden

Es dürfte im Verlauf der Fahrt deutlich geworden sein, wie bei der Entstehung der Städte am Fluß oft geographische Gegebenheiten die Ursache historischer Abläufe geworden sind; durchaus nicht das einfachste, wohl aber das eigenartigste Beispiel dafür scheint der Verkehrsknotenpunkt Minden zu sein.

Natürlich ließe sich auch hier die Entwicklung mit wenigen Strichen zeichnen, aber diese Linien überschneiden sich im Verlauf der Jahrhunderte vielfach und sind schier unentwirrbar miteinander verflochten, daß es letztlich schwer wird, diesen gordischen Knoten zu lösen.

Die geographischen Gegebenheiten: die Weser brach durch die Porta, ließ aber an ihrem westlichen Ufer noch Raum für eine Straße von Nord nach Süd. Nach dem Durchbruch verzweigte sich der Fluß; die seichten Arme mit den flachen Inseln dazwischen bildeten für eine Straße von Westen nach Osten eine willkommene Furt, die einzige zwischen der Porta und Bremen. Ein weiterer, wenig beachteter Umstand kommt hinzu: vor dem Nordhang des Wiehengebirges breitet sich hier, von der Bastau durchflossen, ein Sumpfgebiet aus. Nur hart am westlichen Weserarm konnte die Portastraße, von diesem nach Westen gedrängt, hindurchgeführt werden als Moorpaß zwischen Sumpf und Fluß.

An der Kreuzung der Straßen zwischen Nord und Süd, zwischen Ost und West, am schiffbaren Fluß und seiner Furt – die Porta und den weniger augenfälligen, aber wichtigen Moorpaß beherrschend – entstand Minden, und durch ihre Lage wurde der Stadt ihre Aufgabe zugewiesen: Handelsstadt zu sein zwischen allen vier Himmelsrichtungen. Diese Aufgabe hat Minden im Mittelalter glänzend gelöst. Als ihr aber dann zusätzlich die Bürde auferlegt wurde, diese Verkehrswege auch zu schützen, ist Minden schließlich überfordert worden, zumal mancher Herrscher dazu in den Fehler verfiel, in Minden nur noch die Festung und überhaupt nicht mehr die Handelsstadt zu sehen.

Als dieses Minden noch namenlos und nicht viel mehr als ein Fischerdorf an der vielbenutzten Weserfurt war, erkannte kein Geringerer als Karl der Große den Vorteil der Lage. Und er wies Minden eine dritte Aufgabe zu, die die Stadt über mehr als ein Jahrtausend erfüllt hat: im gerade eroberten Sachsenland Mittelpunkt eines Bistums zu sein. Handelsplatz und beschützende Festung und kirchlicher Mittelpunkt – diese drei Aufgaben haben die Stadt bis weit über das Mittelalter hinaus geprägt.

In den karolingischen Reichsannalen wird Minden bereits 798 erwähnt. Die Gründung des Bistums ist etwa um 800 anzunehmen. Den Anfang mag eine Missionsstation gebildet haben. Später ist mit Kirche, Wohn- und Wirtschaftsgebäuden ein Mittelpunkt gegeben, der heute etwa durch Domhof und Domfreiheit gekennzeichnet ist, und um den sich die Stadt Minden unter der geistlichen und weltlichen Herrschaft seiner Bischöfe rasch entwickelte. Die Bedeutung der Siedlung wird betont durch die Weihnachtsbesuche Kaiser Konrads II. 1024 und 1033. Kaiser Heinrich III. kommt viermal nach Minden, sein Sohn Heinrich IV. zweimal, und zwar 1058 und 1062. Auf den zweiten Besuch hätte der Ort gern verzichtet; denn Bürgerschaft und königliches Gefolge geraten derart aneinander, daß nach der Auseinandersetzung von der dreischiffigen Basilika (8./9. Jahrhundert) und der Siedlung nur noch ein rauchender Trümmerhaufen übrig bleibt. Der neue Dom wird 1071 geweiht, ein Teil dieser Anlage ist noch im Westwerk erhalten.

Je mehr sich das Bürgertum bemüht, die weltliche Macht des Bischofs einzuengen – man hatte zu Beginn des 13. Jahrhunderts Stadtrechte erhalten – desto selbstbewußter wird es. Ausdruck dieses erwachenden bürgerlichen Selbstbewußtseins ist am Markt das Rathaus mit der gotischen Ratslaube aus der Zeit um 1250 – eines der ältesten erhaltenen Rathäuser Deutschlands.

Marienwall, Königswall, Schwichowwall und Klausenwall geben den ungefähren Verlauf der mittelalterlichen Stadtbefestigung an, deren einzelne Abschnitte die Zünfte zu verteidigen hatten. Die dauernde Gefährdung, die der Stadt aus ihrer wirtschaftlichen und strategischen Schlüsselstellung erwuchs, erzwingt im 16. Jahrhundert eine Einteilung in sechs „Quartiere", die je eine Bürgerkompanie zu stellen haben. Und man ist sich dessen, was man verteidigt, bewußt: die Stadt ist Umschlagplatz für Getreide, das nach Bremen und Übersee verschifft wird; gleichermaßen wichtig ist der Export von Bier.

Messen und Märkte werden abgehalten, die Kaufmannsgilde ist die vornehmste der Stadt. Der Fernhandel blüht: Mindener Kaufleute treten in Riga, Pleskau, Smolensk und Nowgorod auf und handeln in Flandern mit Wein, Gewürzen, Seidenstoffen und Teppichen. Minden hat die Möglichkeiten seiner Lage erkannt und unterläßt nichts, um sie zu nutzen. So beschränkt sich die wehrhafte Bürgerschaft nicht nur auf die Verteidigung. Sie zieht auch, verstärkt durch angeworbene Söldner, auf Fehde aus und vernichtet z.B. 1250 in der Schlacht bei Sedemünder am Deister die waffenfähige Mannschaft von Hameln, ein Ereignis, das möglicherweise zur Rattenfängersage ausgesponnen wurde.

Die nicht minder streitbaren Bischöfe versuchten dagegen, ihre Hausmachtpolitik durchzusetzen. Als die Tochter des Herzogs Heinrich v. Lüneburg auf ihrer Brautfahrt durch Minden kommt, verweigert ihr der 27jährige Bischof Franz, der übrigens niemals geweiht worden war, die Unterkunft. Deswegen und wegen anderer Ärgernisse, die der undiplomatische Bischof heraufbeschwor, wendet sich die Bürgerschaft schließlich der Reformation zu, was den geistlichen Würdenträger wiederum veranlaßt, seine eigene Stadt einen Tag lang vom anderen Weserufer aus beschießen zu lassen. Stadt, Bischof und Domkapitel einigen sich schließlich 1535: der Dom bleibt katholisch, alle anderen Kirchen werden evangelisch. Damit hatten sich die Bürger endgültig gegen den Bischof durch-

Westwerk des Mindener Domes

gesetzt. Kaiser Karl V. verleiht 1552 der Stadt sogar das Recht der freien Schifffahrt auf der Weser bis über Bremen hinaus, damit war der Handelsweg zum Meer geöffnet, die Schranke des Bremer Stapelrechts für Minden gebrochen, obgleich Bremen im Besitz gegenteiliger kaiserlicher Urkunden ist. Zudem ist Minden längst Hansestadt. Prächtige Bürgerbauten, sofern den Zerstörungen des 2. Weltkrieges entgangen, zeugen vom Wohlstand dieser Zeit.

Die Feuerwaffen des Dreißigjährigen Krieges erzwingen eine Erweiterung und Verbesserung der Befestigungsanlagen. Man versucht, Söldner für die Verteidigung der Stadt anzuwerben, überschätzt aber wohl die Widerstandskraft der Festungswerke; denn als die protestantischen Fürsten den Schutz von Besatzungstruppen anbieten, lehnt man ab, weil man die Verpflegungskosten scheut. Wie falsch diese Sparsamkeit ist, muß die Stadt bitter erfahren, als 1625 die 150 Stadtsoldaten dem kaiserlichen Feldherrn Tilly kampflos die Tore öffnen und Minden allein in diesem Jahr für die nicht erbetene Einquartierung 14 246 Taler aufbringen muß. Im Frühjahr 1634 geht die Stadt nach dreimonatiger Belagerung in schwedische Hände über. Der Friedensvertrag von Münster und Osnabrück übergibt 1648 die Stadt und das Fürstbistum als weltliches Fürstentum an Brandenburg zum Ausgleich für den erhofften, aber nicht durchgesetzten Erwerb von Pommern. Im Februar 1650 huldigt die Stadt dem Großen Kurfürsten, dessen würdevolles Standbild heute die Altstadtseite der Weserbrücke ziert.

Die Belastungen des Dreißigjährigen Krieges hatten Minden derart ausbluten lassen, daß es sich bis zum Siebenjährigen Krieg wirtschaftlich kaum wieder davon erholen konnte. Wie andernorts auch, war das 18. Jahrhundert der Tiefpunkt der städtischen Entwicklung, obgleich die Preußenkönige Friedrich Wilhelm I. und Friedrich der Große ihrer Weserfestung manche Aufmerksamkeit zuteil werden ließen. Aber sie sahen in der Stadt vorwiegend die Festung, weniger den so günstig gelegenen Handelsplatz. Zweimal erobern die Franzosen während des Siebenjährigen Krieges die Stadt, zweimal werden sie wieder hinausgeworfen. Jedoch was nützt der Kriegsruhm, wenn er sich mit dem Qualm rauchender Trümmer mischt? – Friedrich der Große besucht Minden u.a. 1763 und läßt die Festung schleifen. Nur zögernd erholt sich der Handel, begünstigt durch eine regelmäßige Frachtschiffverbindung mit Bremen, durch eine Fahrwasserverbesserung der Weser, durch den Umbau der steinernen Weserbrücke und durch einen Leinpfad am Ufer.

Bei Minden überquert der Mittellandkanal auf einer Brücke die Weser

Die Ereignisse und Folgen der napoleonischen Zeit führen ab 1816 zum Wiederaufbau der Festung – Schlimmeres hätte Minden nicht widerfahren können. Während sich andere Städte ausdehnen und an Wirtschaftskraft zunehmen, bleibt Minden eingeschnürt in den engen Gürtel von Wällen und Bastionen. Was nützt 1847 die Eröffnung einer der ersten deutschen Schienenwege, der Köln-Mindener Eisenbahn, mit der den vorhandenen Verkehrsträgern ein weiterer hinzugefügt wird? Was nützen die ersten Dampfschiffe auf der Weser, die von Bremen nach Hann. Münden fahren?

Am 10. September 1823 unterzeichnen nach anderthalbjährigen Verhandlungen die Anliegerstaaten der Weser in Minden die Weserschiffahrtsakte, die dem Verkehr zwar nicht alle Fesseln nimmt, sie aber doch weitgehend lockert. Die Zollstationen werden vermindert, die Zölle ermäßigt, Stapelrechte aufgehoben, die Anliegerstaaten verpflichtet, Flußbett und Leinpfade in Ordnung zu halten. Aber was nützt das der Festung Minden?

Die ist seit 1815 Sitz des Regierungsbezirkes Minden. Die Stadt, für den Handel geeignet wie wenige andere, wird für die nächsten Jahre dazu verurteilt, Beamten- und Garnisonstadt zu sein. Als die Festungswerke 1873 abermals und nun endgültig geschleift werden und die Stadt sich ausdehnen kann, da ist Minden schon so sehr verträumte Kleinstadtidylle, daß sie die Ansiedlung größerer Industriebetriebe ablehnt, obgleich sich nach dem Niedergang der

Leinenweberei Tabak-, Zucker- und Seifenfabriken günstig entwickelt hatten.

Im Ersten Weltkrieg wird Minden ein weiterer Verkehrsweg beschert: der Mittellandkanal (1914–1917). Er verbindet Rhein und Elbe und damit Ruhrgebiet und Oberschlesisches Industriegebiet und berührt die Stadt im Norden. Dort kreuzt der stark befahrene Kanal die Weser, und da die hochwassergefährdete Flußaue als breites Kastental in die Landschaft eingebettet ist, muß der Kanal auf einer rund 370 Meter langen steinernen Pfeilerbrücke über den Strom geführt werden. Zwölf Meter trennen die Wasserspiegel voneinander, und es ist immer wieder eigenartig, oben ein Schiff über die Brücke und gleichzeitig ein anderes unter der Brücke hindurchfahren zu sehen. Eine mächtige Schachtschleuse hebt und senkt die Schiffe zwischen beiden Wasserstraßen, Hafenbecken schließen sich an, ein Pumpwerk versorgt ein Teilstück des hochgelegenen Kanals mit Weserwasser. Über diese Drehscheibe der Binnenschiffahrt, das „Wasserstraßenkreuz des Nordens", werden Massengüter befördert zwischen dem Ruhrgebiet, zwischen Münster, Osnabrück, Hannover, Braunschweig, Wolfsburg, Berlin, Kassel, Hameln, Bremen und Bremerhaven, wobei Weser und Mittellandkanal wieder Anschluß finden an weitere Binnenwasserwege im nord-, nordwestdeutschen und mitteldeutschen Raum.

Ein Schiffahrtsunternehmen bietet an, das Wasserstraßenkreuz mitsamt Kanalbrücke und Schachtschleuse vom Schiff aus zu besichtigen; dieselben Personenschiffe vermitteln auch den Verkehr auf der Weser zwischen Minden, der Porta und Vlotho. –

Nach dem Ersten Weltkrieg siedelt sich Metall-, Holz-, Glas-, Textil- und lebensmittelverarbeitende Industrie an und entwickelt sich, bis im Zweiten Weltkrieg wieder vieles zerstört wird. Unzerstört bleibt jedoch der Lebenswille der Stadt, wenn auch belastet mit den drückenden Hypotheken seiner Vergangenheit. Minden hat es schwer, Versäumtes aufzuholen.

So ist die Stadt – an der Bahnstrecke Hannover–Köln, an der Kreuzung wichtiger Straßen, an der Autobahn, am Wasserstraßenkreuz des Nordens – ein tragischer Widerspruch geworden zu seinen verkehrs- und wirtschaftsgeographischen Möglichkeiten. Seit Jahrhunderten kam Minden kaum dazu, zu handeln, es mußte immer mit sich handeln lassen.

Heute zeigt sich die westfälische Kreisstadt als lebhaftes Einkaufs- und Dienstleistungszentrum für ein weites Umland. Neue großzügige Straßen- und Brückenbauten lassen sie in steigendem Maße auch wieder für weitere Industrieansiedlungen interessant werden.

Den Stadtkern beherrscht der Dom. Er gilt als eine der reifsten Bauleistungen des Mittelalters und war bis zu seiner Zerstörung im Zweiten Weltkrieg nahezu unverändert. Der Wiederaufbau ist eine architektonische Leistung hohen Grades, die nicht nur den Bau selbst, sondern, was ebenso wesentlich ist, seine Atmosphäre wiederhergestellt hat. Den Höhepunkt der Anlage bildet neben der romanischen Turmfront die gotische Halle des Langhauses. Die Maßwerkfenster erscheinen wie eine Stickerei in Stein und lassen eine Fülle gedämpften Lichtes in den Innenraum fluten. Vom romanischen Kloster Bursfelde über das Karolingische Westwerk von Corvey zum Dom von Minden – welch eine Steigerung! –

Bei einem Stadtbummel durch Minden kann man aber noch viel mehr entdecken als Rathaus und Dom. Da sind nicht nur am Marktplatz die schmucken Fassaden altehrwürdiger Bürgerhäuser. In der Altstadt findet man bucklige Gäßchen mit Straßenlaternen, stattliche Fachwerkbauten und vorspringende Erker neben malerischen kleinen Häuschen. Die Museumszeile in der Ritterstraße ist ein schönes Beispiel für die liebevolle Wiederherstellung alter Bürgerhäuser aus der Renaissancezeit, ebenso die Schwedenschänke, an der der Wochenmarkt stattfindet, oder das kleinste Haus der Stadt, das Windloch. Der älteste Profanbau ist das mächtige Steinhaus der „Alten Münze" vom Ende des 13. Jahrhunderts mit romanischem Kern, gotischem Staffelgiebel, Maßwerkfenstern und einer Renaissance-Utlucht.

Charakteristisch für das Stadtbild sind auch die klassizistischen Militärbauten des frühen 19. Jahrhunderts: die Kaserne, das Lazarett, das Proviantmagazin, die Heeresbäckerei u.a. und das restaurierte Fort C der Bahnhofsbefestigung. Und wer im Frühling den Geranienmarkt am Dom miterlebt, wird sich noch gern an dieses Schauspiel farbenprächtiger Blütenfülle erinnern.

An der Kanalüberführung von Minden endet die Oberweser. Die anschließende Mittelweser wurde nach dem Zweiten Weltkrieg kanalisiert; Staustufen halten den Wasserstand in gleichmäßiger Höhe. Der Güterumschlag der Seehäfen Bremen und Bremerhaven ist schon in Minden an der sprunghaft zunehmenden Belebung des Binnenschiffsverkehrs spürbar, an dem bereits Seeschiffe beteiligt sind.

Breit und gelassen, angefüllt mit den Bildern durchmessener Landschaften, mit dem Zauber berührter Städte und Dörfer, mit der Geschichte und den Geschichten der Menschen an ihren Ufern, strömt nun die Weser hinaus ins Norddeutsche Tiefland, und kein Berg, kein Felshang werden sich mehr im Wasser des Stromes spiegeln, bis er sich endlich, von großen Seeschiffen befahren, unterhalb des Welthafens Bremen in den Watten der Nordsee verliert.

Aber so, wie die Gedanken von Minden aus dem Strom abwärts folgen, sollten sie auch noch einmal zurückkehren ins Weserbergland, in jene stille, liebenswerte Landschaft, die sich keineswegs aufdrängt, die aber geneigt ist, sich demjenigen zu erschließen, der seinerseits bereit ist, sich ihr mit offenen Sinnen in beschaulicher Muße hinzugeben.

Schachtschleuse in Minden

Quellenangaben

Andrae, Peter: Die Wallfahrtskirche von Gottsbüren. Hofgeismar o.J.

Arendt, Kurt Gerhard: Der Marschweg des Varus und der Ort der Niederlage. Göttingen 1972.

Bardenhagen, Katrin: Der Gutsgarten Exter (Dipl.-Arb.) Universität/Gesamtschule Paderborn, Abtlg. Höxter, 1966.

Berner, Hans: Das Amt Grohnde. Göttingen 1954.

Berner, Hans: Das Amt Ohsen. Göttingen 1954.

Brepohl, Wilhelm: Baudenkmale im Kreis Minden-Lübbecke. Herausgeber Kreis Minden-Lübbecke o.J.

Bühring, Joachim: Die Kunstdenkmäler des Kreises Hameln-Pyrmont. 2 Bände. Hannover 1975.

Bühring, Joachim: Festung und Schloß Pyrmont. Bad Pyrmont 1978.

Bürger, Gottfried August: Wunderbare Reise zu Wasser und zu Lande, Feldzüge und lustige Abenteuer des Freiherrn v. Münchhausen usw. 1786.

Clifford, Derek: Gartenkunst. 2. Aufl. München 1981.

Curtius, Jutta: Gutspark Westerbrak (Dipl.-Arbeit) 2 Bde. Universität/Gesamtschule Paderborn, Abtlg. Höxter, 1996.

Der Radgeber (Radwanderführer). Herausgegeben vom Weserbund e.V., Teerhof 34, 28199 Bremen.

Deister- u. Weserzeitung, Hameln: Aufsätze, Beiträge, Berichte.

Dierssen, Gerhard: Der Gelbe Führer. Bd. I.: Weserbergland, Lippe, Teutoburger Wald. 4. Aufl. Hannover 1975/76.

Diekhoff, Otto: Weserbergland. Führer durch das Oberwesergebiet. 3. Aufl. Holzminden 1926.

Dingelstedt, Franz v.: Das Wesertal von Münden bis Minden. Kassel 1838. Nachdruck 1972 bei Olms Presse Hildesheim.

Delfs, Jürgen: Die Flößerei im Stromgebiet der Weser. Bremen 1952.

Deutsches Fluß- u. Zeltwanderbuch 20. Aufl. Duisburg 1976.

Dreher, Petra/Elsner, Anja/Kamp, Sabine/Heidenreich, Heinz/Krüger, Ralf/Panning, Cord: Kurpark Bad Pyrmont. Projekt am Institut für Grünplanung und Gartenarchitektur der Universität Hannover, Leitung Prof. Dr. Dieter Hennebo. Hannover 1988 (Stadtbücherei Bad Pyrmont).

Eckermann, Johann Peter: Gespräche mit Goethe. Goldmann Taschenbuch 950/51. München o.J.

Eckhardt, Wolfgang: Alte Kunst im Weserland. Köln 1967.

Einigkeit u. Recht und Freiheit. Dokumentation zur Geschichte der Nationalsymbole. Bundeszentrale f. polit. Bildung. Bonn 1985.

Engel, Hermann: Der Pyrmonter Fürstensommer von 1681. Aus: Geschichtsblätter für Waldeck, 71. Bd., 1983.

Erdniss, Paul: Ein Gang durch Rinteln. Rinteln 1960.

Erhaltende Stadterneuerung. Herausgegeben v.d. Stadt Höxter. Höxter 1985.

Feige, Rudolf: Das Akademische Gymnasium Stadthagen und die Frühzeit der Universität Rinteln. Hameln 1956.

Flemes, Bernhard: Erlebte Landschaft. Hameln 1975.

Franke, Dardo: Das Rathaus in Höxter. Schriften des Weserrenaissance-Museums Schloß Brake, Bd. 7. München/Berlin 1994.

Franzius, O.: Die Wasserwege Niedersachsens. Hannover 1930.

Fricke, Hermann: Neuhaus im Solling. 2. Aufl. 1965.

Führer zu vor- u. frühgeschichtlichen Denkmälern. Herausgegeben v. Römisch-Germanischen Zentralmuseum in Mainz. Bd. IV, Mainz 1964.

Garfs, Joachim: Bad Pyrmont und das Weserbergland. Bad Pyrmont 1967.

Garfs, Joachim: Bad Pyrmont – Ursprung, Vergangenheit, Gegenwart. Bad Pyrmont 1969.

Garfs, Joachim: Begegnung mit Bad Pyrmont. 6. Aufl. Bad Pyrmont 1995.

Garfs, Joachim: Das allerletzte Weserfloß. Holzminden o.J.

Garfs, Joachim: Gelächter aus dem Lipperland. 1. Band 7. Aufl. 1994. 2. Band 2. Aufl. 1991.

Garfs, Joachim: Bad Pyrmont in Kupferstichen. Detmold 1984.

Garfs, Joachim: Bad Meinberg und seine schöne Umgebung. Faßberg o. J.

Garfs, Joachim: Die Barockalleen von Bad Pyrmont. In: Feierabend an der Weser. Beilage zur Deister- und Weserzeitung, Hameln, vom 22.3.1986.

Garfs, Joachim: Englischer Garten in Bad Pyrmont. In: Feierabend an der Weser. Beilage zur Deister- und Weserzeitung, Hameln, vom 16.8.1986.

Garfs, Joachim: Die dreizehnte Palme. In: „Pyrmonter Rundblick", Beilage der „Pyrmonter Nachrichten" v. 7.11.1990.

Garfs, Joachim/Möhring, Ursula: Bad Pyrmont – Portrait eines Kurortes. (Bildband) 2. Auflage Bad Pyrmont 1994.

Garfs, Joachim: Bad Pyrmonter Kurparkführung. Detmold 1993.

Garfs, Joachim: Ein heiterer Platz der Freude. Die ungewöhnliche Geschichte der Kurparkanlagen von Bad Pyrmont. Detmold 1991.

Goethe, Johann Wolfgang v.: Tagebücher 1775–1809. München 1963.

Grossmann, Dieter: Klosterkirche Lippoldsberg. Melsungen o.J.

Grotelüschen/Muss: Luftbildatlas Niedersachsen. Neumünster 1967.

Hake, Friedrich August Gustav Adolph Freiherr v.: Geschichte der Freiherrlichen Familie v. Hake in Niedersachsen (Hannover–Braunschweig). Hameln 1887.

Hake, Georg Adolph Freiherr v.: Über höhere Gartenkunst. Fragmente aus dem Tagebuch eines alten Gärtners. Manuskript 1840. Herausgegeben von Adolph Freiherr v. Hake, Stade 1842.

Handbuch der historischen Stätten Deutschlands. a) Niedersachsen–Bremen. Kröner Tb. Stuttgart 1970. b) Nordrhein-Westfalen. Kröner Tb. 273. Stuttgart 1963.

Hansen/Kreft: Fachwerk im Weserraum. Hameln 1980.

Hameln, Wegweiser durch –. Hameln 1967.

Hamkens, Freerk Haye: Der Externstein. Tübingen 1971.

Haxel, Heinrich: Lippe vor 100 Jahren. Detmold 1971.

Heimatland. Zeitschrift für Heimatkunde usw. Herausgegeben vom Heimatbund Niedersachsen e.V. Hannover.

Heimatland Lippe. Zeitschrift des Lippischen Heimatbundes. Detmold.

Hennebo, Dieter: Gartendenkmalpflege. Stuttgart 1985.

Hennebo, D./Hoffmann, A.: Geschichte der deutschen Gartenkunst. 3 Bände. Reprint 1981 by Otto Koeltz, 61462 Königstein.

Hölscher, Wilhelm und Cord: Rundgang durch das Dorf Frenke. Selbstverlag 1995.

Hoffmann v. Fallersleben – Wollen, Wirken, Werke. Gedenkschrift zum 100. Todestag. Wolfsburg/Fallersleben 1974.

Holzminden – Tor zum Solling. Weserlandverlag Holzminden 1969.

Humburg, Norbert: Oberweser Dampfschiffahrt Gesellschaft 100 Jahre. Hameln 1983.

Isermann, C. W.: Nachrichten aus Horn. Manuskript Detmold 1888 (?).

Jaeckel, Walter: 350 Jahre Weserfähre Grohnde. Verlag Jos. Grobbel KG 57392 Fredeburg o.J.

Jago, Heinrich: Rühle. Chronik eines Dorfes an der Oberweser. Bodenwerder 1984.

Kleine, Adolf: Die Kirche in Hämelschenburg 1563. Selbstverlag o.J.

Koch, Wilfried: Kleine Stilkunde der Baukunst. Gütersloh 1967.

Kölling-Sindermann: Die Schaumburg im Weserbergland. Rinteln 1977.

Kreft/Soenke: Die Weserrenaissance. Hameln 1986.

Krieg, Martin: Kleine Chronik der Stadt Minden. 2. Aufl. Minden 1950.

Krumwiede/Meyer-Bruck: Das tausendjährige Stift Fischbeck. Göttingen 1964.

Kuhnert, Reinhold P.: Urbanität auf dem Lande. Göttingen 1984.

Kunst und Kultur im Weserraum 800–1600. 2 Bde. Münster 1966.

Kunzmann-Lange, Katharina: Golf von Neapel. Pforzheim 1982.

Lampe, Walter: Goethe in Pyrmont. Bad Pyrmont 1949.

Landkreis Hameln-Pyrmont. Geschichte, Landschaft, Wirtschaft. Oldenburg 1964.

Leesch-Schubert: Heimatchronik des Kreises Höxter. Köln 1966.

Lippe – Wandel einer Landschaft. Berlin (West) 1973.

Löbe, Karl: Das Weserbuch. Hameln 1968.

Löbe/Haunschild: Im Weserland. Hameln 1979.

Loewe, Günther: Die Varusschlacht. Detmold 1968.

Mehrdorf/Stemler: Chronik von Bad Pyrmont. 2. Aufl. Bad Pyrmont 1985.

Meyer, Johannes: Die Provinz Hannover in Geschichts-, Kultur- u. Landschaftsbildern. Hannover 1888.

Möhle, Karl-Heinz: Holzminden. Holzminden o.J.

Nohl, Günther: Berichte vom Meinberger Brunnen im Lande Lippe. Bad Meinberg 1967.

Nowak, Josef: Würzburg – Impressionen u. Profile. Honnef/Rhein 1958.

Oppermann, Moritz: Der Ohrbergpark und seine Gründer. In: Heimatland. Zeitschrift des Niedersächsischen Heimatbundes, Heft 5 vom 20.10.1966.

Otto, Helmut: Hessisch Oldendorf 750 Jahre. Hameln 1983.

Paetow Karl: Die schönsten Wesersagen. Hameln 1961.

Peter, August Wilhelm: Lippe – Eine Heimat- und Landeskunde. Detmold 1970.

Pinder-Langewiesche: Der deutsche Park, vornehmlich des 18. Jahrhunderts. Königstein im Taunus 1926.

Rauls, Wilhelm: Stadtoldendorf. Stadtoldendorf 1974.

Reiche: Autowanderführer durch das Weserbergland. Hameln 1952.

Riege, Rudolf: Kleines Weserlexikon. Hameln 1953.

Schlieker/Friese: Aus der Geschichte der Stadt Lügde. Lügde 1983.

Schreiber, Friedrich: Kleiner Wanderführer durch den Naturpark Vogler. Holzminden 1967.

Schreiber, Friedrich: Rundwanderungen im Weserbergland. 2. Aufl. Stuttgart 1978.

Schreiber, Friedrich: 25 Rundwanderungen im Naturpark Solling. Holzminden 1980.

Schücking/Freiligrath: Das malerische und romantische Westfalen. Paderborn 1872.

Schulenburg, Werner von der: Der König von Korfu. Braunschweig 1950.

Schuhmacher, G.: Die Weser in Geschichte und Sage. Holzminden 1925.

Seifert, Fritz: Das Weserberglandbuch. Hameln 1973.

Seifert, Fritz: Schöne Heimat Weserbergland. 2. Aufl. Hameln 1962.

Sindermann, Edmund: Schaumburger Heimat. Mitteilungen des Heimatbundes der Grafschaft Schaumburg e.V. Heft 9. Rinteln 1978.

Sindermann, Edmund: Franz Freiherr v. Dingelstedt – der Dichter des Weserliedes. Rinteln 1981.

Sindermann/Liess: Rinteln – Kleine Stadt am Oberlauf der Weser. Rinteln 1982.

Sroka, Otto: Deutschland, Deutschland über alles. Elster-Verlag Wolfsburg o.J.

Steckhahn, Dietrich: Niedersachsen – Landeskunde und Landesentwicklung. Hannover 1980.

Szymanski, Hans: Die alte Dampfschiffahrt in Niedersachsen. Hannover 1958.

Thümmler/Kreft: Weserbaukunst im Mittelalter. Hameln 1970.

Ulmann, Hellmuth v.: Wanderungen im Weserbergland. Neuauflage Hildesheim 1983.

Uslar – Das Tor zum Solling. Herausgegeben v. Sollingverein e.V. 2. Aufl. Uslar 1972.

Waldhoff, Johannes: Die Emmer. Steinheim 1986.

Wallfahrtsstätten der Nation. S. Fischer-Verlag. Frankfurt 1971.

Weber, Friedrich Wilhelm: Dreizehnlinden. Wiesbaden o.J.

Welchert, Hans-Heinrich: Wanderungen zu den Burgen und Domen Niedersachsens. Frankfurt/M. 1973.

Werraland. Merian, 4. Jahrgang, Heft 12. Hamburg 1952.

Weserbergland. Merian, 6. Jahrgang, Heft 11. Hamburg 1953.

Weserbergland. Merian, 23. Jahrgang, Heft 4. Hamburg 1970.

Weserbergland. Polyglott-Reiseführer. 2. Aufl. München 1977/78.

Wienke, Hans-Martin: Führer durch Schieder-Schwalenberg o.J.

Wittkopp, Friedrich: Heinsen – Die Geschichte eines Oberweserdorfes. Hannover 1957.

Wysocki, J./Wehrmann, V.: Lippe – Leben, Arbeit, Geld. Detmold 1986.

Fotonachweis

Ulrich Kirmes, Garbsen

Joachim Garfs, Bad Pyrmont (22, 24, 57 unten, 61, 77, 101, 126, 130, 142, 145, 170, 192)

Wilfried Hildebrandt, Hameln (117 oben links und rechts, 119, 123)

Rolf G. Horstmann (†), Hameln (Umschlagbilder, 72, 81)

Luftbild: Brevörde mit Weserdampfer, Freigabenr. 372/52 d. Nds. Min. für Wirtschaft und Verkehr (97)

Horst Nebe, Hamburg (8, 12, 28, 42, 43, 49, 52, 54, 69, 71, 89, 91, 94, 103, 116, 133, 136 oben rechts und unten links, 149 rechts, 151, 186, 190, 197, 201, 204)

Porzellanmanufaktur Fürstenberg (44)

Verkehrs- und Werbeamt, Minden (202)

Verlag CW Niemeyer, Hameln (155 oben links)

Horst Wöbbeking, Worpswede (33)

Orts- und Sachregister

Der Autor

Joachim Garfs, geboren 1920 in Bernau b. Berlin, verlebte seine Jugendjahre in Letschin im Oderbruch und nahm am 2. Weltkrieg teil in Polen, Frankreich und in der Sowjetunion. Ab 1946 studierte er in Hannover an der Pädagogischen, dann an der Technischen Hochschule (Erdkunde, Mathematik, Physik, Chemie; Psychologie) und anschließend an der Universität Göttingen (Erdkunde, Deutsch, Geschichte und Psychologie). Er unterrichtete am Gymnasium Ernestinum in Celle, an den Schloßschulen Salem (Bodensee) und 1957–1982 am Humboldt-Gymnasium Bad Pyrmont. Durch Dia-Vorträge über seine kultur-historischen Studienreisen in bisher 37 Länder der Erde wurde er in Norddeutschland bekannt. Die Pädagogische Hochschule Hannover lud ihn über mehrere Semester zu länderkundlichnen Gastvorlesungen ein.

Bei seiner Pensionierung 1982 verabschieden ihn seine Schüler – bisher einmalig in Bad Pyrmont – mit einem Fackelzug. Beunruhigt durch zunehmende Beeinträchtigungen der historischen Kurparkanlagen von Bad Pyrmont, studiert er 1986–1990 an der Universität Hannover bei den Professoren Dr. Hennebo und Dr. Gamer Gartengeschichte, besucht in diesen Jahren über 100 historische Gärten in Deutschland, England, Frankreich, Italien, Spanien und den Niederlanden und erhält daraufhin Lehraufträge für Gartengeschichte an der Universität Paderborn, Abtlg. Höxter.

Von 1986–1996 gehört er dem Rat der Stadt Pyrmont an und widmet sich vor allem den gefährdeten Kurparkanlagen. Er veranlaßt ihre erste umfangreiche wissenschaftliche Untersuchung durch eine Arbeitsgruppe unter dem führenden Gartenhistoriker Prof. Dr. Hennebo, setzt trotz erheblicher Widerstände nicht nur ein Parkpflegewerk für den Kurpark durch, sondern sogar die Neupflanzung eines für Bad Pyrmont typischen barocken Alleesystems.

Sein ausgesprochenes Engagement für Bad Pyrmont und das Weserbergland veranlaßten ihn zu zahlreichen Veröffentlichungen, darunter auch das Buch „Ein heiterer Platz der Freude – Die ungewöhnliche Geschichte der Kurparkanlagen von Bad Pyrmont".

K. H.